孝寧大君 尊影

(관악산 연주암 효령각 봉안)

清權祠 懸板(正祖 13년 賜額된 현판; 글씨 徐明均)

大君 尊影과 孝寧閣

孝寧大君 尊影의 제작자나 제작 시기, 그리고 보관 경위에 대해 정확히는 알 수가 없다.『淸權輯遺』(原篇, 1844년)에는 대군의 影幀에 대한 언급이 전혀 없고, 冠岳山 戀主庵(果川市 文院洞) 孝寧閣에 奉安되어 있는 孝寧大君의 影幀(경기도 지방문화재 제81호)이 현재로서는 唯一한 것으로 알려져 있다. 다만「泰安寺 大君影堂」(1896년, 丙申(高宗 33)李奭儀述;『청권집유』(續2); 1929년 己巳 李光儀 輯)條에, "태안사(전남 곡성) 영당에 보존되어 오던 대군의 영정은 고종 기묘년(1879년, 고종 16) 겨울에 영당 화재로 인해 소실되었다"(李凍儀 證言)는 기록이, 오래 전부터 태안사에도 '대군의 영정이 보존되어 왔음'을 전해줄 뿐, 이 '태안사 영정'과 '연주암 영정'과의 관계 또한 알 수가 없다.

戀主庵의 '大君 尊影'이 세상에 알려지게 된 것은, 1957년(丁酉) '丁酉譜' 修譜 당시 그해 5월말에 李起忠·康賢·康永·康鎬 4인이 연주암을 심방하여 당시 車氏 住持스님의 안내로 연주암의 대웅전인 龍華殿에 봉안되어 있는 것을 참배 알현한 후 강호가 재차 방문, 촬영하여 이를 영정으로 제작, 淸權祠 別龕에 봉안하고, 또 한 벌을 복사하여 '정유보' 首卷에 수록하면서부터였다고 한다(『淸權輯遺』(影印本), 1971, '大君影幀奉安實記'). 그 후 1973년에 다시 한 벌을 모사하여 그동안 대군의 位牌가 봉안되어 있던 慶北 尙州市 恭儉面 五台里에 있는 祠堂에 봉안하여 1983년(癸亥)부터는 懸板도 '影幀閣'으로 개칭하였는데, 그간 연주암 영정의 관리상태가 매우 불량하여 1980년대 초부터는 캐비넷에 보관하고 있었던 바, 1986년 李康憲·康萬이 私費를 들여 다시금 法堂에 봉안토록 하였다. 그리고 이 당시에 한 벌을 더 模寫하여 청권사 慕蓮齋(1979년 건립, 1991년 중건)(3층)에 奉安케 된 것이었다.

그러나 연주암 영정의 보관 관리상태가 여전히 불안하므로 새로 殿閣을 짓고 奉安할 것을 모색, 1994년초부터 李秀洪이사장이 연주암측(李慈乘주지)과 접촉, 境内 羅漢殿 자리에 影幀閣을 건설키로 합의, 착공하여 1995년 4월 27일 준공 후 告由祭와 影幀 移運 奉安式을 거행하고, 曹溪宗 宗正 月下스님의 글씨를 받아 '孝寧閣' 현판을 걸게 된 것이다.

'淸權祠'는

1737년(英祖 13) 3월초 敷地를 조성, 4월 23일 上樑을 올리고,

1743년 4월 27일 咸昌祠堂으로부터 祝板을 移安하였다.

1789년(正祖 13) 12월 29일 '淸權'이라는 祠號로 賜額되고,

1873년(高宗 10) 懸板의 이그러진 부분을 補塡하였다.

대군 13세 때의 글씨

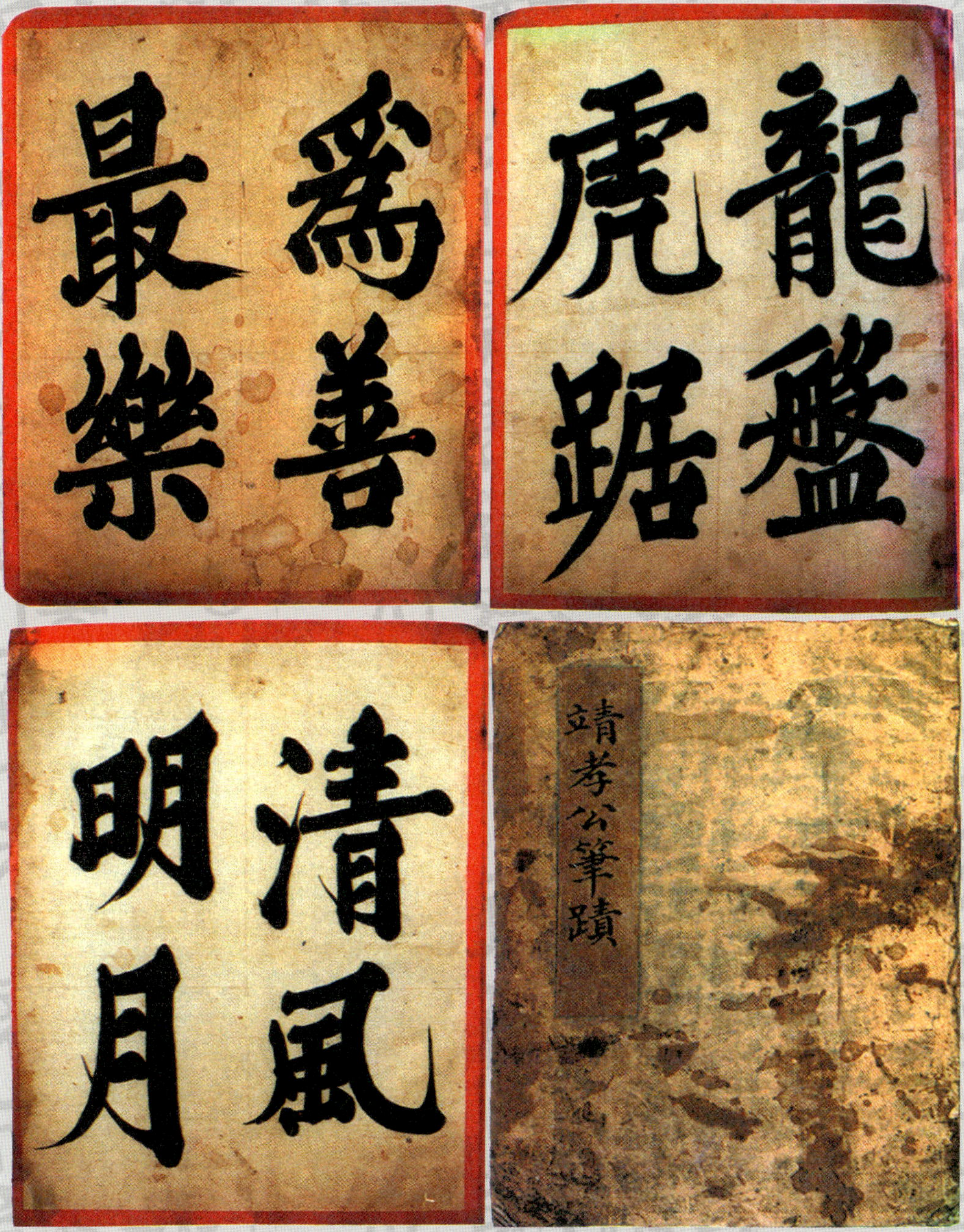

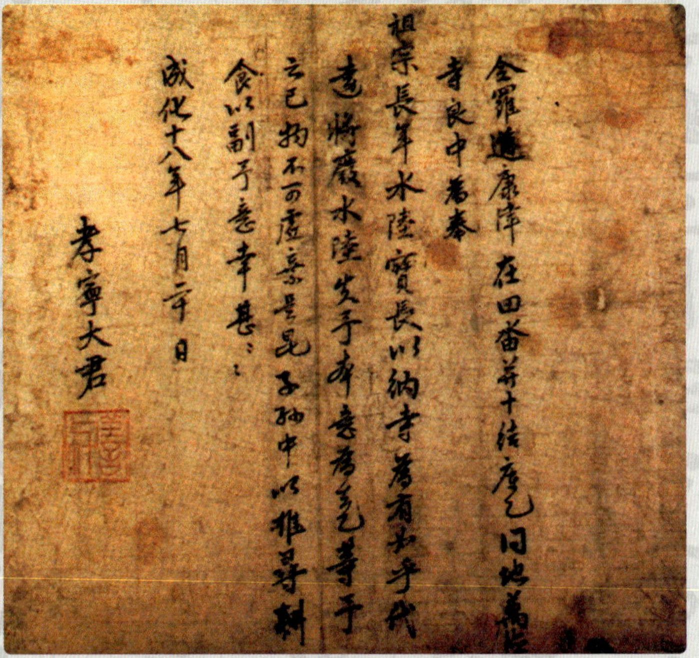

萬德寺(현 白蓮寺)의 水陸齋을 위해 施主한 문서
(成宗 13년, 1482)

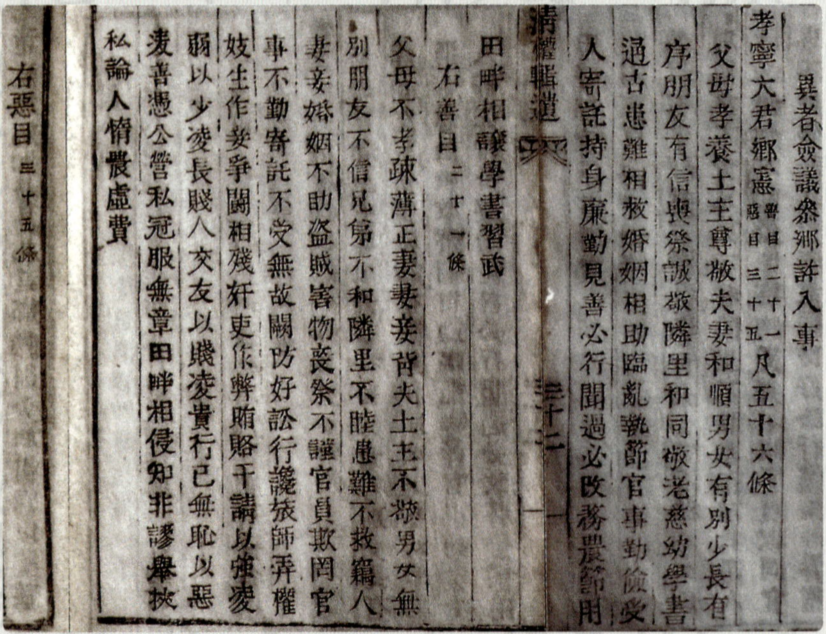

효령대군이 제정한 '鄕憲'
(善目21조 惡目35조, 합계 56조로 되어 있다. 睿宗 원년, 1469)

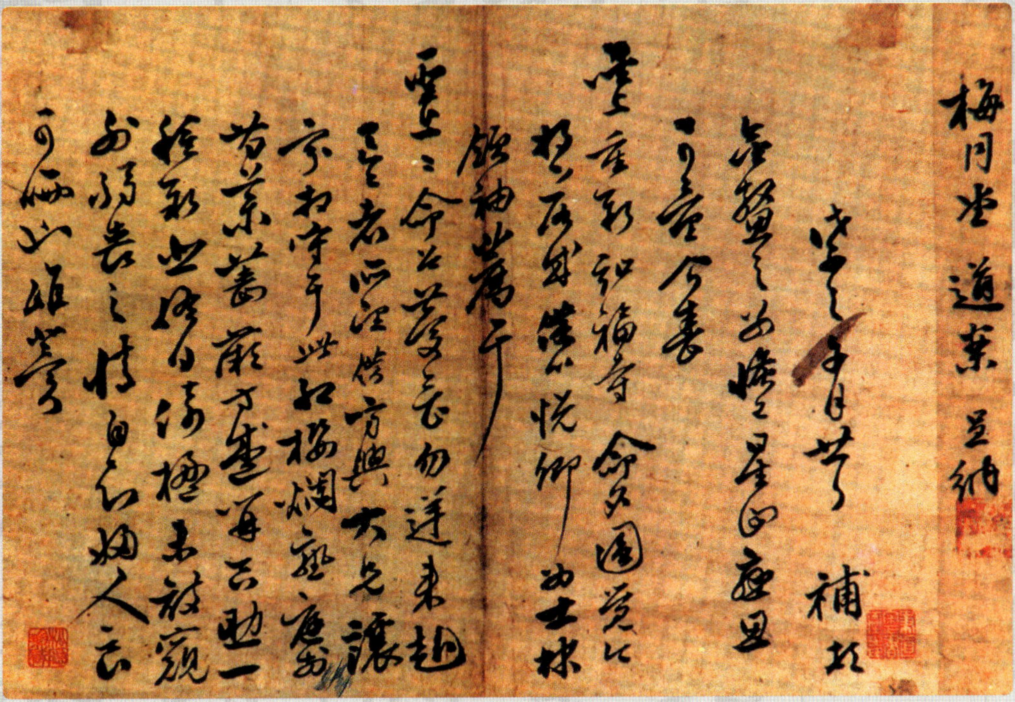

梅月堂 金時習에게 보낸 '편지'
(世祖 14년, 1468)

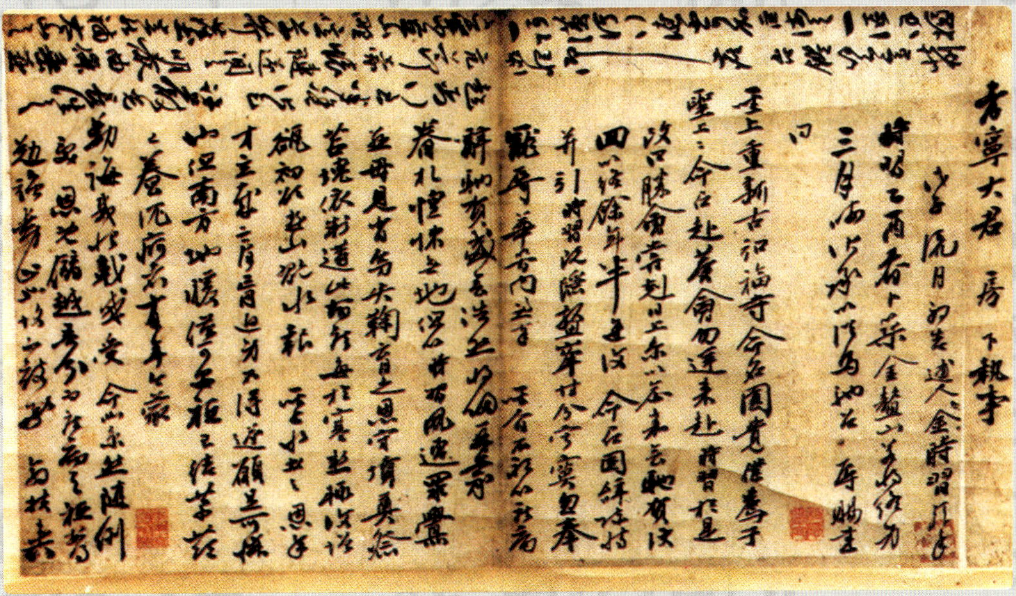

위 편지에 대한 梅月堂의 '答書'
(世祖 14년, 海印寺 소장)

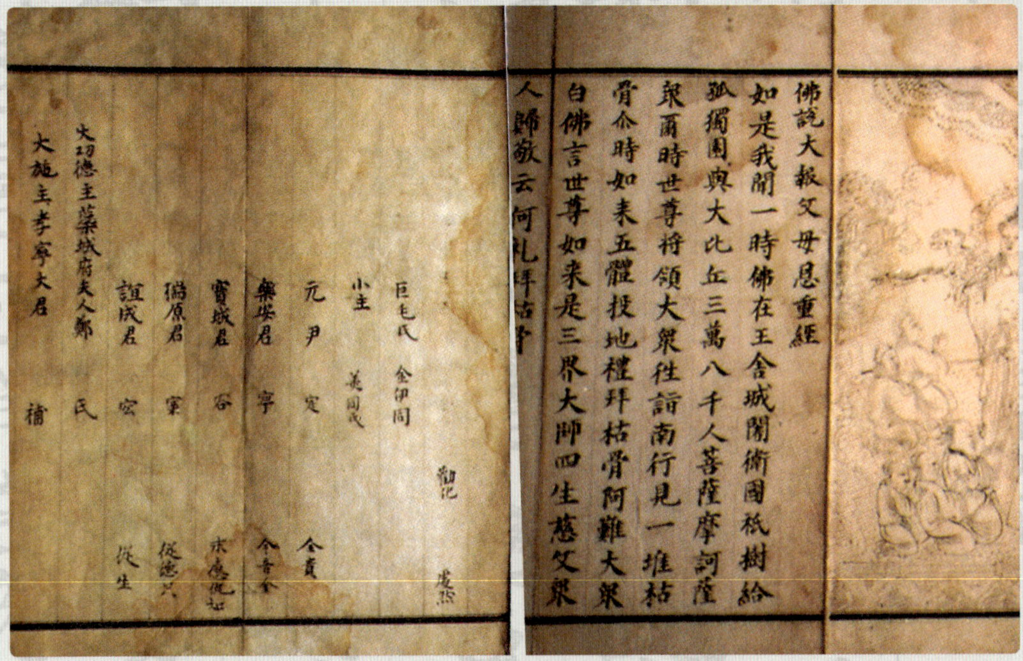
佛說大報父母恩重經
如是我聞一時佛在王舍城闍衛國祇樹給
孤獨園與大比丘三萬八千人菩薩摩訶薩
衆爾時世尊將領大衆往詣南行見一堆枯
骨介時如來五體投地禮拜枯骨阿難大衆
白佛言世尊如來是三界大師四生慈父衆
人歸敬云何礼拜枯骨

大君이 寫經한 父母恩重經/長壽胎骨經
(世宗 20년, 1438; 天安 廣德寺 소장)

檜巖寺址 출토 '孝寧大君' 銘文 기와
(世宗 16년, 1434; 2000. 4. 24. 발굴)

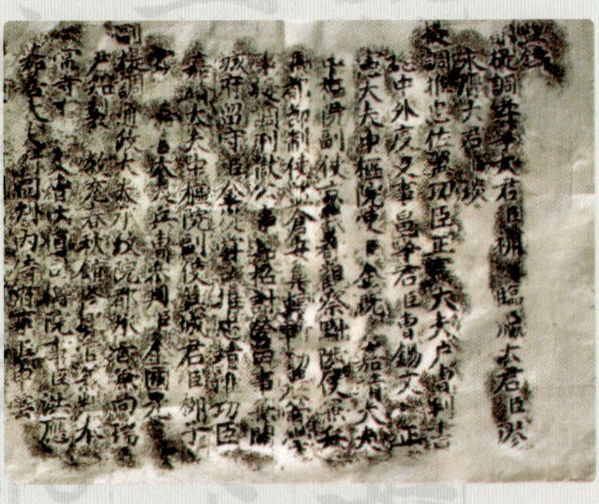

興天寺 梵鐘(탁본)
(德壽宮안 光明門 소재, 世祖 8년, 1462)
'監鑄 都提調 孝寧大君 臣 補'라고 새겨져 있다

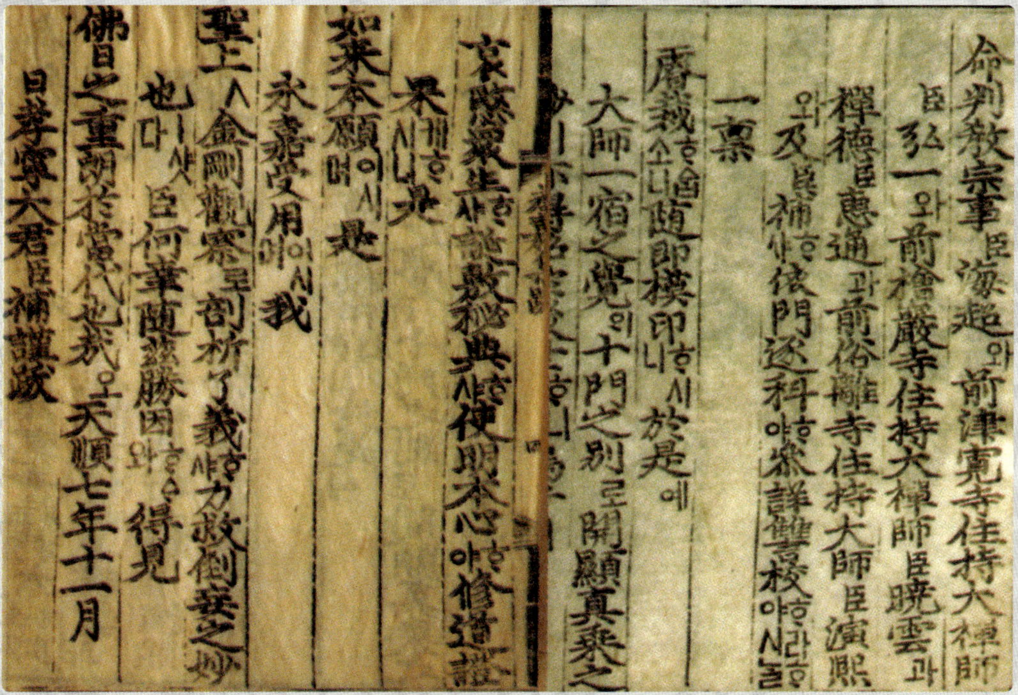

『禪宗永嘉集』, 大君의 跋文
(諺解本, 世祖 10년, 1464)

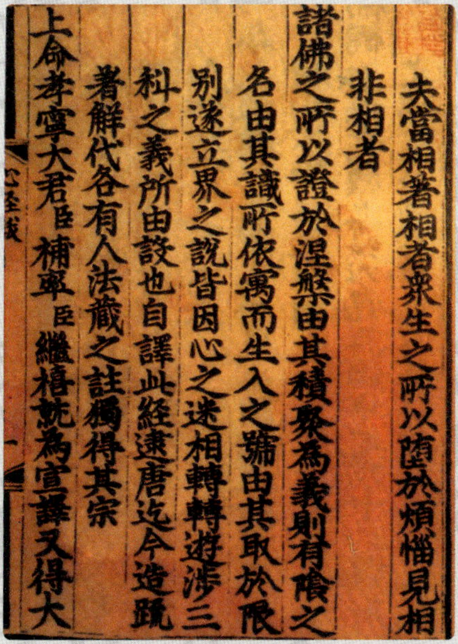

金剛般若波羅密經
(大君의 諺解 讎校本, 世祖 10년, 1464)

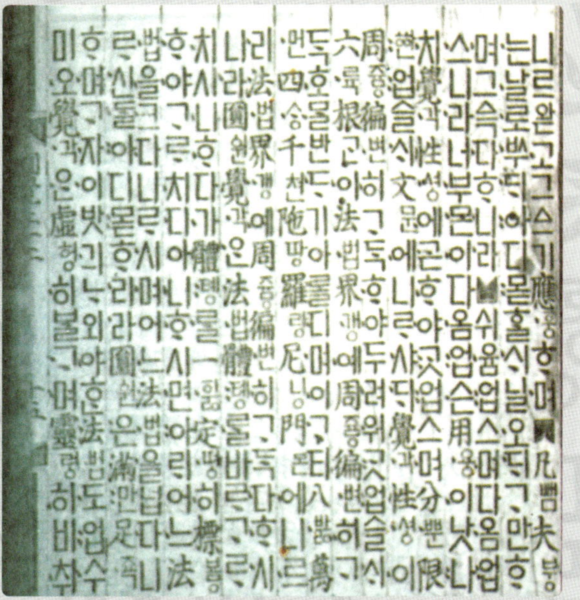

圓覺經
(大君의 諺解本, 世祖 11년, 1465)

孝寧大君의 '사인'

대군의 願刹이던 泰安寺(전남 곡성군 죽곡면 원달 桐裏山) 大君 影堂에 影幀과 함께 보존 되어 왔으나 1879년의 영당 화재로 영정은 소실되고, 施僧文과 完文(숙종 39, 1713, 癸巳년, 宗親府에서 住持에게 내린 文書) 및 바루(大鉢, 下左; 보물 제956호, 지름92cm)는 現傳하는데, 그 시승문에 찍혀 있는 대군의 친필 '사인'이다.

바루(木鉢)
(世宗 29년, 泰安寺 소장, 보물 제956호)

옥잔과 盞臺
(世宗에게 받은 玉杯)

'喜雨亭' 懸板
(世宗 親筆, 世宗 7년, 1425)

실록 효령대군일대기 · 3

정효공 이보의 생애와 행적
靖孝公 李補

이완재 지음

한양대학교 출판부

그동안 待望했던 孝寧大君의 一代記가 중진 국사학자 李完宰교수의 연구에 의해 『실록 효령대군일대기』(3책)로서 마침내 완결, 上梓되었다. 李교수는 韓國의 近世·近代史에서 많은 연구 업적을 쌓아 온 터이기 때문에 이번 저술에 대한 기대는 자못 큰 바가 있었다.

孝寧大君의 行蹟과 思想 등에 대해서는 그간 단편적으로 발굴되거나 소개되어 오기는 하였으나, 종합적 심층적으로 집대성되기는 이번 이교수의 著書가 처음이라 할 것이다. 저자 자신도 천명하고 있듯이 이 저서는 評傳的이라기보다는 實錄的인 성격이 더 짙은 저술로서, 높은 객관성을 지닌 勞作이라 하겠다. 그리고 실인즉 저자 자신이 효령대군의 제19대 손으로서 자칫하면 부지불식간에 아전인수격 서술이 되지나 않을까 하는 염려도 있었지만, 이교수의 학문적 양식과 높은 실증성·객관성이 이를 훌륭하게 극복해 주었다.

과거의 인물에 대한 정리 내지 평가에 있어서는 과연 역사적 인물일 수 있느냐의 여부에 대한 판단과, 인물 평가를 위한 접근에서 원용해야 할 자료의 객관성 및 신빙성, 그리고 이를 정리하는 데 있어서의 학문적 안목 등은 타당한 성과를 얻기 위해서 매우 중요한 요인이 될 것이었다. 나아가 역사상의 인물이 時·空間을 초월해서 진정 역사적 인물로서 평가받기 위해서는 역사를 통한 이념 및 가치관의 변화, 그리고 문화와 사회적 변동에 따른 평가 기준의 변화를 감내해 내어 꾸준이 생명력을 유지할 때 비로소 가능할 것이라 생각된다.

효령대군의 경우 여러 모로 이를 충족시켜 줄 수 있는 보기 드문 인물 중의 한 분으로 평가받고 있는 것 아닐까 생각되는데, 이 책은 한국사 전공인 저자가 역사학적 연구 방법을 통해 사료적 가치가 높은 '朝鮮王朝實錄' 자료를 중심으로, 이에 근거하여 객관적 실증적으로 서술한 하나의 학술연구서라고 하겠으며, 무엇보다도 그간 많은 연구 업적을 쌓아온 이교수의 높은 학문적 안목과 양식에 의해서 이 저서가 이뤄졌다는 점에서 크게 안도되기도 한다.

이러한 여러 가지 측면에서 볼 때 이 저서가 학계에 기여하는 바 크다고 하겠지만, 나아가 孝寧大君 傳記의 정통성을 지닐 수 있는 力著로서도 평가하고 싶다. 한편 浩瀚한 史料를 수집 인용하고, 풍부한 脚註와 참고 자료를 붙임으로써 사료적 가치가 풍부한 저술이 되게 하여, 이 분야의 연구자나 관심 있는 인사들에게도 좋은 길잡이가 될 것으로 생각한다.

2016년 9월 18일

이현재 근지(謹識)

(서울대 명예교수 · 전 총장)

孝寧大君 靖孝公께서 91세를 壽하셨음은 다 아는 사실이지만, 그 분의 생애는 남다른 세 가지 특이한 점을 지니셨다고 생각되니, 부친과 아우 모두가 帝王이셨다는 점이 그 첫째요, 근 1세기 간의 생평 동안 아홉 임금을 섬기셨음이 그 둘째요, 抑佛崇儒的 통치이념 속에서 儒學을 깊이 공부하셨으되 佛敎의 필요성을 강조하시고 儒·佛이 조화된 사회를 적극 꾀하셨다는 점이 그 셋째이다. 권세와 영화를 한껏 누릴 수 있는 최상의 지위에서, 文武를 겸전하시고 고희를 넘기신 연세에 전국의 사찰을 순회할 만큼 장수하시면서, 유학의 학식을 바탕으로 불교의 심오한 哲理를 이해하고 실천하셨다는 말이니, 요컨대 대군할아버지의 생애는 한 마디로 '높고 길고 넓다'는 말로 표현함이 가장 적절할 것이었다.

그럼에도 불구하고 大君할아버지의 生涯와 思想에 대해 살펴볼 만한 문헌이나 자료는 많이 남아 있지 못하다. 긴 세월 동안 업적은 많으셨건만, 문헌 자료가 부족하니 그 분의 偉德과 사상은 물론 생애조차도 소상히 알기가 어려운 실정이다. 그나마 지금까지 거의 유일하게 『淸權輯遺』가 남아 있어 대군의 생애와 행적에 대해 이해되고 있지만, 대군께서 서거하신지 250여 년 지난 肅·英연간에 瓶窩公(10세손)께서 대군의 遺事를 여러 문헌에서 뽑아 모은 것에 기초하여 또다시 1백여 년이 지난 1844년(憲宗 10)에 敦宇公

께서 증보 편집한 것이 『청권집유』이고, 그 후 1974년에 薰儀 종현은 이를 국역하였으며, 91년에는 康秀·定宰·錫宰 등 종현이 다시 새 자료를 보태는 등 청권사의 주도로 『청권집유』 續5까지 출간되긴 했지만 그러나 아직도 대군에 대한 자료가 소략한 상태에 머물고 있는 것이 사실이다.

그러던 차 마침 이번에 한양대학교 사학과의 교수로 재직하고 있는 完宰 종현의 노력으로 『실록 효령대군일대기』(3책)가 저술되어 세상에 나오게 되었다. 한국사를 전공하면서 평소에 실록 자료를 자주 접하는 李교수가 역사학적 연구방법으로 王朝實錄과 기타 문헌에 산재해 있는 사료를 수집하여 정리 저술한 것이므로 客觀性이 인정되는 勞作이라고 짐작된다. 특히 실록의 기사 등을 일일이 脚註로 제시하여 사실 근거를 밝혔으므로 여늬 역사소설이나 픽션물 등과는 달리 실증적인 데 치중한 바, 이는 본서가 지닌 강점이라 하겠다.

大君의 事績을 발굴하여 조사 정리하고, 그것을 보존 보급하는 일이 바로 우리 淸權祠의 설립 趣旨일 뿐 아니라, 대군의 行蹟과 偉德을 기리고 顯彰하며 대군에 가까이 닥아가기 위해 노력하는 것이 崇祖의 길이라고 생각하는 바, 이번 이교수의 본 저서야말로 그 길잡이 역할 하기에 적합하다고 생각되어 종현 여러분 앞에 감히 추천하는 바이다.

2016년 10월 9일

李秀洪

(淸權祠 전 이사장)

| 저자 서문 |

이 책은 효령대군(孝寧大君)의 위덕(偉德)과 사상(思想)의 이해를 돕기 위한 선행적 연구서로서 그 생애(生涯)와 행적(行蹟)을 종합적이고도 심층적으로 밝혀 정리하는 것을 목적으로, 조선왕조실록(朝鮮王朝實錄) 중 '대군 행적(行績)에 관계되는 기사(記事)' 642여 건(件)을 찾아내 이에 근거하여 서술(敍述) 편찬(編纂)한 『실록 효령대군일대기』(3책)이다.

효령대군께서는 조선(朝鮮)왕조의 제3대 태종(太宗)대왕의 둘째 왕자로서 충녕대군(忠寧大君) 곧 세종(世宗)의 형님이시니, 부친과 아우가 제왕(帝王)이었다. 천자(天姿)가 총명(聰明)하고 영특하여 어려서부터 책읽기를 좋아하셨다고 전해 오는데, 91세를 수(壽)하시는 동안 조부이신 태조고황제로부터 성종(成宗)에 이르기까지 태조·정종·태종·세종·문종·단종·세조·예종·성종의 아홉 조정을 섬기셨으니, 건국 초기로부터 국가 체제가 정비(整備) 안정(安定)되는 시기까지 역사의 중심에서 천사만업(千事萬業)을 스스로 체험하셨을 뿐 아니라, 억불숭유적(抑佛崇儒的) 통치 이념에 입각한 왕권확립기(王權確立期)에 유(儒)·불(佛)의 조화(調和)를 꾀하시면서 독보적으로 불교(佛敎)를 옹호(擁護)함으로써 이후 한국 불교의 명맥 유지와 발전에도 지대한 공헌을 하시어 학문적(學問的)으로나 문화적(文化的)으로 괄목할 업적을 남기시었다. 따라서 대군의 위덕과 사상에 대한 이해는 단순히 특정한 조상 한 분의 사적(事蹟)을 찾아 본다는 차원이 아니라 대군에 대한 연구는 조선 전기 한국의 정치 사회 문화 학술 종교와도 폭넓게 연관되는 과제라고 하겠다.

대군의 위덕(偉德)과 사상 및 유훈(遺勳)의 실체는 학술적 연구 방법을 통해서 밝혀질 수 있을 것이지만, 이는 그 분이 어떠한 역사적 환경과 전개 과정 속에서, 어떻게 대응하며 역할하였는가에 대한 이해가 우선되어야 할 것이다. 14세기말의 역사적 격동기(激動期)부터 15세기말의 왕권안정기에 이르는 1세기간의 역사 흐름 속에서 그 삶의 궤적(軌跡)을 따라, 대군의 생평과 직·간접으로 관계되는 사실(史實)들과 그 주변 환경속에서의 행적을 추적할 수 있는 제반 자료들을 수집 분석하고 이를 종합적으로 평가해야 할 것이었다.

그간 대군의 생애와 행적에 대해 밝혀진 부분이 전무한 것은 아니었지만, 아직은 대체로 단편적(斷片的)이고 소략(疏略)한 실정이며, 대군 서거(逝去) 후 350여 년이 경과되어 비로소 정리된 『청권집유』(淸權輯遺)의 수준을 아직은 뛰어넘지 못하고 있는 것이 사실이다. 대군께서 끼치신 음덕(蔭德)과 유훈(遺勳)을 받들고 또 이에 보답하는 뜻에서 그 위덕을 기리고 현창(顯彰)하는 것이 대군 후손들의 도리이고, 한편, 대군의 사적(事蹟)을 발굴·조사·정리하고 이를 보존·보급하는 일이 곧 청권사(淸權祠)의 설립 취지(趣旨)라는데 상도(想到)하면, 너무 때늦은 작업이라 생각되지만 그간 종현 여러분으로부터의 격려속에 용기를 내어 감히 먼저 시작해 보는 작업이매, 총총한 대군의 예손(裔孫) 여러분의 아낌없는 질정(叱正)을 바랄 뿐이다.

끝으로, 이 책이 나오기까지 격려와 지원을 아끼지 않으신 청권사 여러 종현님들께 감사하고, 특히 공사다망하신 중에도 원고를 미리 정독하시면서 분에 넘치는 과찬의 서문(序文)을 써주신 전서울대총장 현재(賢宰)명예교수님과 추천사(推薦辭)를 써주신 이수홍(李秀洪) 청권사 전이사장님, 그리고 여러 가지 자료와 도움말을 주신 수택(秀澤)·강령(康靈) 종현님, 또한 오래전부터 많은 격려 말씀과 응원을 해주신 진규(臻揆 木浦)·용재(瑢宰 光州)·수길(秀吉 釜山)님 등 청권사 전문화위원(前文化委員) 여러분께 깊은 감사의 마음을 전하고 싶다.

2016년 12월 11일

華陽亭 옛터의 서실에서 저자 삼가

| 차례 |

22

圓覺寺 監董提調와 金剛山 御駕 隨行

효령대군 69세, 8월 ~ 71세, 윤3월

8월 1일에는 비현합(丕顯閤)에서 성균 유생(儒生) 등에게 경서(經書)와 『무경』(武經)을 강(講)하게 한 바, 효령대군(孝寧大君)과 영응대군(永膺大君)·영중추원사 심회(沈澮)·봉원부원군 정창손(鄭昌孫)·좌의정 구치관(具致寬)·좌참찬 최항(崔恒)·공조판서 김수온(金守溫)·동지중추원사 양성지(梁誠之)·예조참판 임원준(任元濬)·예문제학 이승소(李承召;藥城府夫人 둘째 동생 忠碩의 사위, 府夫人의 墓誌를 撰함) 등이 입시한 가운데, 성균 생원(生員) 박정손(朴精孫) 등 5인에게는 경서(經書)를, 무재록(武才錄) 신정보(辛鼎保) 등 7인에게는 『무경』(武經)을 강(講)하게 하였는데, 판군기감사 기질(奇質) 등 20인이 윤대(輪對)[1] 하였다.

이튿날은 임금이 원각사(圓覺寺) 현장에 거둥하여 개기(開基)를 살펴보았다. 이보다 앞서 원각사를 짓는 일로써 선공 주부(繕工 主簿) 임중(林重)을 충청도에 보내어 벌목(伐木)하게 하였는데, 임중이 백성들을 소요시킨다는 말을 임금이 듣고서 승정원에 하명,

1 임금에게 文武官이 매달 세 차례씩 輪番으로 돌아가면서 그 官司의 업무를 보고 드리던 일. 대개 6품 이상이 4인씩 한꺼번에 하였다.

임중에게 치서(馳書)하기를, "네가 처음에 어명(御命)을 받을 때 백성들에게 폐(弊)가 없도록 하라고 정녕 타일렀거늘, 어찌 한 때의 공을 세우려고 번요(煩擾)하게 굴기가 그와 같은가. 폐단(弊端)이 없이 역사(役事)를 끝마치거든 속히 올라 오라" 하였다.[2]

8월 11일에는 원각사의 신축 공사 중 사상자가 생기니 감독하는 관리를 추국하였다. 원각사를 짓는 데는 그 기지(基地)가 낮아서 다른 곳의 흙을 취해다가 이를 쌓았는데, 이를 위해 군인들이 땅을 파고 들어가다가 흙이 무너져 압사(壓死)한 자가 2인이었고, 부상자가 5인이었다. 이를 임금이 듣고 크게 놀라서 의금부에 전지하기를 "원각사의 역사를 감독하는 관리들이 일을 하는 데 조심하지 않아서 군인들이 압사하는 데까지 이르렀으니, 추국(推鞫)해서 아뢰어라" 하였다.

12일에는 임금이 효령대군(孝寧大君)과 영의정 신숙주(申叔舟)·좌의정 구치관(具致寬)·병조판서 윤자운(尹子雲)·호조판서 김국광(金國光) 등을 불러 술자리를 베풀었는데, 남양부원군 홍달손(洪達孫)·인산군 홍윤성(洪允成)·청평위 곽연성(郭連城) 등은 주연이 끝나고 임금을 따라 대궐에 들어갔다.

계양군 이증(李璔)이 죽은 지 20여일 후, 9월 4일에는 그의 생모(生母) 신빈(愼嬪) 김씨(金氏, 1405~1464)가 졸(卒)하였다. 신빈은 세종의 후궁(後宮)으로 임금의 총애를 가장 많이 받은 후궁으로서, 계양군(桂陽君, 璔)·의창군(義昌君, 玒)·밀성군(密城君, 琛)·익현군(翼峴君, 璉)·영해군(寧海君, 瑭)·담양군(潭陽君, 璖) 등 6남2녀를 낳았다. 세종이 훙서(薨逝)하자 여러 후궁과 함께 머리를 깍고 여승(女僧)이 되니 당시 46세이었다. 세종이 즉위하던 해(1418, 戊戌)에 모후인 원경왕후(元敬王后)가 내자시(內資寺)의 여종[婢]이던 김씨를 후궁으로 들여 소의(昭儀)가 되고, 세종 21년 담양군을 낳으면서 귀인(貴人)으로 되었는데, 이 때에 졸하니 향년이 60세였다. 쌀·콩 모두 70석(石)을 부의(賻儀)로 내려 주었다.[3]

---

2 『세조실록』 권34, 세조 10년 8월 乙酉(4일).

3 『세조실록』 권34, 세조 10년 9월 甲寅(4일).

9월 11일에는 임금이 근정문(勤政門)에 나아가 조참(朝參)[4]을 받았는데, 원각사(圓覺寺)에 서기(瑞氣)가 있었기 때문에 겸하여 하례(賀禮)도 행하였다. 그리고 이내 들어가 사정전(思政殿)에 나아가서 효령대군(孝寧大君) 등 당상관 이상을 불러 술을 궤향(饋餉)하였다.[5]

9월 19일에는 임금이 귀성군(龜城君) 이준(李浚)에게 하명(下命), 승정원에 전지하기를 "금일 첩종령(疊鐘令;疊鐘은 조선시대 軍隊 査閱을 위해 궁궐안에서 치던 큰 鐘)을 행하겠으니, 이를 속히 통지(通知)하라" 하고, 정오에 근정전(勤政殿) 앞에 나아가니 내종친(內宗親;임금의 親族)과 영의정 신숙주(申叔舟)·좌의정 구치관(具致寬)·인산군 홍윤성(洪允成)과 승지(承旨) 등이 융복(戎服) 차림으로 계단에서 입시하였다. 임금이 명하여 나각(螺角;소라 껍질에 구멍을 뚫어 만든 樂器)을 부니 궐내에 입직(入直)한 군사들이 전정(殿庭)에 모여서 각각 그 방위(方位)에 자리하였다. 또 명하여 대종(大鐘)을 잇달아 치니 백관·시신(侍臣)과 여러 위(衛)의 군사들이 하나같이 『병정(兵政)』에 의하여 모였다. 명하여 1상(廂) 5위(衛)를 만든 후, 보성경(寶城卿) 이갑(李岔;효령대군의 제3남)을 대장(大將)으로 삼고, 이조판서 양성지(梁誠之)를 잡류장(雜類將)으로 삼았다.

9월 22일에는 병조(兵曹)에서, 의성군(誼城君) 이채(李寀) 등에게 평안·황해도의 땅 개간(開墾)을 독촉할 것을 청한 바,

> "영응대군(永膺大君) 이염(李琰)·의성군(誼城君) 이채(李寀;효령대군의 장남)·남양부원군 홍달손(洪達孫) 등이 평안도와 황해도의 묵은 전토(田土)를 개간하지 않고 있으니, 청컨대 을유(乙酉, 세조 11, 1465)(明年)년 12월까지 기한(期限)하여 이염 등의 종[奴]들을 독촉하여 보내어 두 도(道)에 이사(移徙)하여 살게 하고, 만약 기한에 미치지 못할 경우 본주(本主)와 소재지(所在地) 관리들을 논죄(論罪)하소서"

4 매월 5일, 11일, 21일, 25일 네번에 걸쳐, 文武관원이 검정 옷을 입고 임금에게 문안하고 政事를 아뢰던 일.

5 『세조실록』 권34, 세조 10년 9월 辛酉(11일).

하니, 임금이 그대로 따랐다.[6]

그 이틀 뒤 24일에는 임금의 탄일(誕日)이므로 백관들이 진하(陳賀)하니 양심당(養心堂)에 나아가서 풍정(豊呈)을 받았는데, 효령대군(孝寧大君) 이보(李補)·임영대군 이구(李璆)·영응대군 이염(李琰)·봉원부원군 정창손(鄭昌孫) 등 여러 종친(宗親) 재추(宰樞)가 입시(入侍)하였다. 전 중추원사 김신민(金新民)이 가사(歌詞)를 바치니, 들어와서 시연(侍宴)하게 하고 어상(御床)과 주육(酒肉)을 내려주었다.[7]

이튿날에는 백관이 원각사(圓覺寺)에 서기(瑞氣)가 있었다고 하여 진하하니 하교(下敎)하여 강도(强盜) 외의 죄를 사유(赦宥)하고, 도형(徒刑)·유형(流刑)·부처(付處)된 사람들은 모두 석방하였으며, 직첩(職牒)을 거두어 들인 사람과 자급(資級)을 강등시킨 사람 모두를 환급하였다. 다만, 불충·불효의 죄를 범한 자는 용서하는 예에 넣지 않았다.[8]

9월 30일에는 세조(世祖)가 창덕궁(昌德宮) 후원에서 습진(習陣)을 관람하는 가운데, 효령대군(孝寧大君) 이보(李補)가 분신 사리(分身 舍利)를 바쳤다. 임금이 중궁(中宮)과 더불어 창덕궁 후원(後苑)에 거둥하여 습진(習陣)을 구경하니, 왕세자와 내종(內宗)·진종(陣宗)과 군무(軍務)의 직위를 띤 자가 어가(御駕)를 따랐다. 그런데 동가(動駕)할 때 환관(宦官) 조언(曹彦)·이효지(李孝智)·안중경(安仲敬)이 문(門)을 여는데 지체하였으므로 임금이 명하여 의금부(義禁府)에 가두었다. 어가가 후원의 악차(幄次)에 이르자 사금(司禁)·사복(司僕)·선전관(宣傳官) 등이 악차의 앞뒤를 알지 못하여 즉시 시위(侍衛)하지 않으니, 승정원(承政院)에 명하여 이를 국문(鞫問)하게 하였다. 이어서 청성위 심안의(沈安義)·병조참의 박중선(朴仲善)을 각각 좌상대장(左廂大將)·우상대장(右廂大將)으로 삼아 군사를 거느리고 몰이하게 하였는데, 기르던 노루·사슴을 놓아 왕세자(王世子)와 귀성군(龜城君) 이준(李浚)에게 명하여 짝을 지어 쏘게 하니, 세자가 두 번 쏘아 두 번 맞혔다. 임금이 매우 기뻐하며 명(命)하여 술을 올리게 하였다. 신숙주(申叔舟)로 하여금 잔(盞)

---

6 『세조실록』 권34, 세조 10년 9월 壬申(22일).

7 『세조실록』 권34, 세조 10년 9월 甲戌(24일).

8 『세조실록』 권34, 세조 10년 9월 乙亥(25일).

을 받들게 하고, 구치관(具致寬)으로는 병(甁)을 잡게하였다. 조금 있다가 원각사(圓覺寺) 조성소제조(造成所提調) 효령대군(孝寧大君) 이보(李補) 등이 절에서 새로 만든 불상(佛像)의 분신 사리(分身 舍利)를 바쳤다.[9]

10월 1일에는 근정전(勤政殿)의 서쪽 막새[鷲頭]에 서기(瑞氣)가 솟아 나왔는데, 그 빛깔이 무지개 같았으나 이내 희미해지더니 잠깐 사이에 사라져 버렸다. 얼마 있다가 또 강녕전(康寧殿) 양쪽 모서리에서도 서기가 나왔다. 효령대군(孝寧大君) 이보(李補) 등이 원각사(圓覺寺)로부터 또 사리(舍利)를 바치면서 말하기를 "5색(色)의 서기가 있습니다" 하니, 백관들이 진하(陳賀)하였다. 임금이 하교(下敎)하여 강도·절도 이외의 죄인을 용서하였다.[10]

이튿날은 임금이 중궁과 더불어 풍양(豊壤)의 강무(講武)에 거둥하니, 왕세자가 임영대군(臨瀛大君)·영응대군(永膺大君)과 '아종'(兒宗;龜城君 李浚·永順君 李溥·銀山副正 李徹·河城尉 鄭顯祖)·진종(陣宗)·사종(射宗), 그리고 영의정 신숙주(申叔舟)·좌의정 구치관(具致寬)·인산군 홍윤성(洪允成)·형조판서 김질(金礩)·병조판서 윤자운(尹子雲) 등과 승지(承旨)들이 어가(御駕)를 따르니, 청성위 심안의(沈安義)를 좌상대장(左廂大將), 병조참의 박중선(朴仲善)을 우상대장(右廂大將)으로 삼고, 진례정(進禮正) 이형(李衡)·금산정(金山正) 이연(李衍)·춘양정(春陽正) 이래(李徠;효령대군의 손자, 寶城卿 李啓의 제3남) 등을 위장(衛將)으로 삼아 두 상(廂)에 나누어 붙이고, 평성정(枰城正) 이위(李偉;寶城卿 李啓의 제4남)는 사자위장(獅子衛將)으로, 이조판서 양성지(梁誠之)는 사대장(射隊將)으로, 거평정(居平正) 이복(李復)은 공현위장(控弦衛將)으로 각각 삼고, 수성정(壽城正) 이창(李昌)은 만강대장(彎强隊將), 선전관 이평(李枰)은 장용대장(壯勇隊將), 거제정(居濟正) 이철(李徹;寶城卿 李啓의 제5남)은 잡류장(雜類將)겸 대장(大將)으로 삼은 가운데, 어가(御駕)가 풍양궁(豊壤宮)에 이르러서는 좌상(左廂)·우상(右廂)이 성산(城山)과 백수현(白水峴)으로 나누어 몰이하였다. 풍양궁 북쪽의 사장(射場)에 이르러 임금이 궁전 북쪽의 높은 언덕

---

9 『세조실록』 권34, 세조 10년 9월 庚辰(30일).

10 『세조실록』 권34, 세조 10년 10월 辛巳(1일).

에 나아갔는데, 이 때 위내(圍內)에 호랑이가 나타나 사람 2명을 상(傷)하게 하였으므로 내의(內醫)를 보내어 약(藥)을 쓰게 하고, 관(官)에서 쌀과 술을 주게 하였다. 일모(日暮)에 진(陣)을 파(罷)하고 재추(宰樞)에게 주육(酒肉)을 내려 주었다.[11] 그런데, 이번의 풍양 강무행사(講武行事)에서 주목되는 점은, 보성경(寶城卿) 이갑(李衉)의 제3,4,5남 삼형제, 곧 효령대군(孝寧大君)의 손자(孫子) 셋이 함께 참가하였다는 점이다.

그런데 다시 이튿날(10월 3일), 보성경(寶城卿) 이갑(李衉)의 제5남 거제정(巨濟正) 이철(李徹)이 군사 훈련 중에 술에 크게 취하여 난동(亂動)을 부림으로써, 임금에게 크게 꾸지람을 듣는 일이 벌어졌으니,

> "밤 2고(鼓)에 좌상(左廂)과 우상(右廂)이 먼저 입곶이[入串]에 이르러 타위(打圍)하였다. 진시(辰時)에 임금이 중궁(中宮)·왕세자(王世子)와 더불어 사장(射場)에 이르니, 잡류장(雜類將) 거제정(巨濟正) 이철(李徹)이 술에 대취(大醉)하여 커다란 몽둥이로 사람들을 어지러이 마구 때리는 것이 헤아릴 수가 없었는데, 이 때 감찰(監察) 노철강(盧鐵剛)이 자리를 이탈하니 이철이 장(杖)으로 그의 등을 때리고 즉시 항쇄(項鎖)를 채운 다음 뛰어 들어가 임금께 아뢰니, 임금이 이철의 술 취한 것을 알고 이내 꾸짖기를 "네가 이미 왕명(王命)을 받고 장수(將帥)가 되었으니, 졸오(卒伍)가 죄를 범하면 네가 마땅히 전제(專制)해야 할 것인데 어찌 와서 호소하느냐? 너는 한 사람이 법(法)을 범(犯)하였다고 하여 문득 군대를 버리고 오는 것이 옳은가?" 하고 즉시 명하여 물러가도록 하고, 노철강은 군률(軍律)을 어긴 죄로 병조(兵曹)에 회부하여 국문(鞫問)하게 하였다. 임금이 초요기(招搖旗)[12]를 세우고 제장(諸將)을 부르니, 여러 장수들이 모였으나 이철은 부르는데도 나오지 아니하고 오히려 말을 달려 상군(廂軍)들을 이리저리 마구 때리니, 그 아비 보성경(寶城卿) 이갑(李衉;임금과는 四寸間)이 선전관(宣傳官)으로서 임금 앞에 있다가 이 광경을 보고 친히 가서 제지하였으나 망연(茫然)하여 제지할 방도를 알지 못하였다. 그런데 또 이철이 말에서 떨어지니 의원(醫員)

---

11 『세조실록』 권34, 세조 10년 10월 壬午(2일).

12 전투나 군사훈련 중에 大將이 장수를 부르거나 지휘하고 호령하던 깃발.

에게 명하여 구료(救療)하게 하고 김한(金漢)으로 장수를 대신하게 하였다."[13]

고, 실록(實錄)은 당시의 상황을 전하고 있는데, 10월 7일(丁亥)에 이철은 결국 '강무(講武) 중 술에 취해 사람들을 구타한 죄'로 거제정(巨濟正)에서 파직(罷職)되었다. 거제정 이철이 처음에는 세조 임금의 최측근으로서 신임을 받아 은산부정(銀山副正)으로 '아종'(兒宗)에까지 들었었는데, 거제정(巨濟正)에 임명되었다가 이번의 사건으로 말미암아 3일 후인 10일(庚寅)에 일단 거제정직(巨濟正職)에 복귀되긴 했지만, 나중에 군호(君號)가 '물거군'(勿巨君)으로 바뀌게 된 것도 이번의 사건 때문 아니었나 생각된다.

10월 4일에는 새벽 3고(鼓)에 좌상(左廂)과 우상(右廂)이 군사훈련의 장소를 아차산(峨嵯山)으로 옮겨 몰이하게 되었는데, 거가(車駕)가 사장(射場)에 이르니 효령대군(孝寧大君) 이보(李補)와 유도 백관(留都 百官)들이 어가(御駕)를 맞이하였다. 하루 종일 사냥하고 해가 질 무렵에 환궁(還宮)하면서 좌상(左廂)·우상(右廂)에 명하여 살곶이[箭串]에서 결진(結陣)하고 다음 명(命)을 기다리게 하였다.[14]

10월 8일에는 원각사(圓覺寺)를 창건(創建)한 이래 서기(瑞氣) 현상이 자주 나타나므로 원각사 낭관(郎官)의 품계(品階)를 올려주기로 한 바, 이날 이조(吏曹)에 전지하기를,

"원각사의 조성(造成) 낭관(郎官) 등에게 1자급(資級)을 뛰어 올리고, 자궁(資窮)하여 준직(准職)할 자는 당상관(堂上官)으로 올리며, 준직하지 못할 자도 준직케 하라"

하였는데, 임금이 원각사 창건 이래 상서(祥瑞)가 여러 차례 일어났으므로 경사(慶事)의 은전(恩典)을 크게 펴서 사람들의 소망(所望)을 위로하고자 하니, 도승지 노사신(盧思愼)이 인하여 원각사 낭관(郎官)을 모두 품계(品階)을 올리고자 청하매, 임금이 모조리 그대로 따른 것이었다. 이에 대해 영순군(永順君) 이부(李溥;廣平大君의 아들)가 도승지 노사신

13 『세조실록』 권34, 세조 10년 10월 癸未(3일).

14 『세조실록』 권34, 세조 10년 10월 甲申(4일).

에게 말하기를,

“지금 원각사 낭청(郎廳)에 가자(加資)하는 것이 심히 외람(猥濫)하니, 심지어 반승(飯僧)한 자도, 또 제조(提調)에게 감궤(監饋)한 자도 참여하고자 하는데, 어찌 그것이 옳겠습니까? 공(公)이 그것을 짐작(斟酌)하여서 아뢰시오”

하였으나, 받아들여지지 않았다.[15]

10월 26일에는 종친(宗親)과 재추(宰樞)가 금상(今上)께 정례적(定例的)인 문안을 하니, 임금이 효령대군(孝寧大君) 이보(李補)와 임영대군(臨瀛大君) · 영응대군(永膺大君) · 영순군(永順君) 이부(李溥) · 귀성군(龜城君) 이준(李浚) · 하성위(河城尉) 정현조(鄭顯祖) · 거제정(巨濟正) 이철(李徹) · 하동부원군 정인지(鄭麟趾) · 봉원부원군 정창손(鄭昌孫) · 영의정 신숙주(申叔舟) · 상당부원군 한명회(韓明澮) · 좌의정 구치관(具致寬) · 우의정 황수신(黃守身) · 좌찬성 윤사분(尹士昐) · 영중추원사 심회(沈澮) · 판중추원사 심결(沈決) · 성봉조(成奉祖)와 좌참찬 최항(崔恒) · 중추원사 윤사흔(尹士昕) · 형조판서 김질(金礩) · 병조판서 윤자운(尹子雲) · 이조판서 양성지(梁誠之) · 예조판서 원효연(元孝然) · 호조판서 김국광(金國光) · 대사헌 김종순(金從舜) · 경상도관찰사 윤흠(尹欽)과 승지(承旨) 등을 특별히 초대하여 술을 궤향(饋餉)하였다.[16]

이 시절에 사용된 貨幣[돈]는 전폐(箭幣)였는데, 명하여 전폐를 해마다 10만 개(箇)씩 주조(鑄造)하게 하니 전폐는 그 모양이 유엽전(柳葉箭)과 같았다. 살촉의 길이가 1촌(寸)8푼[分], 줄기가 1촌7푼인데 줄기 끝의 양면에 '팔방통화'(八方通貨)라는 네 글자를 나누어 주조하였고, 1개의 값은 저화(楮貨) 3장(張)의 가치와 맞먹었다.[17]

11월 14일에는 임금이 경선전(慶善殿)에 나아가 곡연(曲宴)을 베풀었는데, 효령대군

15 『세조실록』 권34, 세조 10년 10월 戊子(8일).

16 『세조실록』 권34, 세조 10년 10월 丙午(26일).

17 『세조실록』 권34, 세조 10년 11월 壬戌(13일).

(孝寧大君)과 임영대군·영응대군·하동부원군 정인지(鄭麟趾)·봉원부원군 정창손(鄭昌孫)·영의정 신숙주(申叔舟)·상당부원군 한명회(韓明澮)·좌의정 구치관(具致寬)·우의정 황수신(黃守身)·인산군 홍윤성(洪允成)·좌찬성 박원형(朴元亨)·좌참찬 최항(崔恒)·도승지 노사신(盧思愼) 등이 입시(入侍)하였다. 공인(工人)이 평호악(平胡樂)을 연주하자 여러 재추(宰樞)가 술을 올렸고, 왕세자도 또한 술을 올렸다. 이어서 세자에게 명하여 종친(宗親)·재추(宰樞)에게도 술을 돌리게 하고, 입시(入侍)한 재추와 승지(承旨), 영중추 심회(沈澮;沈溫의 長男)에게는 따로 명하여 모두 경회루(慶會樓) 아래에 가서 잔치에 참여하게 하였다.[18]

12월 12일에는, 원각사(圓覺寺) 대종(大鐘)을 주조(鑄造)하는 데 들어간 구리[銅]가 4만여 근(斤)이었는데, 대종의 주조 역사(役事)가 끝나자 감주 제조(監鑄 提調)인 효령대군(孝寧大君)과 낭관(郎官) 모두에게 상(賞)을 내려 주었다.[19] 그리고 이튿날은 임금이 사정전(思政殿)에 나아가 상참(常參;임금이 堂上官 이상 議政大臣을 모아 매일 政事를 듣던 평상 朝會)을 받았는데, 효령대군(孝寧大君) 이보(李補)와 임영대군·영응대군·영순군(永順君)·귀성군(龜城君), 그리고 하성위 정현조(鄭顯祖)·한천군(限川君) 이찬(李襸)·거제정(巨濟正) 이철(李徹)·영의정 신숙주(申叔舟)·좌의정 구치관(具致寬)·우찬성 박원형(朴元亨)·영중추원사 심회(沈澮)·형조판서 김질(金礩)·호조판서 김국광(金國光) 등을 불러서 술자리를 베푸니 세자가 술을 올렸다. 이어서 승지(承旨) 윤찬(尹贊)과 병조참판 송문림(宋文琳) 등에게 하명하여 진무(鎭撫)·부장(部將) 등에게 『병장설』(兵將說)을 강(講)하게 하고, 다시 명하여 첩고(疊鼓)를 치게 해서 군사를 모아 술을 내리게 하였다.[20]

한편, 12월 18일에는 효령대군(孝寧大君)께서 중궁(中宮) 정빈한씨(貞嬪 韓氏;慈聖王妃)·왕세자(王世子) 이황(李晄)[21]·임영대군 이구(臨瀛大君 李璆)·영응대군 이염(永膺大君 李琰)·정의공주(貞懿公主;世宗 막내公主, 延昌尉 安孟聃)·의숙공주(懿淑公主;世祖의 公

18 『세조실록』 권34, 세조 10년 11월 癸亥(14일).

19 『세조실록』 권34, 세조 10년 12월 辛卯(12일).

20 『세조실록』 권34, 세조 10년 12월 壬辰(13일).

21 世祖/貞熹王后의 제2남, 후에 睿宗으로 즉위.

主,河城尉 鄭顯祖에게 下嫁)와 하동부원군 정인지(鄭麟趾)·봉원부원군 정창손(鄭昌孫)·고령부원군 신숙주(申叔舟)·상당부원군 한명회(韓明澮)·공조판서 김수온(金守溫)과 함께 쌀 5백석(碩), 면포(綿布) 5백필(疋), 정포(正布) 5백필(疋), 정철(正鐵) 1만5천근(斤)을 가지고, 오대산(五臺山) 상원사(上元寺)에 가서 「상원사 중창권선문」(上元寺 重創勸善文)(국보292호)을 채택하였다.[22]

12월 20일에는 임금이 사정전(思政殿)에서 상참을 받고 정사(政事)를 보았는데, 영의정 신숙주(申叔舟)·도승지 노사신(盧思愼)을 불러 말하기를, "내가 봉희(棒戱)를 구경하고자 한다" 하고, 영응대군(永膺大君)과 의성군(誼城君) 이채(李寀)·낙안군(樂安君) 이영(李寗)·영천경(永川卿) 이정(李定)·진남군(鎭南君) 이종생(李終生)·귀성군(龜城君) 이준(李浚)·거제정(巨濟正) 이철(李徹) 등에게 명하여 격봉(擊棒)[23]하게 하였다. 한참 있다가 입내(入內)하여 종친(宗親)과 더불어 술자리를 마련하였는 바, 오늘의 행사에는 의성군·낙안군·영천군·물거군(勿巨君) 등 효령대군(孝寧大君)의 아들, 손자들이 대거 참가한 행사였다.[24] 이튿날은 중[僧] 신미(信眉)에게 정철(正鐵) 5만5천 근(斤)과 쌀 5백 석(碩), 면포(綿布)·정포(正布) 각 5백 필(疋)을 내려 주었다. 그리고 그 이튿날, 원각사(圓覺寺)에 이상한 향기와 서기(瑞氣)가 있었으므로 백관들이 진하(陳賀)하였다.[25]

세조(世祖) 즉위 10년째의 올해도 다 저물어갔지만, 올 한 해에는 효령대군(孝寧大君)께서 불교(佛敎) 경전의 번역 사업을 특히 활발하게 펼치신 해였다. 이미 세종 20년(『廣德寺 父母恩重長壽胎骨經』)과 세조 7년(『楞嚴經諺解』)에도 큰 업적을 내셨지만, 금년에는 한 해 동안에 『선종영가집언해』(禪宗永嘉集諺解)·『금강경언해』(金剛經諺解)·『반야바라밀다심경언해』(般若婆羅密多心經諺解) 등 중요한 불경(佛經)을 세 가지나 번역 간행(刊行)하였던 것이다.

---

22 信眉등이 上元寺 중창경위와 내역을 기록한 王室御牒과 勸善文의 2책으로 구성됨. 권선문은 한문과 한글로 적혔는데, 특히 '한글 권선문'은 한글 창제 당시의 서체와 표기법연구에 귀중한 자료가 된다.

23 武人놀이 중 하나. 騎馬·步行 2종이 있고, 동서에 隊를 지어 공을 쳐서 門울 많이 통과시키는 쪽이 이김.

24 『세조실록』 권34, 세조 10년 12월 己亥(20일).

25 『세조실록』 권34, 세조 10년 12월 壬寅(23일).

이 중 『선종영가집언해』(보물774호)는 효령대군이 신미대사(信眉大師)와 공동 번역으로 간경도감(刊經都監)에서 출간(出刊)하였고, 『금강경언해』(보물772, 773호)는 효령대군이 한계희(韓繼禧)·판교종사(判敎宗師) 해초(海超)·홍일(弘一) 등과 공동으로 언해(諺解)하여 역시 간경도감에서 간행하였으며, 『반야바라밀다심경언해』(보물771호, 서울대 所藏)는 효령대군이 한계희(韓繼禧) 등과 언해·수교(讎校)하여 간행한 것이었는데, 그 중에도 특히 현재까지 소요산(逍遙山) 자재암(自在庵)[26]에 보존돼 있는 『반야바라밀다심경약소』(般若婆羅密多心經略疏)(1권 1책, 보물 1211호)는 『반야심경』의 주석서(註釋書)로서, 효령대군(孝寧大君)의 도움을 받아 한계희가 번역하였는데, 서울대 소장본에도 없는 발문(跋文)까지 있어 서지학(書誌學)적으로도 매우 귀중한 책이다.

을유(乙酉, 1465)년 새해가 밝으니 세조(世祖) 임금 즉위 11년째, 효령대군(孝寧大君)께서는 보령(寶齡) 70세(歲)로 희수(稀壽)에 드신 해이다. 초하룻날, 임금이 백관(百官)의 하례를 받은 후 근정전(勤政殿)에 나아가 회례연(會禮宴)을 베푸니, 왕세자(王世子)와 효령대군(孝寧大君), 임영대군(臨瀛大君)·영응대군(永膺大君)·하동부원군 정인지(鄭麟趾)·영의정 신숙주(申叔舟) 등과 문무 백관이 전정(殿庭)에 나누어 들어와서 사배(四拜)하기를 마치고, 각각 자리에 나아가 시연(侍宴)하였다. 「정대업지무(定大業之舞)」와 「보태평지무(保太平之舞)」의 음악이 연주(演奏)되고, 왜인(倭人)과 야인(野人)도 함께 참여하였다. 술이 거나하여지니 임금이 왜인과 야인에게 명하여 전(殿)에 올라와 춤을 추게 하고, 어찬(御饌)을 나누어주며 또 별도로 주육(酒肉)을 내려 주었다. 그리고 위사(衛士)들에게도 먹이도록 명하였다.[27]

1월 3일에는 임금이 중궁(中宮)과 더불어 강녕전(康寧殿)에 나아가니 왕세자가 헌수(獻壽)하였는데, 원래 초하룻날[元日]이 세자(世子)의 생일(生日)이었으므로 이 날에 잔치하게 된 것이었다. 효령대군(孝寧大君) 이보(李補)와 임영대군(臨瀛大君)·영응대군(永膺大君)·덕원군(德源君) 이서(李曙)·영순군(永順君) 이부(李溥)·귀성군(龜城君) 이준(李浚)·

---

26 경기도 동두천시 상봉암동 1번지 소재.

27 『세조실록』 권35, 세조 11년 1월 己酉(1일).

하성위 정현조(鄭顯祖)·거제정(巨濟正) 이철(李徹)·하동부원군 정인지(鄭麟趾)·봉원부원군 정창손(鄭昌孫)·영의정 신숙주(申叔舟)·상당부원군 한명회(韓明澮)·좌찬성 윤사분(尹士昐)·판중추원사 성봉조(成奉祖)·좌참찬 최항(崔恒)·호조판서 김국광(金國光)과 승지(承旨) 등이 입시(入侍)하여 차례로 술을 올리었다. 임금이 주연(酒宴)이 한창 벌어졌을 무렵에 정인지·신숙주 등에게 명하여 춤을 추게 하고, 또 한명회에게는 위사(衛士)에게 떡과 술을 내려주게 하였다. 이 날은 임금이 매우 기뻐서 친히 시(詩)를 지으니 재추(宰樞) 등도 화답하여 바치었다.[28] 이튿날에는 임금이 중궁과 더불어 온양(溫陽)에 행행(行幸)하여가서 머물렀다.

1월 16일에는 원각사(圓覺寺) 대종(大鐘)이 마침내 이루어졌는데, 21일에는 임금이 주종소(鑄鐘所)에 거둥하여 명하여 새 종(鐘)을 치게하였더니 그 소리가 웅장하고 멀리 울리는지라 임금이 가상하게 여기고, 즉시 효령대군(孝寧大君) 이보(李補)에게 안장 갖춘 말 1필을 내려 주고, 그 나머지 제조(提調)들에게는 각각 말 1필씩을 내려 포상(褒賞)하였다.[29]

21일에는 예조(禮曹)에서 아뢰기를,

"유점사(楡岾寺)에서 역사(役事)한 중들에게 도첩(度牒)을 준 것이 4만6천5백90인이고, 의묘(懿墓;懿敬世子, 德宗의 墓)와 간경도감(刊經都監) 등 여러 곳에서 역사한 승려(僧侶)에게 도첩을 준 것도 헤아릴 수가 없을 정도이므로, 회암사(檜巖寺)를 중수한 이래로 모든 곳의 역사한 중들에게 도첩을 허급(許給)하지 않고 자원(自願)에 따라 상직(賞職)하였는데, 더구나 원각사를 창건하는 처음에도 도승(度僧)의 의논은 없었고, 또 지금은 승려의 호패(號牌)와 군안(軍案)을 고쳐 만드는 때이니, 도첩을 가볍게 주는 단서(端緖)를 열 수 없습니다. 청컨대 청리(聽理)하지 마소서"

28 『세조실록』 권35, 세조 11년 1월 辛亥(3일).

29 『세조실록』 권35, 세조 11년 1월 己巳(21일).

하니 그대로 따랐는데, 이는 이보다 앞서 경외(京外)의 중들이 상언(上言)하기를 "원각사(圓覺寺)의 중창은 본래 우리 승도(僧徒)의 일이니 빌건대 양식(糧食)을 가지고 부역(赴役)하게 하고, 후에 도첩(度牒)을 주소서" 하였으므로 예조에 내려 의논케 하였었고, 그에 대한 해답으로 나온 것이었다.[30]

2월 9일에는 무과(武科) 시험에서 급제자(及第者)의 등급(等級)에 대하여 논의하였는데, 임금이 모화관(慕華館)에 거둥하니 왕세자와 효령대군(孝寧大君) 이보(李補), 임영대군(臨瀛大君)·영응대군(永膺大君)과 정창손(鄭昌孫)·신숙주(申叔舟)·구치관(具致寬)·박원형(朴元亨), 이조판서 양성지(梁誠之)·판한성부사 이석형(李石亨)·인순부윤 한계희(韓繼禧)·도승지 노사신(盧思愼)·좌부승지 윤필상(尹弼商)·우부승지 오백창(吳伯昌)이 수가(隨駕)하였다. 한명회(韓明澮)·윤자운(尹子雲)·송문림(宋文琳)과 청성군(淸城君) 한종손(韓終孫)·행호군 남질(南軼) 등을 무거참시관(武擧參試官)으로 삼고, 명하여 무거(武擧) 응시자들에게 먼저 사후(射侯)하게 하고, 다음에 기사(騎射)하게 하여 김계정(金繼貞) 등 28인을 뽑았다. 임금이 종친(宗親)·재추(宰樞)와 더불어 술자리를 베풀고, 야인(野人) 김사롱합(金沙弄哈) 등 6인을 불러 술을 먹이고 명하여 신숙주(申叔舟)를 시켜 말하기를, "내가 오늘 마침 무거(武擧)를 시험봄으로 여기에 너희들을 보려고 불렀다" 하고, 날이 저물어서 환궁하였다.[31]

2월 20일에는 오대산(五臺山) 상원사(上元寺)의 구축(構築)을 위한 물자를 지원하게 한 바, 승정원에 전지(傳旨)하여, "중 신미(信眉)가 강원도 오대산에 상원사를 중수(重修)하려 하니, 경상도 관찰사에 치서(馳書)하여 정철(正鐵) 1만3천 근(斤), 중미(中米) 5백 석을 내려주고, 또 제용감(濟用監)에 명하여 면포(綿布) 2백 필(疋), 정포(正布) 2백필을 주게 하며, 내수소(內需所)는 따로 면포 3백 필, 정포 3백 필을 내려 주라" 하였다.[32]

27일에는 원각사(圓覺寺) 공역(工役) 중에 기계를 설치한 것이 견고하지 못하여 일하

---

30 『세조실록』 권35, 세조 11년 1월 己巳(21일).

31 『세조실록』 권35, 세조 11년 2월 丙戌(9일).

32 『세조실록』 권35, 세조 11년 2월 丁酉(20일).

던 인부(人夫)가 추락, 사망한 사건이 발생하니 의금부(義禁府)에 전교(傳敎)하기를 "심안의(沈安義)·김개(金漑)·황효원(黃孝源)과 낭관(郎官) 조준(趙嶟)·권양(權良)·정자원(鄭自源)을 속히 국문하라" 하였다. 그리고 이 날, 임금이 화위당(華韡堂)에 나아가니 왕세자와 효령대군(孝寧大君)·영순군(永順君) 이부(李溥)·귀성군(龜城君) 이준(李浚)·거제정(巨濟正) 이철(李徹)·하성위 정현조(鄭顯祖)·상당부원군 한명회(韓明澮)·도승지 노사신(盧思愼)·좌승지 이파(李坡)·동부승지 허종(許琮)이 입시(入侍)하였는데, 의금부에서 아뢰기를 "원각사 제조 옥산군(玉山君) 이제(李躋)·은천군(銀川君) 이찬(李穳)·예조판서 원효연(元孝然)을 청컨대 국문하게 하소서" 하니, 임금이 말하기를 "제조(提調)들은 보방(保放)[33] 하라"고 하였다.[34]

3월 1일에는 원각사(圓覺寺)에서 임금에게 나한(羅漢)의 분신 사리(舍利)를 바쳤는데, 3월 9일에는 효령대군(孝寧大君) 이보(李補)가 원각경(圓覺經)의 수교(讎校) 작업을 다 마치매, 임금이 위로의 잔치를 베풀어 드렸다. 효령대군이 일찍부터 『원각경』(圓覺經) 수교(讎校) 작업의 일을 해왔는데 이 때에 이르러 모두 마치매, 세조 임금이 사정전(思政殿)에 나아가 잔치를 베풀어 위로해 드린 것이다.

왕세자와 임영대군·영응대군·영순군(永順君) 이부(李溥)·귀성군(龜城君) 이준(李浚)·원천경(原川卿) 이의(李宜)·하성위 정현조(鄭顯祖)·거제정(巨濟正) 이철(李徹)·하동부원군 정인지(鄭麟趾)·봉원부원군 정창손(鄭昌孫)·영의정 신숙주(申叔舟)·상당부원군 한명회(韓明澮)·좌의정 구치관(具致寬)·우의정 황수신(黃守身)·남양부원군 홍달손(洪達孫)·영중추원사 심회(沈澮)·판중추원사 심결(沈決)·좌찬성 윤사분(尹士昐)·우찬성 박원형(朴元亨)·우참찬 최항(崔恒)·공조판서 김수온(金守溫)·이조판서 양성지(梁誠之)·예조판서 원효연(元孝然)·이조참판 홍응(洪應)·예조참판 임원준(任元濬)·병조참판 송문림(宋文琳) 등이 입시(入侍)하였고, 대마주(對馬州)의 종언칠랑(宗彦七郞)·쇄문다난(灑文多難) 등도 입시하였다. 임금은 입시(入侍)한 재추(宰樞)와 종친(宗親)들에게 효령대군(孝

33 죄인을 석방할 때 연고자의 보증을 받고 풀어주는 것. 保釋.

34 『세조실록』 권35, 세조 11년 2월 甲辰(27일).

寧大君) 이보(李補)에게 차례로 술을 올리게 명하였는데, 이 자리에서 한계희(韓繼禧)·강맹경(姜孟卿)을 각각 이조(吏曹)판서와 인순부윤(仁順府尹)에 임명하니, 한계희와 강맹경은 『원각경』(圓覺經)을 함께 번역한 공(功)이 있기 때문이었다.[35]

4월 1일에는 임금이 근정전(勤政殿)에 나아가 조하(朝賀)를 받은 후 다시 들어와 사정전(思政殿)에 나아가니, 왕세자와 효령대군(孝寧大君), 그리고 임영대군·영응대군·영순군·귀성군(龜城君)·영천경(永川卿) 이정(李定)·하성위 정현조(鄭顯祖)·봉원부원군 정창손(鄭昌孫)·상당부원군 한명회(韓明澮), 한계희(韓繼禧)·윤자운(尹子雲)·강맹경(姜孟卿) 등이 입시(入侍)하였는데, 임금이 제장(諸將)과 더불어 변방(邊方)을 방비하는 방략(方略)과 변장(邊將)을 제수하는 사의(事宜)를 상의하고, 이어서 술자리를 베풀어 종친과 재추(宰樞)로 하여금 술을 올리게 하였다. 그리고 성균 생원(生員) 김미(金楣) 등 8인에게 경서(經書)를 강(講)하게 하였다.[36]

원각사(圓覺寺)가 마침내 낙성(落成)되어 잔치를 베풀었다. 4월 6일 임금이 이 원각사에 특별히 전지(田地) 3백 결(結)을 내려준 데 이어 7일에는 그동안 효령대군(孝寧大君) 이보(李補)가 감동 제조(監董 提調)로서 공역(工役) 중이던 원각사가 드디어 완공되니, 경찬회(慶讚會)를 성대하게 베풀었는데 여기에 참가한 중[僧]이 1백28인이나 되었다. 어정구결(御定口訣)하고 번역(飜譯)한 『원각수다라료의경』(圓覺修多羅了義經)을 편람(便覽)하고, 음식을 외호(外護)의 승려 2만(萬)인에게도 먹이었다. 특히 이번 원각사 완공 기념 경찬회는 효령대군(孝寧大君)이 칠순(七旬)에 맞은 것이므로 더욱 뜻 깊은 것이었다. 이 경찬회에는 세조(世祖) 임금도 참석하였다.[37]

4월 11일에는 원각사 낙성 기념 경찬회(慶讚會)를 하고 난 후, 원각사에 상서로운 기운이 있어 감로(甘露)가 내리고 우화(雨花)가 나타나며 사리(舍利)가 분신(分身)하였다 하여, '圓覺寺 御製誡文'(원각사 어제계문)을 채택하니, 朝鮮국왕 세조 임금을 비롯하여 전

35 『세조실록』 권35, 세조 11년 3월 丙辰(9일).

36 『세조실록』 권35, 세조 11년 4월 丁丑(1일).

37 『세조실록』 권35, 세조 11년 4월 癸未(7일).

(前) 연경사 주지(演慶寺 住持) 대선사(大禪師) 홍준(弘濬)을 중수(衆首)로, 효령대군(孝寧大君)은 종수(宗首)로, 고령부원군 신숙주(申叔舟)는 상수(相首)로서, 상당부원군 한명회(韓明澮)는 장수(將首)로서 이에 동참하였다.[38]

한편, 4월 21일에는 소폭의 인사 이동이 있어, 효령대군(孝寧大君)의 사위[女婿]인 이서(李墅)가 동지중추원사(同知中樞院事)에 임명되었다. 그리고 5월 9일에는 임금이 예조(禮曹)에 전교하기를,

> "영순군(永順君) 이부(李溥)·하성위 정현조(鄭顯祖)·물거윤(勿巨尹) 이철(李徹)·승전환관(承傳宦官)[39] 이효지(李孝智) 등은 그동안 제사(諸司)의 관리(官吏)를 함부로 불러다가 공사(公事)를 문의해왔는데, 이제부터 제사의 관리는 승정원(承政院)에서 패(牌)를 주어 부르는 외에는 (대궐에) 나아오게 하지 말라. 만일 패로써 부르는 것이 아닌 데도 나온 자는 즉시 전옥(典獄)에 잡아 보내고 승정원에 반드시 고(告)하라"

하고, 승정원에도 전교하기를

> "이부(李溥)·정현조·이철(李徹)·이효지와 김효강(金孝江) 등은 승전(承傳)이 없었는데도 함부로 사알(司謁)·사약(司鑰)·별감(別監)을 불러다 임의(任意)로 사환(使喚)했는데, 이제부터는 청종(聽從)하고 공사(供使)한 자와 진퇴(進退)하며 알현(謁見)한 자와 항상 함께 말을 한 자는 아울러 위제율(違制律)로 논하라"

하였다.[40]

6월 3일에는 임금이 내종친(內宗親)과 함께 내일 있을 방천(防川) 감독에 대해 지시

---

38 『청권집유』 原篇, 「圓覺寺 御製 誡文」

39 임금의 명령을 받들어 출납하던 宦官.

40 『세조실록』 권36, 세조 11년 5월 乙卯(9일).

한 바, 비현합(丕顯閤)에 나아가 승지(承旨)를 불러 말하기를 "내가 내일 방천을 동교(東郊)에서 시험하려고 하는데, 너희들은 내종친과 좌우로 나누어 감독하라" 하고, 명하여 귀성군(龜城君)·하성위(河城尉)·도승지 신면(申㴐)·좌승지 윤필상(尹弼商)·동부승지 오응(吳凝)과 파산군 조득림(趙得琳)을 좌감독으로 삼고, 영순군 이부(李溥)·물거윤(勿巨尹) 이철(李徹)·우승지 박건(朴健)·좌부승지 이영은(李永垠)·우부승지 이문환(李文煥)과 겸사복(兼司僕) 이덕량(李德良)은 우감독으로 삼았다.[41]

7월 초하룻날에는 임금이 비현합(丕顯閤)[42]에서 대신(大臣)들과 회포를 풀었다. 임금이 연복(燕服) 차림으로 비현합에 나아가 세자(世子)와 효령대군(孝寧大君) 이보(李補), 영응대군(永膺大君) 이구(李璆), 그리고 영의정 신숙주(申叔舟)·인산군 홍윤성(洪允成)·공조판서 김수온(金守溫)·지중추원사 양성지(梁誠之)·행상호군 김예몽(金禮蒙), 승지(承旨) 등을 불러서 유생(儒生)에게 경서(經書)를 강(講)하게 하고, 또 유생과 겸예문(兼藝文)으로 하여금 합전송(合戰頌)을 논하게 하였다. 세자에게 명하여 술을 올리게 하고는 유시(諭示)하기를,

> "군신(君臣)의 사이는 엄정함으로써 주(主)를 삼을 것이나, 내가 연복 차림으로 대신(大臣)들을 보는 것은 일찍이 잠저(潛邸)에서 같이 놀며 함께 일한 때문이다. 엄정하면 소홀해질까 두려운데, 네가 만약 이것을 본받으면 반드시 신하를 만홀(漫忽)히 한다는 이름을 얻을 것이니, 대신을 공경하는 것이 아니다. 그리고 인군(人君)은 일국(一國)을 받드는 몸으로서 무엇을 구한들 이루지 못할까마는 내가 이 추한 옷을 입는 것은 검약(儉約)으로써 아랫사람을 거느림이다."

하였다. 세조 임금은 천성(天性)이 절검(節儉)하여 화려하게 꾸미는 것을 일삼지 아니하였다. 항상 깨끗이 빤 옷을 입고 즐겁게 노는 것을 일삼지 아니하며, 이득없는 것을 하지

---

41 『세조실록』 권36, 세조 11년 6월 己卯(3일).

42 思政殿의 동쪽 모퉁이의 內廂庫 2간을 '丕顯閤'이라 했는데, 『書經』의 '昧爽丕顯'에서 따온 말.

아니하였다. 대신을 보면 회포를 열어 정성을 보이고 진심으로 추장(推奬)하니, 군신(群臣)들이 모두 위엄에 복종하였다.[43]

7월 7일에는 독권관(讀券官) 정인지(鄭麟趾) 등이 이봉(李封) 등 3인을 뽑아 올리니, 임금이 독권관과 상당부원군 한명회(韓明澮)를 불러서 술자리를 베풀고, 또 이봉 등 3인을 불러서 『소학』(小學)을 강하게 하였다. 이어서 이봉에게 이르기를 "너의 아비 이계전(李季甸)[44]은 내가 벗으로 대우하던 자이다. 이제 네가 과거에 급제하고 또 장원(壯元)에 올랐으니, 내 마음이 다른 때보다 곱절이나 기쁘구나" 하고, 특별히 명하여 술을 올리게 하였다.[45]

7월 그믐 날은, 임금이 효령대군(孝寧大君)의 별장(別莊)인 희우정(喜雨亭)에 거둥하여 조선(漕船) 훈련하는 것을 구경하였다. 이 날은 효령대군(孝寧大君) 이보(李補)와 임영대군(臨瀛大君) 이구(李璆)·영의정 신숙주(申叔舟)·좌참찬 최항(崔恒)·공조판서 김수온(金守溫)·호조판서 노사신(盧思愼)·대사헌 양성지(梁誠之)와 제장(諸將)들이 대가(大駕)를 수행하였는데, 효령대군이 찬물(饌物)을 올린 것이 심히 푸짐하고 후(厚)하였으므로, 명하여 조선(漕船)에 실은 쌀 50석을 내려 드렸다.[46]

8월 2일에도 임금이 중궁(中宮)과 더불어 다시 희우정(喜雨亭)에 거둥하여 군사들의 수전(水戰)하는 것을 관람(觀覽)하였다. 효령대군(孝寧大君)과 임영대군(臨瀛大君)·영응대군(永膺大君), 그리고 영의정 신숙주(申叔舟)·좌의정 구치관(具致寬)·우의정 황수신(黃守身)·판한성부사 이석형(李石亨)·호조판서 노사신(盧思愼)·대사헌 양성지(梁誠之)·이조참판 강희맹(姜希孟)과 승지(承旨) 등이 어가(御駕)를 수행하였는데, 명하여 병조판서 김질(金礩)을 좌상대장(左廂大將)으로 삼고, 서원군(西原君) 한계미(韓繼美)를 우상(右廂)대장으로 삼아 경기(京畿) 병선(兵船)을 둘로 나누어 상하로 서로 갋아들며 수전(水戰) 훈련(訓練)을 하게 하니, 배[船]의 빠르기가 나는 것과 같고 북[鼓]치는 소리는 서로 합해

---

43 『세조실록』 권36, 세조 11년 7월 丙午(1일).

44 牧隱 李穡의 손자, 李種善의 아들. 李坡·李封의 아버지이다.

45 『세조실록』 권36, 세조 11년 7월 壬子(7일).

46 『세조실록』 권36, 세조 11년 7월 乙亥(30일).

져서 천지를 진동하였다. 이긴 편이 개가(凱歌)하고 돌아오니 임금이 군용(軍容)이 정제(整齊)된 것을 기뻐하여 특별히 신숙주에게 어의(御衣) 1령(領)을 내려 주었다. 또 어서(御書)로 병조(兵曹)에 보이기를,

"오늘 수전(水戰)을 구경하니, 모든 대신들이 병법(兵法)을 아는 소이(所以)이다. 내 일호(一毫)도 힘쓴 곳이 없는데, 정비(整備)되었다고 이를 만하고 당당(堂堂)하고 정정(正正)하며, 숨었다 나타났다 하는 것이 기병(奇兵)과 정병(正兵)이라 이를 만하니, 다시 열병(閱兵)할 필요까지 없겠다. 각각 집으로 돌아감이 옳으나 만족하다고 이르는 것은 불가하니, 더욱 요긴한 기미[要機]를 생각하여 나의 급한 것으로 함이 마땅하며, 그렇지 못하면 잘못이다"

하고, 따로 대사헌 양성지(梁誠之)를 불러 말하기를,

"근일에 헌부(憲府)를 정품(正品;正2品)으로써 올린 것을 경(卿)은 아는가? 헌부는 나라의 이목(耳目)이니 하루라도 게으르고 소홀하면 백관(百官)이 능이(陵夷)하여 지니, 내가 경을 임용한 것은 그것을 진작시키려 함이다. 예로부터 풍문(風聞)으로써 공사(公事)를 하는 것이 옳다는 자와 그르다는 자가 있는데, 옳다고 하는 자는 풍문에 구애하여 핵실(覈實)하지 않으면 악한 짓을 한 자를 징계할 것이 없고, 그르다고 하는 자는 풍문의 일로써 고핵(考覈)하면 참소하고 간사한 것이 혹 간교함에 팔리는 것을 기뻐하니, 내 짐짓 이 두 가지의 설(說)이 모두 그럴 듯하다. 경(卿)에게 팔사(八事)로써 말하노니 풍문이라 하고 명문(明聞)이라 하니, 명문이란 것은 명백하게 들은 것이다. 허문(虛聞)이라 하고 실문(實聞)이라 하고 실견(實見)이라 하고 허견(虛見)이라 하고, 실지(實知)라 하고 허지(虛知)라 하니, 경은 팔사(八事)로써 허(虛)를 버리고 실(實)을 취하여 마음을 다하여 봉공(奉公)할 지어다"

하니, 양성지가 대답하기를,

"관리(官吏)가 풍문(風聞)을 겸용(兼用)하지 않으면 악(惡)을 징계할 것이 없습니다. 다만 작은 일은 신 등이 먼저 추문(推問)하고 뒤에 아뢰며, 중한 일은 취지(取旨)를 계문(啓聞)한

뒤에 거핵(擧劾)하겠습니다"

하니, 임금이 말하기를 "그렇다"고 하였다.[47]

8월 6일에는 임금이 사정전(思政殿)에 나아가 상참(常參)을 받고 정사(政事)를 보다가 이어서 비현합(丕顯閤)에 나아가니, 효령대군(孝寧大君)과 임영대군·영응대군·영순군(永順君) 이부(李溥), 그리고 물거윤(勿巨尹) 이철(李徹)·하성위 정현조(鄭顯祖)·밀산군 박중손(朴仲孫)·예조판서 원효연(元孝然)과 승지(承旨) 등이 입시(入侍)하였는데, 경상도 군적사(軍籍使) 권반(權攀)·전라도 군적사 강로(姜老)를 불러 군적(軍籍)의 착오(錯誤)된 것을 친히 물으니, 권반·강로가 시비(是非)를 발명하므로 임금이 말하기를,

"너희들이 비록 교묘하게 만단(萬端)으로 꾸몄다 하더라도 해놓은 군적은 사목(事目)과 상반(相反)되니 많은 말이 무슨 도움이 되겠느냐? 위임(委任)한 일은 모두 도외시(度外視)하여 두고, 전적으로 놀이[遊戲]에만 일삼아서 이에 이르렀으니, 너희들의 용심(用心)한 바를 알지 못하겠다"

하니, 권반 등이 부복(俯伏)하여 땀이 나와 등을 적시었다. 명하여 영의정 신숙주(申叔舟)를 불러 다시 군적 사의(軍籍 事宜)에 대해 의논하게 하였다.[48]

8월 10일에는 근정전(勤政殿)에서 양로연(養老宴)을 베풀었는데, 왕세자(王世子)와 효령대군(孝寧大君), 그리고 영응대군(永膺大君)·하동부원군 정인지(鄭麟趾)·봉원부원군 정창손(鄭昌孫)·영의정 신숙주(申叔舟)·우의정 황수신(黃守身)·좌찬성 윤사분(尹士昐)·밀산군 박중손(朴仲孫)·검공조판서(檢工曹判書) 조관(趙貫) 등과 승지(承旨)들이 입시(入侍)하였다. 왕세자와 노인 반수(老人 班首) 조관이 차례로 술을 올리었다.[49]

---

47 『세조실록』 권36, 세조 11년 8월 丁丑(2일).

48 『세조실록』 권36, 세조 11년 8월 辛巳(6일).

49 『세조실록』 권36, 세조 11년 8월 乙酉(10일).

8월 13일에는 김수온 등에게 관직을 제수하는 인사가 있었는데, 김수온(金守溫)을 동지중추원사(同知中樞院事)로 삼고, 효령대군(孝寧大君)의 사위 이서(李墅)는 한성부윤(漢城府尹)에 제수되었다.[50]

8월 17일에는 임금이 중궁(中宮)과 더불어 온양(溫陽)에 거둥하니, 왕세자와 영응대군·영순군(永順君) 이부(李溥)·귀성군(龜城君) 이준(李浚)·물거윤(勿巨尹) 이철(李徹)·제천부정(堤川副正) 이온(李薀;瑞原君의 제3남)·하성위 정현조(鄭顯祖)·청성위 심안의(沈安義)·영의정 신숙주(申叔舟)·상당부원군 한명회(韓明澮)·우의정 황수신(黃守身)·좌참찬 최항(崔恒)·호조판서 노사신(盧思愼) 등이 대가(大駕)를 수행하였다. 백관들은 흥인문(興仁門) 밖에서 지송(祗送;임금의 出駕를 拜送함)하고, 경기 관찰사 최한경(崔漢卿)은 조복(朝服)을 갖추고 경계(境界) 위에서 맞이하였다. 청계산(淸溪山)에서 몰이하고 저녁에는 낙생역(樂生驛) 앞 들에 머물렀다.[51]

9월 9일에는 물거윤(勿巨尹) 이철(李徹;寶城卿 李𡊠의 제5남, 효령대군의 손자)이 신병(身病)으로 대가(大駕)를 따르지 못하게 되니, 임금이 행궁(行宮)에 머물러 조리하라고 명하고 물건을 매우 후하게 내려주었다.[52]

9월 17일에는 의정부·육조(六曹)에서 풍정(豊呈)을 올리니, 임금이 사정전(思政殿)에 나아가서 받았다. 왕세자가 효령대군(孝寧大君) 이보(李補)와 거가(車駕)를 따른 재추(宰樞) 등과 더불어 입시(入侍)하였는데, 예관(禮官)이 치사(致詞)하기를 "영천(靈泉)에 목욕하여 성하게 천휴(天休)에 응하였는데 난로(鑾輅)가 돌아오니 여정(輿情)이 믿음직합니다. 삼가 천만세 수(壽)를 올립니다" 하였다. 여러 종친(宗親)·재추(宰樞)가 차례로 술을 올리고 날이 저물어서야 파하였다.[53]

9월 24일은 임금의 탄일(誕日)이므로 백관이 진하(陳賀)하니, 임금이 화위당(華韡堂)에 나아가 왕세자와 효령대군(孝寧大君) 이보(李補), 그리고 임영대군(臨瀛大君)·영응대

50 『세조실록』 권36, 세조 11년 8월 戊子(13일).

51 『세조실록』 권36, 세조 11년 8월 壬辰(17일).

52 『세조실록』 권37, 세조 11년 9월 癸丑(9일).

53 『세조실록』 권37, 세조 11년 9월 辛酉(17일).

군(永膺大君) 및 2품 이상의 종친(宗親)과 재추(宰樞)를 불러서 술자리를 베풀었다. 병조판서 김질(金礩)에게 명하여 군사들에게도 술을 먹이게 하였다.[54]

10월 1일에는 비현합(丕顯閤)에서 경서(經書)를 강(講)하게 하였다. 이 날, 임금이 비현합에 나아가니 왕세자(王世子)와 효령대군(孝寧大君), 그리고 임영대군·영응대군·하동부원군 정인지(鄭麟趾)·봉원부원군 정창손(鄭昌孫)·영의정 신숙주(申叔舟)·우의정 황수신(黃守身)·좌참찬 최항(崔恒)·이조판서 한계희(韓繼禧)·대사헌 양성지(梁誠之)·호조판서 노사신(盧思愼)·이조참판 강희맹(姜希孟) 등이 입시하였는데, 성균 생원(生員) 양수사(楊守泗) 등 10인에게 경서를 강하게 하고, 세자에게 명하여 책을 잡고 강하게 하며 너그러이 말하기를 "예전 사람이 말하기를 '가르치는 것도 배움의 반(半)이다' 하였다. 남에게서 강문(講問)하는 것이 유익하니 네가 물으라" 하였다. 또 겸예문 유신(兼藝文 儒臣)을 불러 『주역』(周易)도 강하게 하였다.[55] 10월 6(庚辰)일에도 임금이 비현합에 나아가 효령대군(孝寧大君)과 임영대군·영응대군·귀성군(龜城君) 이준(李浚)·하성위 정현조(鄭顯祖)·물거윤(勿巨尹) 이철(李徹)·병조판서 김질(金礩)·동지중추원사 김국광(金國光)·이조판서 한계희(韓繼禧) 등이 입시(入侍)한 가운데 술자리를 베풀었다.

10월 보름날에는 임금이 비현합(丕顯閤)에 나아가, 효령대군(孝寧大君)과 영응대군 등 여러 종친(宗親) 및 봉원부원군 정창손(鄭昌孫)·좌의정 구치관(具致寬)·우찬성 박원형(朴元亨)·좌참찬 최항(崔恒)·이조판서 한계희(韓繼禧)·판한성부사 이석형(李石亨)·호조판서 노사신(盧思愼)·인순부윤 성임(成任)·이조참판 강희맹(姜希孟)·한성부윤 이파(李坡) 등이 입시(入侍)한 가운데 술자리를 베풀었다.[56]

10월 17일에는 임금이 중궁과 더불어 잠저(潛邸) 때의 구궁(舊宮)에 거둥하여 공신(功臣)들에게 잔치하였는데, 효령대군(孝寧大君)과 임영대군·영응대군 및 여러 공신이 각각 술과 안주를 올리고 차례로 술을 돌리었다. 술이 취하자 여러 재상에게 명하여 모두

54 『세조실록』 권37, 세조 11년 9월 戊辰(24일).

55 『세조실록』 권37, 세조 11년 10월 乙亥(1일).

56 『세조실록』 권37, 세조 11년 10월 己丑(15일).

계단 위에 나와 일어나 춤추게 하였다. 임금도 매우 기뻐하여 공신들에게 사람마다 생초(生綃) 1필과 녹비(鹿皮) 1장을 내려 주었다.[57]

10월 21일에도 임금이 비현합에 나아가 효령대군(孝寧大君)과 임영대군 및 내종(內宗), 그리고 하동부원군 정인지(鄭麟趾)·봉원부원군 정창손(鄭昌孫)·영의정 신숙주(申叔舟)·상당부원군 한명회(韓明澮)·좌의정 구치관(具致寬)·우의정 황수신(黃守身)·좌참찬 최항(崔恒)·이조판서 한계희(韓繼禧)·호조판서 노사신(盧思愼) 등이 입시(入侍)한 가운데 술자리를 베풀었다. 또 정자영(鄭自英)·구종직(丘從直)과 겸예문 유신(兼藝文 儒臣) 등을 불러 『주역』(周易)의 구결(口訣)을 묻고 논하였는데, 임금이 말하기를 "겸예문(兼藝文)이 정통하고 능숙하기가 여기에 이를 줄은 생각지 못하였다" 하였다.[58]

11월 1일, 임금이 비현합(丕顯閤)에 나아가니, 효령대군(孝寧大君)과 영응대군·상당부원군 한명회(韓明澮)·좌의정 구치관(具致寬)·우의정 황수신(黃守身)·이조판서 한계희(韓繼禧)·지중추원사 김국광(金國光)·호조판서 노사신(盧思愼)·인순부윤 성임(成任)·예문제학 이승소(李承召)·행호군 정자영(鄭自英)과 구종직(丘從直)이 입시하여 술자리를 베풀고, 성균 유생에게 경서(經書)를 강(講)하게 하였다. 또 겸예문 정난종(鄭蘭宗) 등을 불러 『주역구결』(周易口訣)을 강(講)하게 하였다.[59]

11월 6일에는 충청도 도절제사(忠淸道 都節制使)에 제수(除授)된 춘양정(春陽正) 이내(李徠)가 절하며 하직(下直)하니, 임금이 인견(引見)하고서 금대(金帶)를 띠고 술을 올리게 하였다.[60] 이내는 효령대군(孝寧大君)의 손자(孫子)로서 보성경(寶城卿) 이갑(李杳)의 셋째 아들인데, 그러나 부임(赴任)한지 한 달쯤 지난 12월 19일(壬辰)에는 충청도 도절제사 이내(李徠)가 병(病)이 위독하므로 부득이 소환(召喚)하였다.

11월 25일에는 임금이 왕세자(王世子)를 위하여 대소(大小) 신료(臣僚)들에게 연회(宴會)를 베풀고 유생(儒生)으로 하여금 『주역 구결』(周易 口訣)을 강(講)하게 하였다. 이 날,

---

57 『세조실록』 권37, 세조 11년 10월 辛卯(17일).

58 『세조실록』 권37, 세조 11년 10월 乙未(21일).

59 『세조실록』 권37, 세조 11년 11월 乙巳(1일).

60 『세조실록』 권37, 세조 11년 11월 庚戌(6일).

임금이 비현합(丕顯閤)[61]에 나아가니 의정부(議政府)·육조(六曹)에서 풍정(豊呈)을 올리고, 왕세자 이하가 뜰에 들어와 사배(四拜)하였다. 왕세자는 뜰 위 동(東)쪽에 앉고, 효령대군(孝寧大君) 이보(李補)는 뜰 위 서(西)쪽에 앉았다. 그리고 대군을 중심으로 임영대군(臨瀛大君)·영응대군(永膺大君)·의성군(誼城君) 이채(李寀)·밀성군(密城君) 이침(李琛)·오산군(烏山君) 이주(李澍)·영순군(永順君) 이부(李溥)·함양경(咸陽卿) 이포(李誧)·귀성군(龜城君) 이준(李浚)·보성경(寶城卿) 이갑(李咨)·낙안군(樂安君) 이영(李寍)·영천경(永川卿) 이정(李定)·은천군(銀川君) 이찬(李穳)·옥산군(玉山君) 이제(李躋)·사산군(蛇山君) 이호(李灝)·진남군(鎭南君) 이종생(李終生)·물거윤(勿巨尹) 이철(李徹)·거평정(居平正) 이복(李復)·진례정(進禮正) 이형(李衡)·금산정(金山正) 이연(李衍)·평성정(枰城正) 이위(李偉;寶城卿의 제4남) 등의 종실(宗室)은 뜰 서쪽에 앉았다.

12월 7일날에는 임금이 중궁(中宮;慈聖王妃)과 더불어 효령대군(孝寧大君) 이보(李補)의 집에 거둥하니, 왕세자(王世子)와 영응대군(永膺大君) 이염(李琰)·상당부원군(上黨府院君) 한명회(韓明澮)·좌의정 구치관(具致寬)·남양부원군(南陽府院君) 홍달손(洪達孫)이 호종(扈從)하였는데, 임금이 동대청(東大廳)에 나아가 효령대군과 예성부부인(蘂城府夫人)에게 잔치를 내려 드렸다. 술이 반쯤 돌자 명하여 효령대군에게 백미(白米) 1백 석(石)과 안구마(鞍具馬) 1필(匹)을 드리고, 그 나머지 내려 드린 것이 또한 매우 성(盛)하였다. 잔치가 파하니 안에 다시 들어가서 조용히 대군(大君)과 말을 주고 받았다.[62]

12월 23일에는 임금이 사정전(思政殿)에 나아가 음복연(飮福宴)을 베푸니, 왕세자와 효령대군(孝寧大君), 그리고 임영대군(臨瀛大君)·영응대군(永膺大君)·밀성군 이침(李琛)·영순군 이부(李溥)·귀성군(龜城君) 이준(李浚)·하성위 정현조(鄭顯祖)·물거윤(勿巨尹) 이철(李徹)·사산군 이호(李灝)·하동부원군 정인지(鄭麟趾)·봉원부원군 정창손(鄭昌孫)·좌위정 구치관(具致寬)·우의정 황수신(黃守身)·남양부원군 홍달손(洪達孫)·좌찬성 윤사분(尹士昐)·우찬성 박원형(朴元亨)·좌참찬 최항(崔恒)·우참찬 윤자운(尹子雲)·공

---

61 2권(21장) 281쪽 주41) 참조. 思政殿 동쪽 內廂庫2간을 '丕顯閤'라 했는데, 『書經』 '昧爽丕顯'에서 따온 말.

62 『세조실록』 권37, 세조 11년 12월 庚辰(7일).

조판서 윤사흔(尹士昕)·병조판서 김질(金礩)·이조판서 한계희(韓繼禧)·예조판서 원효연(元孝然)·호조판서 노사신(盧思愼)·형조판서 홍응(洪應) 등이 입시(入侍)하였다. 왕세자가 술잔을 돌리고, 또 겸예문(兼藝文) 유신(儒臣) 등을 불러 『주역 구결』(周易 口訣)을 논(論)하게 하였다.[63]

12월 24일에는 원각사(圓覺寺)에 서기(瑞氣)와 상운(祥雲)이 어리고, 사리분신(舍利分身)하는 기이(奇異)한 현상이 나타났으므로 백관들이 진하(陳賀)하였다. 27일에는 임금이 사정전(思政殿) 동쪽 모퉁이에 나아가 나례(儺禮)를 구경하였는데, 왕세자와 효령대군(孝寧大君) 이보(李補), 그리고 영응대군(永膺大君) 이염(李琰)·제장(諸將)·종친(宗親)·재추(宰樞) 등이 입시(入侍)하였다.[64] 그런데 같은 날, 의금부(義禁府)에서 아뢰기를,

> "중[僧] 숙정(淑正)이 옥과현(玉果縣)의 나암사(羅庵寺)와 영광군(靈光郡)의 이흥사(利興寺)를 점거(占據)하여 왕패(王牌)를 위조하고 또 허위로 어압(御押)을 두었으며, 또 도첩(度牒)과 예조(禮曹)의 관자(關子), 그리고 효령대군(孝寧大君)의 도서(圖書)와 교종(敎宗)의 선안(選案)까지 위조(僞造)하여 허위로 관리(官吏)의 압자(押字)를 두었으니, 청컨대 율(律)에 의하여 참형(斬刑)에 처하소서"

하니, 그대로 따랐다. 당시 효령대군(孝寧大君)이 불교에 심취(心醉)하여 불교(佛敎)에 영향하는 바도 매우 컸으므로 대군의 명의(名義)를 사칭(詐稱)하는 일도 적지 않았던 것 같다.

12월 28일, 연말(年末)을 앞둔 이 날에 임금이 강녕전(康寧殿)에서 잔치를 베푸니, 효령대군(孝寧大君)과 영응대군(永膺大君)·오산군 이주(李澍)·영순군 이부(李溥)·귀성군 이준(李浚)·사산군(蛇山君) 이호(李灝)·물거윤(勿巨尹) 이철(李徹)·하성위 정현조(鄭顯祖)·영중추원사 심회(沈澮)·판중추원사 심결(沈決)·좌찬성 윤사분(尹士昐)·공조판서

---

63 『세조실록』 권37, 세조 11년 12월 丙申(23일).

64 『세조실록』 권37, 세조 11년 12월 庚子(27일).

윤사흔(尹士昕) 등이 입시(入侍)하였다.[65]

지난해에 이어 올해에도 효령대군께서 불교 경전(經典)의 언해(諺解)와 간행에서 큰 업적을 내어놓으셨으니, 대군께서 『원각경』(圓覺經)을 신미(信眉)대사·한계희(韓繼禧) 등과 함께 공동으로 언해(諺解)하여 간경도감(刊經都監)에서 간행한 것이다.

병술(丙戌, 1466)년으로 해가 바뀌었다. 세조(世祖) 즉위 12년째에, 효령대군(孝寧大君)께서는 보령(寶齡) 71세가 되셨다. 초하룻날, 임금이 근정전(勤政殿)에서 조하(朝賀)를 받고 회례연(會禮宴)을 베푸니, 왕세자가 영의정 신숙주(申叔舟)·하동부원군 정인지(鄭麟趾) 등과 더불어 차례로 헌수(獻壽)를 드리었다. 「정대업」(定大業)과 「보태평」(保太平)으로 춤을 추게 하고 술 다섯 순배를 돌린 뒤 파(罷)하였는데, 이 자리에는 왜인(倭人) 야인(野人)도 함께 참여하였다.

3일에는 임금이 중궁(中宮)과 더불어 강녕전(康寧殿)에 나아가 세자(世子)의 생일(生日) 잔치를 베풀었다. 효령대군(孝寧大君)과 임영대군(臨瀛大君)·영응대군(永膺大君)·밀성군 이침(李琛)·영천경(永川卿) 이정(李定;효령대군의 제5남)·영순군(永順君) 이부(李溥)·귀성군 이준(李浚)·하성위 정현조(鄭顯祖)·사산군 이호(李灝)·물거윤(勿巨尹) 이철(李徹)·영의정 신숙주(申叔舟)·좌의정 구치관(具致寬)·우의정 황수신(黃守身)·영중추원사 심회(沈澮)·판중추부사 심결(沈決)·좌찬성 윤사분(尹士昐)·우찬성 박원형(朴元亨)·판중추원사 성봉조(成奉祖)·공조판서 윤사흔(尹士昕)·좌참찬 최항(崔恒)·이조판서 한계희(韓繼禧)·지중추원사 김국광(金國光)·호조판서 노사신(盧思愼)·대사헌 양성지(梁誠之)·서원군 한계미(韓繼美)·복천군 권개(權愷)·파산군 조득림(趙得琳)과 승지(承旨) 등이 입시(入侍)하였는데,[66] 이 자리에는 숭의전 부사(崇義殿 副使) 왕순례(王循禮)도 부름을 받아 잔치에 입시하였다. 왕순례에게 어탁(御卓)을 내려주고 신숙주에게 명하여 전교(傳敎)하기를 "내가 사사로이 네게 은혜를 베풀려는 것이 아니다. 네가 선대(先代)의 후손이라 하여 세종(世宗)께서 왕씨(王氏)의 뒤를 세우고자 하였으나 이루지 못하였고, 문종

65 『세조실록』 권37, 세조 11년 12월 辛丑(28일).

66 『세조실록』 권38, 세조 12년 1월 丙午(3일).

(文宗)께서 비로소 숭의전(崇義殿)[67]을 세워 그 제사를 잇게 하였으니 지금 내가 선왕(先王)의 뜻을 이어받은 것이다" 하였다.

1월 15일에는 인사 발령에서 이서(李墅)를 한성부 좌윤(漢城府 左尹)으로 삼으니, 이서는 효령대군(孝寧大君)의 사위이다.[68] 21일에는 종부시(宗簿寺)에 혼인 연한에 구애받지 말고 혼인 할 수 있음을 전교(傳敎)한 바, "구례(舊例)에 종친(宗親)은 남자 나이가 14세, 여자는 나이 13세 이상이라야 혼인[婚嫁]하기를 허락하였으나, 이제부터는 연한(年限)에 구애받지 말고 혼인(婚姻)하게 하라" 하였다.[69]

2월 9일에는 임금이 종친(宗親)과 대소 신료(臣僚)에게 술자리를 베풀고 강론(講論)케 한 바, 효령대군(孝寧大君)과 영응대군(永膺大君)·하동군 정인지(鄭麟趾)·봉원군 정창손(鄭昌孫)·영의정 신숙주(申叔舟)·좌의정 구치관(具致寬)·우의정 황수신(黃守身)·남양군 홍달손(洪達孫)·우찬성 박원형(朴元亨)·좌참찬 최항(崔恒)·우참찬 윤자운(尹子雲)·이조판서 한계희(韓繼禧)·호조판서 노사신(盧思愼)·중추부지사 김국광(金國光)·어효첨(魚孝瞻)·서거정(徐居正), 이조참판 강희맹(姜希孟) 등을 불러 내전(內殿)에서 주연(酒宴)을 베풀었다. 또 제서(諸書)에 구결(口訣)을 달고 교정(校正)을 한 낭관(郎官)을 불러 강론(講論)하였는데, 처음 구결(口訣)을 한 자가 서로 번갈아 가며 어려운 것을 묻게 하여, 지는 자에게는 술로써 벌(罰)을 주었다. 이보다 먼저 재추(宰樞)에게도 나누어 명하여 사서(四書)·오경(五經)과 『좌전』(左傳)의 구결을 내게 하고, 또 여러 유신(儒臣)들로 하여금 교정하게 하였다.[70]

2월 13일에는 세자빈(世子嬪;李晄, 뒷날의 睿宗) 소훈 한씨(昭訓 韓氏;韓伯倫 딸, 再娶)가 왕손(王孫)을 낳았다. 이튿날 백관(百官)이 왕손이 탄생한 것을 진하(陳賀)하니 교지를 내려 강·절도 및 형벌을 함부로 한 관리 외에 유형(流刑) 이하의 죄를 모두 사유(赦宥)하고, 정인지(鄭麟趾)·신숙주(申叔舟) 등 대소 신료들을 내전(內殿)에 불러 술자리를 베

---

67 경기도 연천군에 있는 고려의 太祖 이하 惠宗 定宗 光宗 景宗 成宗 穆宗 顯宗의 위패를 모신 祠堂.

68 『세조실록』 권38, 세조 12년 1월 戊午(15일).

69 『세조실록』 권38, 세조 12년 1월 甲子(21일).

70 『세조실록』 권38, 세조 12년 2월 辛巳(9일).

풀었는데, 술이 취하자 일어나 춤을 추며 노닐다 저녁에 이르러서야 파하였다.[71]

2월 23일에는 임금이 충순당(忠順堂)에 나아가서 효령대군(孝寧大君)과 영응대군(永膺大君)·진남군 이종생(李終生)·의빈(儀賓) 심안의(沈安義)·봉원군 정창손(鄭昌孫)·영의정 신숙주(申叔舟)·좌의정 구치관(具致寬)·우의정 황수신(黃守身)·남양군 홍달손(洪達孫)·중추부영사 심회(沈澮)·판사 심결(沈決)과 성봉조(成奉祖), 좌찬성 윤사분(尹士昐)·밀산군 박중손(朴仲孫)·우찬성 박원형(朴元亨)·공조판서 윤사흔(尹士昕)·중추부동지사 김수온(金守溫)·동지사 김국광(金國光)·서거정(徐居正)·이조판서 한계희(韓繼禧)·대사헌 양성지(梁誠之)·여천군(驪川君) 이몽가(李蒙哥)·호조참판 성임(成任)·행상호군 김예몽(金禮蒙)·병조참판 임원준(任元濬)·이조참판 강희맹(姜希孟)·공조참판 구종직(丘從直)과 승지(承旨)들을 불러 술자리를 베풀고 활쏘기를 관람하였다.

3월 5일에는 임금이 성균관(成均館)에 거둥하였는데 왕세자와 효령대군(孝寧大君), 그리고 영응대군(永膺大君)·의성군(誼城君) 이채(李寀)·영순군 이부(李溥)·하동군 정인지(鄭麟趾)·봉원군 정창손(鄭昌孫)·영의정 신숙주(申叔舟)·남양군 홍달손(洪達孫)·중추부판사 심결(沈決)·성봉조(成奉祖), 좌찬성 윤사분(尹士昐)·중추부지사 이변(李邊)·김국광(金國光), 밀산군 박중손(朴仲孫)·우찬성 박원형(朴元亨)·좌참찬 최항(崔恒)·공조판서 윤사흔(尹士昕)·한성부윤 이석형(李石亨)·중추부동지사 김수온(金守溫)·어효첨(魚孝瞻)·서거정(徐居正), 공조참판 구종직(丘從直)과 승지(承旨) 등이 대가(大駕)를 수행하였다. 임금이 문선왕(文宣王:孔子)에게 알묘(謁廟)하기를 의식과 같이 하고, 친히 정한 『주역구결』(周易口訣)을 반포하였다. 세자(世子)로 하여금 여러 생도들 가운데 끼이게 하고 드디어 크게 향연(饗宴)을 베풀었다. 이어서 학관(學官)과 여러 생도들에게 경서(經書)를 펴들고 어려운 것을 묻게 하였는데, 먼 지방의 유생(儒生)들이 구름 처럼 모여서 무릇 응시자가 3천여 인에 이르렀다.[72]

3월 16일에는 임금이 중궁과 더불어 강원도 고성(高城) 탕정(湯井)에 거둥하였다. 왕

---

71 『세조실록』 권38, 세조 12년 2월 丙戌(14일).

72 『세조실록』 권38, 세조 12년 3월 丙午(5일).

세자와 영응대군·밀성군·영순군, 그리고 영의정 신숙주(申叔舟)·좌의정 구치관(具致寬)·이조판서 한계희(韓繼禧) 등이 대가(大駕)를 수행(隨行)하였는데, 효령대군(孝寧大君)의 손자(孫子) 물거윤(勿巨尹) 이철(李徹)은 치중장(輜重將)으로, 의빈(儀賓) 정현조(鄭顯祖)는 잡류장(雜類將)이 되어 참가하였다. 백관들은 시복(時服) 차림으로 도성문 밖 길 왼쪽에서 지송(祗送)하였는데, 양주(楊州)의 회곡천과 포천(抱川)의 매장(每場)을 통해 고성으로 향하였다.[73]

그리고 이튿날 17일은 용문(龍門) 상원사(上院寺)에 거둥하니, 왕세가가 효령대군(孝寧大君)·영응대군(永膺大君)과 물거윤(勿巨尹) 이철(李徹)·사산군(蛇山君) 이호(李灝)·영의정 신숙주(申叔舟)·상당군 한명회(韓明澮)·좌의정 구치관(具致寬)·인산군(仁山君) 홍윤성(洪允成)·동지중추부사 김수온(金守溫)·김국광(金國光), 이조판서 한계희(韓繼禧)·호조판서 노사신(盧思愼) 등과 더불어 어가(御駕)룰 수행(隨行)하였는 바, 효령대군(孝寧大君)은 원찰(願刹)인 그곳 상원사에 미리 가서 계셨던 것이었다.[74]

20일에는 대가(大駕)가 금강산(金剛山) 동구(洞口)에 머물고, 이튿날에는 장안사(長安寺)을 거쳐 정양사(正陽寺)에 거둥하였다가 저녁 때에는 표훈사(表訓寺)에 이르러, 간경도감(刊經都監) 관원(官員)에 명하여 수륙회(水陸會)를 베풀게 하였다. 또한 호조(戶曹)에 전교(傳敎)하여, 중미(中米) 3백 석, 찹쌀 10석, 참깨 20석을 금강산 여러 사찰(寺刹)에 시주(施主)하게 하였다.[75] 임금은 26일에도 욕실(浴室)에 나아가고, 28일에는 왕세자에게 행궁(行宮) 동쪽에서 매사냥을 하게 하였는데, 이 날은 효령대군(孝寧大君)의 제5남 영천경(永川卿) 이정(李定)이 현지까지 와서 문안하였다.[76]

3월 29일에는 금강산(金剛山) 표훈사(表訓寺)에 머물고 있던 효령대군(孝寧大君) 이보(李補)가 사람을 보내어 사리(舍利)를 올리고, 상운(祥雲)·서기(瑞氣)·우화(雨花) 현상의 기이(奇異)함이 있었음을 임금께 아뢰게 하였는데, 사실 효령대군은 이 보다 먼저 임

73 『세조실록』 권38, 세조 12년 3월 丁巳(16일).

74 『세조실록』 권38, 세조 12년 3월 戊子(17일).

75 『세조실록』 권38, 세조 12년 3월 壬戌(21일).

76 『세조실록』 권38, 세조 12년 3월 己巳(28일).

금이 금강산으로 떠날 적에, 표훈사에서의 수륙재(水陸齋)를 위해 먼저 와서 머물고 있었으며, 이에 이르러 아뢴 것이었다.[77] 한편 이튿날, 한양 도성(都城)에 머물고 있던 장상(將相)은 임금이 금강산에 거둥하던 날에 서기(瑞氣)가 있었던 일로써, 의정부 사인(舍人) 김영견(金永堅)을 보내어 전문(箋文)을 올려 진하(陳賀)하였고, 윤3월 7일에는 도성에 머물러 있던 모(某) 장상(將相)이, 효령대군(孝寧大君)이 금강산에 서기(瑞氣)가 있음을 아뢴 까닭으로써 공조 정랑(工曹正郞) 김이용(金利用)을 다시 보내어 전문을 올려 진하(陳賀)하였다.

윤3월 4일에는 임금이 금강산에 머물면서 전교(傳敎)하기를 "이 달 26일에 대산(臺山) 행영(行營)에서 문과(文科)와 무과(武科)를 시험할 것이니 그것을 중외(中外)에 효유(曉諭)하라" 하였다. 윤3월 6일에는 임금이 유점사(楡岾寺)에 거둥하는 도중에 비를 만나 밤에 행궁(行宮)으로 돌아왔다. 그리고 윤3월 9일에는 임금이 호조(戶曹)에 전교하기를 "금강산에 나아가며 신령(神靈)한 상서로움이 많이 나타났으니 해마다 산중(山中)의 여러 절에 쌀 1백 석과 소금 50석을 내려 주게 하라" 하였다. 또한 10일에는 명하여 동해(東海)의 신(神)에게 제사하게 하였는데, 그 이튿날은 대가(大駕)가 간성(杆城)의 명파역(明波驛)에 머물고, 13일에는 임금이 낙산사(洛山寺)에 거둥하였으며, 다시 이튿날에는 대가가 강릉(江陵) 연곡리(燕谷里)에 머물렀다.

그런데 이 날은 양양(襄陽) 지방에 머물던 임금이, 명하여 농민으로서 농요(農謠)를 잘하는 자를 모아서 장막(帳幕) 안에서 노래하게 하였는데, 양양의 관노(官奴)인 동구리(同仇里)라는 자가 가장 노래를 잘하니, 명하여 아침 저녁으로 먹이고 악공(樂工)의 예(例)로 대가를 따르게 하고 또 유의(襦衣) 1령(領)을 내려 주었다.[78] 보름날은 대가(大駕)가 강릉의 구산역(丘山驛)에서 머물고, 이튿날은 대산 동구(洞口)에 머물렀다.

아직 지방 순행 중인 윤3월 17일에는 임금이 친히 책제(策題)를 지어 관료들을 시험하였는 바,

---

77 『세조실록』 권38, 세조 12년 3월 庚午(29일).

78 『세조실록』 권38, 세조 12년 윤3월 乙酉(14일).

"순성(巡省)하는 것은 백성의 질고(疾苦)를 알고자 함이다. 이제 강원도(江原道)를 보건대 땅이 넓고 사람은 드무니 어떻게 하면 생활이 유족하고 인구는 많게 할 것인가. 군수(軍需)가 넉넉지 못하니 어떻게 하면 넉넉히 쌓을 것인가? 땅이 험하고 길은 머니 나가서 세상에 쓰이고자 하여도 떨치고 나서지 못하는 자가 어찌 없겠는가? 그것을 각각 모두 진술하여 대답하라. 장차 치용(致用;실제로 소용됨)의 학문을 보려고 한다"

하고, 좌참찬 최항(崔恒)·중추부동지사 임원준(任元濬)·좌부승지 이영은(李永垠)을 독권관(讀券官)으로 삼았다. 그리고 무과(武科)는 세곳으로 나누어 좌의정 구치관(具致寬)·남양군 홍달손(洪達孫)·중추부동지사 강순(康純)·강효문(康孝文), 병조참판 박중선(朴仲善)·상호군 임득정(林得楨)·훈련원도정 윤흠(尹欽), 상호군 오자경(吳子慶)·허영손(許亨孫), 병조참지 한치례(韓致禮)를 참시관(參試官)으로 삼았다.[79]

또한 이 날, 임금이 오대산(五臺山) 상원사(上元寺)에 거둥하니, 왕세자와 효령대군(孝寧大君)이 영응대군 이염(李琰)·물거윤(勿巨尹) 이철(李徹;孝寧大君의 손자, 寶城卿의 제5남)·사산군 이호(李灝)·영의정 신숙주(申叔舟)·상당군(上黨君) 한명회(韓明澮)·좌의정 구치관(具致寬)·인산군 홍윤성(洪允成)·중추부동지사 김수온(金守溫)·김국광(金國光), 이조판서 한계희(韓繼禧)·호조판서 노사신(盧思愼) 등과 더불어 어가(御駕)를 수행하였다.[80] 나중에 행궁(行宮)에 돌아와서는 신숙주·한계희·노사신 등에게 명하여 문과(文科) 시장(試場)에 나아가 참시(參試)하게 하였다.[81]

윤3월 18일에는 대가(大駕)가 강릉(江陵) 거화전(巨禾田)에 머물고, 이튿날은 횡성(橫城)의 실미원(實美院)에 머물렀다. 그리고 22일에는 양근군(楊根郡) 시위동(時位洞)에 다다르매, 강순(康純)과 권경(權擎) 등에게 명하여 먼저 서울에 가서 도성(都城) 군사를 거느리고 아차산(峨嵯山)에 와서 대가를 맞이하게 하였다.[82] 23일에는 묘적산(妙寂山)에서

---

79 『세조실록』 권38, 세조 12년 윤3월 戊子(17일).

80 이 때 왕실의 안녕을 祈願코자 '上元寺 木造文殊童子坐像'(국보221호)을 造成함.

81 『세조실록』 권38, 세조 12년 윤3월 戊子(17일).

82 『세조실록』 권38, 세조 12년 윤3월 癸巳(22일).

사냥하고 저녁에는 평구역(平丘驛) 들에서 유숙(留宿)하였다.

윤3월 24일은, 지난 달 16일에 출발한 어가(御駕)가 강원도(江原道) 순행(巡幸)을 무사히 마치고 도성(都城)에 돌아오는 날이었다. 40여일에 걸친 큰 행사가 막을 내리는 날, 앞서 예고한 대로 아차산(峨嵯山) 사냥 행사로 끝을 맺었다. 의빈(儀賓) 심안의(沈安義), 중추부지사 강효문(康孝文)·정식(鄭軾), 금산도정(金山都正) 이연(李衍)·평성도정(枰城都正) 이위(李偉;효령대군의 孫子, 寶城卿의 제4남)를 백관장(百官將)으로 삼고, 중추부지사 김국광(金國光)·병조참판 박중선(朴仲善)·은천군 이찬(李穳)·옥산군 이제(李躋)를 잡류(雜類將)으로 삼고, 당성군 홍순로(洪純老)를 사자 위장(獅子衛將)으로 삼아서 아차산에서 몰이하였다. 대가(大駕)가 산 밑에 이르러 세자와 정인지(鄭麟趾)에게 명하여 술을 올리게 하고, 또 대가를 맞이하는 재추(宰樞)와 대간(臺諫)들을 불러 술을 내려 주었다. 대가가 중랑포(中浪浦)에 이르러 대가의장(大駕儀仗)을 갖추고 드디어 흥인문(興仁門)으로 들어가니, 성균관(成均館) 유생(儒生) 서지무(徐智武) 등이 가요(歌謠)를 올리는 등 대대적인 환영 행사를 펼쳤다.[83]

4월 12일에는 원각사(圓覺寺)에 사리(舍利)·감로(甘露)·수타미(須陀味)의 기이한 상서(祥瑞)가 있다 하여 백관(百官)들이 임금께 진하(陳賀)하였다.

세조(世祖) 12년(丙戌, 1466) 4월 어느 날에는 효령대군(孝寧大君)이 부부인(府夫人)과 함께, 형님 양녕대군(讓寧大君)·영응대군 이염(李琰)·대방부부인(帶方府夫人) 송씨(宋氏)[84]·창원군(昌原君) 이성(李晟)[85] 등과 더불어 전라도 능가산(楞迦山) 실상사(實相寺)에 가서 화주승(化主僧) 설오(雪悟)의 안내로 「실상사 중창 천인동발원책」(實相寺 重創 千人同發願冊)을 채택하였다.[86]

---

83 『세조실록』 권38, 세조 12년 윤3월 乙未(24일).

84 世宗의 막내, 제8남 永膺大君의 配位.

85 世祖의 後宮 謹嬪 朴氏의 제2남.

86 『청권집유』 續5輯, 「楞迦山 實相寺 重創 千人同發願冊」

[illegible]證이 [illegible]登ᄒᆞ샤 [illegible]名言義[illegible]

[illegible]ᄣᅢ쩍이 名명言언

[illegible]긔 업스시니

覺路ᄂᆞᆫ 則解脫이 返流ㅣ라 位當逆流이시며 因이

窮ᄒᆞ야 趣果ㅣ라 義說證登이시니라 跡晦ᄂᆞᆫ 則聖行이

已立ᄒᆞ샤 不藉名言이시니 止觀애 云ᄒᆞ샤ᄃᆡ 自證

은 不可說이라ᄒᆞ시니라 跡은 行이오 晦ᄂᆞᆫ 泯也ㅣ라 然이나

絶四句ᄂᆞᆫ 說有多途ᄒᆞ니 學者ㅣ 審而詳之니라 ○學

각 路롱ᄂᆞᆫ 解ᅘᆡᆼ脫퇋이 흘루메 두르혀산디라

位윙ㅣ 머리 건너매 當당ᄒᆞ시며 因ᅙᅵᆫ이 다

23

李施愛 反亂과 栗元君 李倧

효령대군 71세, 5월 ~ 72세, 12월

5월 5일에는 임금이 근정문(勤政門)에 나아가 조참(朝參)[1]을 받고, 다시 서현정(序賢亭)으로 옮겨서 2품 이상의 종친(宗親)·재추(宰樞)와 부장(部將)·진무(鎭撫)·겸사복(兼司僕) 등을 불러서 단오절(端午節)이라 하여 술자리를 베풀고, 겸사복 등으로 하여금 사후(射侯)하게 하였다. 이 자리에서 임금이 친히 '단운(短韻) 9장'을 짓고, 재추(宰樞)와 유신(儒臣)들에게 화답(和答)을 하게 하고는 전교하기를 "그대들이 각기 마음을 다하여 화답해 지으면 은례(恩禮)는 한결같이 중시(重試)와 같이 하겠다" 하였는 바, 3일 뒤 5월 8일에는 고령군 신숙주(申叔舟)와 좌찬성 최항(崔恒) 등이 유신(儒臣)들의 화답해 바친 권자(卷子)를 상고하여 선발에 합격한 사람 34인에게 발영시(拔英試)[2]란 명칭을 하사했는데, 중추부지사 김수온(金守溫)[3]이 장원(壯元)에 뽑히니, 김수온에게 쌀 20석과 3일의 축하

---

1 매월 5일, 11일, 21일, 25일 네번에 걸쳐, 文武관원이 검정 옷을 입고 임금에게 문안하고 政事를 아뢰던 일

2 세조 12년(1466) 端午節에 重臣과 문무 백관에게 보인 임시 科學 시험.

3 1410(태종 10)-1481(성종 12), 字 文良, 號 乖崖. 세종 23년 文科에 丙科로 급제, 세종특명으로 集賢殿學士가 됨, 한성판윤·호조판서 등을 거쳐 永山府院君에 피봉. 孝寧大君과 친밀했던 고승信眉의 아우. '圓覺寺碑銘'을 撰하고 『金剛經』등을 번역함. 文集『拭疣集』이 있음.

연을 하사하였다.[4] 이어서 예조에 전교하기를 "지금 발영시에 합격한 사람은 한결같이 과거(科擧)의 예(例)에 의거하여 방방(放榜)하고 유가(遊街)하게 하라" 하였다.

7월 보름날에는 그동안 조성(造成)해오던 원각사(圓覺寺)의 백옥 불상(白玉 佛像)이 완성되니, 함원전(含元殿)에 맞아 들여서 점안(點眼)하는 법회(法會)를 베풀었다. 그런데 법회하는 날에 서기(瑞氣)가 광채를 발(發)하고, 우화(雨花;하늘이 感應할 때 내리는 꽃비)와 설리(設利;舍利)의 기이(奇異)함이 나타나매, 백관들이 전문(箋文)을 올려 진하(陳賀)하였다.[5]

9월 9일에는 임금이 서현정(序賢亭)에 나아가 잔치를 베푸니, 왕세자와 효령대군(孝寧大君) 이보(李補), 그리고 밀성군 이침(李琛)·하동군 정인지(鄭麟趾)·봉원군 정창손(鄭昌孫)·고령군(高靈君) 신숙주(申叔舟)·상당군 한명회(韓明澮)·좌의정 황수신(黃守身)·중추부영사 심회(沈澮)·판사(判事) 심결(沈決)과 김수온(金守溫)·지사(知事) 윤사분(尹士昐)·좌찬성 최항(崔恒)·도총관(都摠管)·위장(衛將)·낭관(郎官)과 병조(兵曹)의 당상관(堂上관) 등이 입시(入侍)하였다. 무과(武科)의 등준시(登俊試)에 부거(赴擧)한 종친·재추 등 9인에게 경서(經書)를 강(講)하게 하였다.[6]

그리고 이튿날은 임금이 근정전(勤政殿)에 나아가 양로연(養老宴)을 베푸니 왕세자와 효령대군(孝寧大君) 이보(李補), 그리고 하동군 정인지(鄭麟趾)·봉원군 정창손(鄭昌孫)·고령군 신숙주(申叔舟)·상당군 한명회(韓明澮)·영의정 구치관(具致寬)·좌의정 황수신(黃守身)·중추부판사 심결(沈決)과 김수온(金守溫), 지사 윤사분(尹士昐), 동지사 이변(李邊)·황치신(黃致身), 좌찬성 최항(崔恒)·이조판서 한계희(韓繼禧)·대사헌 양성지(梁誠之)·검판서(檢判書) 조관(趙貫)·중추부동지사 정자영(鄭自英)·검한성부윤(檢漢城府尹) 양수(楊脩), 그리고 계상(階上) 3품 이하의 노인(老人)들과 더불어 동·서정(東·西庭)으로 나눠 앉아서 잔치에 나갔는데, 그 중 조관(趙貫)이 나이가 가장 높았다. 임금이 명하여

---

4 『세조실록』 권39, 세조 12년 5월 戊寅(8일). 문과 壯元에게 쌀을 하사하는 것은 이로부터 비롯됨.

5 『세조실록』 권39, 세조 12년 7월 丙戌(17일).

6 『세조실록』 권39, 세조 12년 9월 丁丑(9일).

술 잔을 올리게 하고 음악은 「정대업지무」(定大業之舞)와 「보태평지무」(保太平之舞)를 쓰도록 하였다. 임금이 정인지를 불러서 이르기를 "기로(耆老)의 잔치에는 경(卿)이 술을 권하라" 하였다. 임금이 잔치에 나온 노인들에게 각기 한 자급(資級)씩 승진시키도록 명하고, 어탁(御卓)을 하사했으며 시위(侍衛)하는 군사들에게도 또한 술을 내려 주었다.[7]

9월 14일에는 임금이 강녕전(康寧殿)에서 나라를 다스리는 방법에 대한 글을 지었는데, 왕세자(王世子)와 효령대군(孝寧大君) 이보(李補), 그리고 고령군 신숙주(申叔舟)·상당군 한명회(韓明澮)·좌의정 황수신(黃守身)·남양군 홍달손(洪達孫)·이조판서 한계희(韓繼禧)·호조판서 노사신(盧思愼)과 승지(承旨) 등이 입시하였다.[8]

그 이튿날은 임금이 강녕전에 나아가니, 왕세자와 효령대군(孝寧大君)이 보성경(寶城卿) 이갑(李硆;효령대군 제3남)·영천경(永川卿) 이정(李定;孝寧大君 제5남)·율원도정(栗元都正) 이종(李徖;孝寧大君 손자, 보성경의 次男)·하동군 정인지(鄭麟趾)·봉원군 정창손(鄭昌孫)·좌의정 황수신(黃守身)·좌찬성 최항(崔恒)·이조판서 한계희(韓繼禧)·호조판서 노사신(盧思愼)·중추부판사 김수온(金守溫)·동지사 어효첨(魚孝瞻)과 서거정(徐居正)·임원준(任元濬), 공조판서 구종직(丘從直)·대사성 김예몽(金禮蒙)·승지(承旨) 등과 더불어 입시(入侍)하였다. 이어서 유생(儒生)에게 경서(經書)를 강(講)하게 하였는데 겸예문관 군자감주부(軍資監主簿) 조숙(趙淑)이 『시경』(詩經)을 강하면서 음훈(音訓)을 분변하지 못하므로 임금이 웃었다. 옆에서 구종직과 이수남이 아뢰기를 "조숙은 궁시(弓矢)만 조금 익혔을 뿐입니다" 하니, 임금이 말하기를 "장수는 모름지기 문신(文臣)을 임용해야 하는데, 내가 젊은 사람을 양성하려고 하니, 경들은 각기 아는 자를 천거하라" 하였다.[9]

9월 26일에는 임금이 장차 경기(京畿)에서 강무(講武) 훈련을 하려고 강순(康純)을 좌상(左廂)대장으로 삼고, 정식(鄭軾)을 우상(右廂)대장으로 삼아 먼저 가서 진(陣)을 치고 기다리게 하였다. 또 보성군(寶城君) 이갑(李硆)에게 명하여 센 활을 당기는 사람 25명

---

7 『세조실록』 권39, 세조 12년 9월 戊寅(10일).

8 『세조실록』 권39, 세조 12년 9월 壬午(14일).

9 『세조실록』 권39, 세조 12년 9월 癸未(15일).

을 골라 거느리게 하고 명칭을 해청위(海靑衛)라 하고, 최적(崔適)에게는 방하(榜下)를 거느리게 하고 명칭을 등준위(登俊衛)라 하고는 모두 호종(扈從)하도록 하였다.[10]

9월 30일에는 종친(宗親)과 의정부·육조·충훈부(忠勳府)·중추부(中樞府)의 당상관(堂上官)이 임금께 문안(問安)하니, 효령대군(孝寧大君)·임영대군(臨瀛大君)·영응대군(永膺大君)·밀성군 이침(李琛)·진남군 이종생(李終生)·의빈 심안의(沈安義)·하동군 정인지(鄭麟趾)·봉원군 정창손(鄭昌孫)·고령군 신숙주(申叔舟)·상당군 한명회(韓明澮)·영의정 구치관(具致寬)·좌의정 황수신(黃守身)·중추부영사 심회(沈澮)·판사 심결(沈決)과 김수온(金守溫), 좌찬성 최항(崔恒)·우찬성 조석문(曺錫文)·중추부지사 윤사분(尹士昐)과 강순(康純), 병조판서 김국광(金國光)·이조판서 한계희(韓繼禧)·예조판서 강희맹(姜希孟)·서원군 한계미(韓繼美)·대사헌 양성지(梁誠之)·한성부윤 이서(李墅;孝寧大君의 사위) 등과 여러 장수들을 불러 궐내(闕內)에 들어와서 술을 대접하게 하였다. 이어서 좌우(左右)로 나누어 작은 과녁을 쏘게 하여 이긴 사람에게는 녹비(鹿皮) 각 1장씩을 하사하였다. 이어 가까운 곁에 어장(御帳)을 설치하고, 신숙주·한명회 등에게 명하여 장중(帳中)에 유숙(留宿)하도록 한 바, 대개 불시(不時)에 밤중에 이야기하려고 한 때문이었다.[11]

10월 16일에는 원각사(圓覺寺)에서 사리 분신(舍利 分身)하고, 오색(五色) 무지개가 피는 서기(瑞氣)의 기이(奇異)한 현상이 일어나니, 백관이 전문(箋文)을 받들어 진하(陳賀)하였다. 그리고 24일에는 임금이 안빈세(安貧世) 등에게 관직을 제수하고 후원(後苑)에서 군사훈련을 관람한 바, 이조판서 한계희(韓繼禧)·참판 신승선(愼承善)·참의 예승석(芮承錫)·병조판서 김국광(金國光)·참판 박중선(朴仲善) 등을 내전(內殿)으로 불러 제수에 대해 의논하고 안빈세를 동부승지(同副承旨)에 임명하였는데, 안빈세(安貧世;延昌尉 安孟聃의 아들)는 정의공주(貞懿公主;世宗의 둘째)의 아들로서 여러 아들 중 글을 조금하였는데, 이 때에 와서 공주(公主)의 병환이 위급하니 7계급을 뛰어 올려 제수(除授)한 것이었다. 한편 입직한 여러 장수와 군사를 후원(後苑)에 불러서 한계미(韓繼美)와 이호성(李

10 『세조실록』 권39, 세조 12년 9월 甲午(26일).

11 『세조실록』 권39, 세조 12년 9월 戊戌(30일).

好誠)을 대장(大將)으로 삼고, 권경(權擎)·어득해(魚得海)와 춘양정(春陽正) 이래(李徠;孝寧大君의 손자, 寶城卿의 제3남)·제천정(堤川正) 이온(李慍;孝寧大君의 손자, 瑞原君 李寀의 제3남)에게 명하여 형명(形名)[12]을 익히도록 하고 그 진퇴좌작(進退坐作)[13]의 형세를 구경하였다.[14]

11월 6일에는 동짓날에 백관이 진하하니 술자리를 베풀었는데, 효령대군(孝寧大君)과 하동군 정인지(鄭麟趾)·봉원군 정창손(鄭昌孫)·고령군 신숙주(申叔舟)·영의정 한명회(韓明澮)·능성군 구치관(具致寬)·좌의정 심회(沈澮)·우의정 황수신(黃守身)·중추부판사 심결(沈決)·지사 윤사흔(尹士昕)·이조판서 한계희(韓繼禧)·호조판서 노사신(盧思愼)·예조판서 강희맹(姜希孟)·공조판서 임원준(任元濬)·중추부동지사 정자영(鄭自英)과 여러 장수들이 입시하였다. 임금이 재상들과 더불어 『역경』(易經)을 강(講)하다가 해가 저무니 그제야 파하였다.[15] 그런데 이 무렵만해도 대궐 안 후원(後苑)에 멧돼지가 있어, 12일에는 세자(世子)와 아종(兒宗)에게 명하여 내원에 있는 산돼지를 쏘아 잡게 하였다.

11월 25일에는 등준시(登俊試)에 합격한 최적(崔適) 등이 전문(箋文)을 받들어 은혜를 사례하고 풍정(豊呈)을 바치니, 임금이 근정전(勤政殿)에 나아가 이를 받았다. 왕세자와 효령대군(孝寧大君)이 하동군 정인지(鄭麟趾)·고령군 신숙주(申叔舟)·상당군 한명회(韓明澮)·능성군 구치관(具致寬)·좌의정 심회(沈澮)·우의정 황수신(黃守身)·좌찬성 최항(崔恒)·좌참찬 윤자운(尹子雲)·승지(承旨) 등과 함께 입시(入侍)하였다. 귀성군 이준(李浚)·물거윤(勿巨尹) 이철(李徹;寶城卿 李容의 제5남)·모산도정(毛山都正) 이희(李僖)도 또한 등준시로 인하여 연회(宴會)에 참석했는데, 최적과 행호군 민발(閔發)이 들어와 대궐 안에 앉았고, 그 나머지 과거(科擧)에 합격한 사람은 월대(月臺)에 앉았다. 임금이 즐거워서 「정대업」(定大業)·「보태평」(保太平)의 음악을 연주(演奏)하게 하니, 니마거올적합(尼麻

---

12 깃발[旗]과 북을 울려서 여러 가지 군대의 행동을 호령하던 군대의 신호법.

13 군사를 훈련하는 모든 행동 동작을 일컫는 말, 즉 나아가고 물러나며 앉고 일어서는 일체의 행동.

14 『세조실록』 권40, 세조 12년 10월 壬戌(24일).

15 『세조실록』 권40, 세조 12년 11월 甲戌(6일).

車兀狄哈)의 만호(萬戶) 아인가무(阿仁加茂) 등이 또한 시연(侍宴)하였다.[16]

12월 24일에는 임금이 화위당에 나아가, 의성군(誼城君) 이채(李寀;孝寧大君의 長男)·함양경(咸陽卿) 이포(李誧;讓寧大君의 제2남)·영천부경(永川副卿) 이정(李定;孝寧大君의 제5남)·낙안부경(樂安副卿) 이영(李寍;孝寧大君의 제4남)·은천군(銀川君) 이찬(李穳;敬寧君 李祚의 아들)·옥산군(玉山君) 이제(李躋;謹寧君 李襛의 아들)·진남군(鎭南君) 이종생(李終生;定宗 淑儀李氏 所生)·수성도정(壽城都正) 이창(李昌)·호산부정(湖山副正) 이현(李鉉;讓寧大君의 손자, 咸陽君 李誧의 둘째 아들)·복성부수(福城副守) 이영(李穎)·모양부수(牟陽副守) 이직(李稙)을 불러서 좌우편으로 나누어 격봉(擊棒;擊毬)하게 하고 이긴 사람에게 녹피(鹿皮) 1장씩을 하사하였다.[17]

연말(年末) 12월 29일에는 임금이 사정전(思政전)에 나아가서 송년(送年) 과세(過歲) 행사로서 나희(儺戲)를 구경하고, 덕원군(德源君) 이서(李曙;世祖 謹嬪朴氏 所生)·밀성군 이침(李琛;世宗 愼嬪金氏 소생)·의성군(誼城君) 이채(李寀;孝寧大君의 長男)·오산군(烏山君) 이주(李澍;臨瀛大君 李璆의 아들)·함양경(咸陽卿) 이포(李誧;讓寧大君의 제2남)·영천부경(永川副卿) 이정(李定;孝寧大君의 제5남)·낙안부경(樂安副卿) 이영(李寍;孝寧大君의 제4남)과 하동군 정인지(鄭麟趾)·봉원군 정창손(鄭昌孫)·고령군 신숙주(申叔舟)·영의정 한명회(韓明澮)·좌의정 심회(沈澮)·중추부영사 심결(沈決)·좌찬성 최항(崔恒)·인산군 홍윤성(洪允成)·이조판서 한계희(韓繼禧)·호조판서 노사신(盧思愼)·공조판서 임원준(任元濬)·형조판서 성임(成任)과 도총관(都摠管)·승지(承旨) 등을 불러서 입시하도록 하고 술자리를 베풀었는데, 밤이 늦어서야 파하였다.[18]

정해(丁亥, 1467)년 새해가 밝았다. 세조(世祖) 즉위 13년째에, 효령대군(孝寧大君)께서는 보령(寶齡) 72세(歲)가 되셨다. 초하룻날 임금이 근정전(勤政殿)에 나아가 회례연(會禮宴)을 베풀었는데, 야인(野人) 출신의 지중추원사(知中樞院事) 김마상합(金麻尙哈)·이

---

16 『세조실록』 권40, 세조 12년 11월 癸巳(25일).

17 『세조실록』 권40, 세조 12년 12월 辛酉(24일).

18 『세조실록』 권40, 세조 12년 12월 丙寅(29일).

다롱개(李多弄介)·유상동개(柳尙同介)와 부사(副使) 유어린개(柳於麟介), 그리고 동지사(同知事) 유무징합(劉無澄哈), 도만호(都萬戶) 조린가(照麟可)·이도롱오(李都弄吾)·아충합(阿充哈) 등 8인과 왜승(倭僧) 4인이 내전(內殿)에 들어와 시연(侍宴)하고, 나머지는 각각 등류(等類)대로 뜰 아래에 벌려 앉았다.[19]

1월 19일에는 임금이 효령대군(孝寧大君) 이보(李補) 등에게 주연(酒宴)을 베풀고, 귀성군 이준(李浚) 등에게는 습진(習陣)하게 한 바, 임금이 화위당(華韡堂)에 나아가 효령대군(孝寧大君)과 하동군 정인지(鄭麟趾)·봉원군 정창손(鄭昌孫)·영의정 한명회(韓明澮)·좌의정 심회(沈澮)·좌찬성 최항(崔恒)·인산군 홍윤성(洪允成)·이조판서 한계희(韓繼禧)·예조판서 강희맹(姜希孟)·공조판서 임원준(任元濬)과 승지(承旨) 등을 불러 술자리를 베풀고, 예문관 유신(儒臣)에게 『육전』(六典)의 「신구조령(新舊條令)」을 강(講)하게 하였다. 또 유생들에게 경서(經書)를 강하게 하고, 이어서 귀성군(龜城君) 이준(李浚)과 한명회·홍윤성 등에게 따로 명하여 습진(習陣)을 하게 하여, 겸사복(兼司僕)으로 1상(廂)을 삼고 내금위(內禁衛)로 또 1상을 삼아 총 1백여 인이 우전(羽箭)과 죽창(竹槍)을 사용하여 말을 달려 쫓으며 치고 찔러서 승부(勝負)를 겨루게 하고, 또 행진(行陣:行軍)을 지어 궁성(宮城)을 두루 돌아다녔는데, 형명(形名)을 써서 마친 뒤에야 이를 파하였다.[20]

2월 11일에는 물거윤(勿巨尹) 이철(李徹)이 타계하니, 철은 효령대군(孝寧大君)의 손자로 보성군(寶城君) 이갑(李𡶺)의 다섯째 아들이다. 처음에 은산령(銀山令)·은산부정(銀山副正)에 제수(除授)되었다가 거제정(巨濟正)으로 개봉(改封)되었고, 뒤에 다시 물거윤(勿巨尹)으로 고쳤다. 철이 '아종'(兒宗)일 때에 술에 취하면 눈동자가 맑지 않았는데, 방언(方言)에 눈이 맑지 아니한 것을 '물거'(勿巨)라고 하기 때문에, 임금이 희롱하여 이것으로 이름을 붙여서 '물거윤'(勿巨尹)이라 부르게 된 것이었다. 철은 진법(陣法)에 밝고 장기와 바둑을 잘 두었으며, 젊어서 기병(奇兵)과 정병(正兵)을 도모(圖謀)하는 것에 능하여 임금의 눈에 들더니 마침내 임금의 총애(寵愛)를 받게 되었고, '아종'(兒宗)에 들어 항상 금중

---

19 『세조실록』 권41, 세조 13년 1월 戊辰(1일).

20 『세조실록』 권41, 세조 13년 1월 丙戌(19일).

(禁中)에서 거처하였다. 졸(卒)하자 세조(世祖) 임금이 매우 슬퍼하고 즉시 염빈(殮殯)을 하지 말게 하였으니, 이는 대개 다시 소생(蘇生)하기를 바라는 마음에서였다.[21]

2월 15일에는 임금이 교태전(交泰殿)에 나아가서 효령대군(孝寧大君) 이보(李補)와 고령군 신숙주(申叔舟)·영의정 한명회(韓明澮)·능성군 구치관(具致寬)·좌찬성 최항(崔恒)·병조판서 김국광(金國光)·이조판서 한계희(韓繼禧)·예조판서 강희맹(姜希孟)·형조판서 서거정(徐居正)·대사헌 양성지(梁誠之)·중추부지사 성임(成任)·예조참판 이계손(李繼孫) 등을 불러 조용히 담화(談話)하다가 임금이 만든 규형(窺衡;땅의 遠近을 재는 물건)을 내어다 시신(侍臣)들로 하여금 그 제도를 구명(究明)하게 하였으나, 모두 그 묘리(妙理)를 알지 못하였다.[22]

17일에는 중[僧] 학조대사(學祖大師)를 금강산(金剛山)에 보내어 유점사(楡岾寺)를 중창(重創)하게 하였다.[23] 그리고 이튿날은 임금이 아직도 환후(患候)가 있어서 세자(世子)에게 명하여 서사(庶事)를 결단하게 하니, 고령군 신숙주(申叔舟)와 영의정 한명회(韓明澮)·능성군 구치관(具致寬) 등과 함께 의논하였다. 또 그 이튿날은 임금이 아직도 환후중이므로 화위당(華韡堂)으로 이어(移御)하였다. 그리고 다음 날은 임금이 환후가 있어서 내의(內醫) 김상진(金尙珍)이 충순당(忠順堂)에 들어와 숙직(宿直)하였다.

3월 15일에는 임금이 화위당(華韡堂)에 나아가 효령대군(孝寧大君) 이보(李補)와 봉원군 정창손(鄭昌孫)·영의정 한명회(韓明澮)·능성군 구치관(具致寬)·좌의정 심회(沈澮)·연성군 박원형(朴元亨)·좌찬성 최항(崔恒)·우찬성 조석문(曺錫文)·좌참찬 윤자운(尹子雲)·인산군 홍윤성(洪允成)·병조판서 김국광(金國光)·이조판서 한계희(韓繼禧)·호조판서 노사신(盧思愼)·예조판서 강희맹(姜希孟)·공조판서 임원준(任元濬)·형조판서 서거정(徐居正)·중추부지사 성임(成任)·대사헌 양성지(梁誠之)·예조참판 이계손(李繼孫)과 승지(承旨) 등이 입시하였는데, 종친(宗親)과 예문관(藝文館)의 유신(儒臣), 그리고 성균관

---

21 『세조실록』 권41, 세조 13년 2월 丁未(11일). '勿巨尹 李徹의 卒記'

22 『세조실록』 권41, 세조 13년 2월 辛亥(15일).

23 『세조실록』 권41, 세조 13년 2월 甲寅(18일).

(成均館) 유생(儒生)·의학인(醫學人) 등을 불러 그들이 하는 업(業)을 강(講)하게 하고, 곧 술자리를 베풀었다. 이어서 세자(世子)에게 명하여 여러 종친(宗親)과 재추(宰樞) 들에게 술을 돌리게 하고, 비록 품질(品秩)이 낮은 자라 할지라도 모두 친히 술을 따라 주게 하였다. 날이 정오(正午)가 되어서야 파하도록 명하고, 예문관 유신(儒臣)들만 따로 머무르게 하여 임금이 손수 지은 『인지의송』(印地儀頌)을 강하게 하였다.[24]

3월 19일에는 종부시(宗簿寺)에서 종친(宗親)의 혼인(婚姻)에 연령 제한을 없애 줄 것을 아뢰었는 바,

> "구제(舊制)에 종친(宗親)의 혼인(婚姻)에 남녀(男女)의 나이가 서로 6세가 많은 자는 서로 혼인하는 것을 불허(不許)한다고 하였는데, 간혹 종친과 혼인하기를 싫어하는 자가 있어 문득 그 자녀의 나이를 줄여서 이를 피합니다. 또 종친이 혹시 아내를 여의어 다시 장가를 들게 되면 어찌 처녀의 나이 30세가 넘은 자를 얻어서 배필(配匹)을 삼겠습니까? 만약에 이러하면 마침내 홀아비로 늙어서 종국에는 반드시 절사(絕祀)하게 될 것입니다. 무릇 사서인(士庶人)이 비록 서로의 나이가 10여 세(歲)가 많은 자라고 하더라도 또한 서로 혼인을 하니, 청컨대 구제를 쓰지 말게 하소서"

하니, 예조(禮曹)에 내려서 의논하도록 명하였다. 한편, 예조에서 청하기를 "종부시(宗簿寺)에서 아뢴 바와 같이 하소서" 하니, 그대로 따랐다.[25]

4월 1일에는 임금이 교태전(交泰殿)에 나아가 효령대군(孝寧大君)과 봉원군 정창손(鄭昌孫)·좌의정 심회(沈澮)·연성군 박원형(朴元亨)·좌찬성 최항(崔恒)·좌참찬 윤자운(尹子雲)·인산군 홍윤성(洪允成)·중추부판사 김수온(金守溫)·이조판서 한계희(韓繼禧)·호조판서 노사신(盧思愼)·예조판서 강희맹(姜希孟)과 승지(承旨)들을 불러 술자리를 베풀고, 승문원 정자(承文院 正字) 박숙창(朴叔暢)·위장(衛將) 유균(柳均)에게 『병장설』(兵

---

24 『세조실록』 권41, 세조 13년 3월 庚辰(15일).

25 『세조실록』 권41, 세조 13년 3월 甲申(19일).

將說)을 강(講)하게 하고, 또 성균 사성(司成) 임수겸(林守謙)에게는 유생(儒生)과 의학(醫學)·역학(譯學)을 업(業)으로 하는 사람을 모아서 강하게 하였다. 그런데 이 날, 진남군(鎭南君) 이종생(李終生;定宗 後宮 淑儀李氏의 소생)이 옥산군(玉山君) 이제(李躋;太宗 後宮 信嬪辛氏소생 謹寧君 李襛의 아들) 보다 낮은 자리에 앉았으므로 임금이 좌우를 둘러보며 묻기를 "종생은 어찌 낮은 데 앉았는가" 하니 대답하기를 "직위의 차례 때문입니다" 하였다. 이를 듣고 임금이, 그 나이는 늙었는데 품질(品秩)이 낮은 것을 애석하게 여기고 명하여 품계를 뛰어 올리게 하고, 이제(李躋)로 하여금 띠고 있는 금삽대(金鈒帶)를 풀어서 종생(終生)에게 두르게 하였다.[26]

4월 7일에는 원각사(圓覺寺)의 탑(塔)에서 사리분신(舍利分身)하는 이변(異變)이 있었고, 또 경복궁(景福宮)의 후원(後苑)에서는 감로(甘露)가 내렸으므로 백관들이 하례를 올리니, 임금이 교지를 내려 강도·절도와 형벌을 남용한 관리 이외에 유배(流配) 이하의 죄는 사면하여 주고, 모반(謀反)에 연좌된 도적과 형벌을 남용한 관리 이외에 도형(徒刑)·유형(流刑)으로 부처(付處)된 자도 모두 방면하여 주었다. 그리고 고신(告身)을 거둔 자는 이를 환급(還給)하여 주고 자급(資級)을 강등한 자는 그 자급을 회복하여 주게 하였다.[27]

이튿날은 4월 초파일을 기(期)하여 원각사의 탑(塔)이 마침내 완성되니 연등회(燃燈會)를 베풀어 낙성식(落成式)을 성대하게 거행하고, 4월 10일에는 명하여 이번 원각사 중창(重創)에 공이 큰 효령대군(孝寧大君) 이보(李補)에게 상(賞)으로 노비(奴婢) 20구(口)를 내려 주고, 족친(族親) 3인에게는 각각 1자급(資級)씩을 대가(代加)[28]하게 하였다. 그리고 나머지 원각사(圓覺寺) 조성 제조(造成提調)와 간경도감(刊經都監)제조에게도 또한 그 족인(族人)에게 자급을 대가하게 하고, 낭관(郎官)들에게는 차등 있게 벼슬을 올려주었다.

---

26 『세조실록』 권42, 세조 13년 4월 丙申(1일). 3일 후 李終生에게 承憲大夫(종친의 정2품계)를 加資하였다.

27 『세조실록』 권42, 세조 13년 4월 壬寅(7일).

28 조선시대 文武 현직 관원이 '資窮' 이상이 되면, 자신에 別加된 散階를 아들, 사위, 아우, 조카 등 친족 중의 한 사람에게 대신 가해 주던 制度(崔承熙, 「朝鮮時代 兩班의 代加制」『震檀學報』 60, 1985).

이 날, 부제조(副提調) 윤잠(尹岑)은 가선대부(嘉善大夫)로 자급을 올려 주었다.[29]

그리고 이튿날에 또다시 원각사(圓覺寺)에 상서(祥瑞)로운 일이 있어 백관들이 진하하니 사면령을 내렸는데, 즉 4월 7일에 이어 11일에도 새로 준공한 원각사에서 우화(雨花)·사리분신(舍利分身)·서기(瑞氣) 등의 이변(異變)이 있으므로 백관이 전문(箋文)을 올려 진하(陳賀)하니, 마침 비가 내려 행사는 정지케 하였지만 대신 교지(敎旨)를 내려 강도·절도와 남형(濫刑)한 관리 이외에 유형(流刑) 이하의 죄는 사면하여 주고, 모반(謀反)에 연좌된 도적과 남형한 관리 이외에 도형(徒刑)·유형(流刑)으로 부처(付處)하여 정속(定屬)된 자도 아울러 방면(放免)하였으며, 고신(告身)을 거둔 자는 돌려주게 하고, 자급이 강등된 자는 그 자급을 회복하여 주고, 배[船]를 파선하여 세공(歲貢)을 흠축(欠縮)낸 것과 목장(牧場)의 소와 말에 병으로 죽은 것은 징수하지 말게 하며, 관직에 있는 자에게는 각각 1자급씩을 더하여 주게 한 것이었다.[30]

4월 13일의 인사(人事)에서는 한치인(韓致仁)을 서천군(西川君)으로, 제천군(堤川君) 이온(李薀)을 겸오위장(兼五衛將)으로 삼았는데, 이온은 효령대군(孝寧大君)의 손자로 서원군(瑞原君) 이친(李寀)의 셋째 아들이다.[31] 또한 5월 12일의 인사 임용에서는 정난종(鄭蘭宗) 등 13인의 선전관(宣傳官)을 임명하였는데, 호산도정(湖山都正) 이현(李鉉)·수성도정(壽城都正) 이창(李昌)이 여기에 포함되었다. 이들은 날을 걸러서 숙직(宿直)하게 하였는데, 이현은 양녕대군(讓寧大君)의 손자로 둘째 아들 함양군(咸陽君) 이포(李誧)의 아들이다.

5월 초하룻날은 임금이 집상전(集祥殿)에 나아가 효령대군(孝寧大君) 이보(李補)와 하동군 정인지(鄭麟趾)·봉원군 정창손(鄭昌孫)·고령군 신숙주(申叔舟)·능성군 구치관(具致寬)·우의정 최항(崔恒)·좌찬성 조석문(曺錫文)·우찬성 윤자운(尹子雲)·인산군 홍윤성(洪允成)·중추부판사 김수온(金守溫)·이조판서 한계희(韓繼禧)·공조판서 임원준

29 『세조실록』 권42, 세조 13년 4월 乙巳(10일).

30 『세조실록』 권42, 세조 13년 4월 丙午(11일).

31 『세조실록』 권42, 세조 13년 4월 戊申(13일).

(任元濬)·중추부동지사 어효첨(魚孝瞻)·성임(成任)·장자영(鄭自英)·대사헌 양성지(梁誠之)·예조참판 이계손(李繼孫)과 승지(承旨) 등을 불러서 시식(侍食)하고, 또 종친(宗親)과 겸예문(兼藝文) 유신(儒臣), 성균관(成均館) 유생(儒生) 등을 불러 업(業)으로 하는 바를 강(講)하였다.[32]

5월 7일에는 세조 임금이 모화관(慕華館)에 거둥하여 관문(館門)에 나아가니, 효령대군(孝寧大君)과 고령군 신숙주(申叔舟)·상당군 한명회(韓明澮)·능성군 구치관(具致寬)·좌의정 심회(沈澮)·우의정 최항(崔恒)·남양군 홍달손(洪達孫)·좌찬성 조석문(曺錫文)·우찬성 윤자운(尹子雲)·서원군 한계미(韓繼美)·이조판서 한계희(韓繼禧)·호조판서 노사신(盧思愼)·예조판서 강희맹(姜希孟)·공조판서 임원준(任元濬)·형조판서 서거정(徐居正)·병조참판 박중선(朴仲善)·형조참판 정난종(鄭蘭宗)·한성부 우윤(右尹) 이윤인(李尹仁)과 종친(宗親)·승지(承旨) 등이 입시(入侍)하였다. 얼마 있다가 임금이 정문형·정난종·어유소(魚有沼)와 금산도정(金山都正) 이연(李衍)·평성도정(枰城都正) 이위(李偉;孝寧大君의 孫子; 寶城卿 李㮒의 제4남)·호산도정 이현(李鉉;讓寧大君의 孫子) 등으로 하여금 장수(將帥)를 삼아, 각기 군사를 거느리고 우전(羽箭)을 사용하여 쫓아가며 서로 쏘게 하고, 또 장사(將士)로 하여금 혹은 말을 달리며 쏘고, 혹은 격구(擊毬)하며 혹은 멀리 쏘고, 혹은 말을 타고 창(槍)을 쓰게 하여 그 뛰어난 것을 시험하고, 또 천례(賤隷)로 하여금 과녁을 쏘고 손으로 치게 하여 잘하는 자는 베[布]로써 상을 주고 이어서 술자리를 베풀었다.[33]

5월 16일에는 함길도(咸吉道) 회령부사(會寧府使) 이시애(李施愛)가 그 아우 이시합(李施合)과 함께 절도사 강효문(康孝文)과 수령(守令) 등을 살해하며 반란(反亂)을 일으켰다.[34] 이시애는 길주(吉州) 출신의 호족(豪族) 토반(土班)으로 세조 4년(1458)에 경흥진 병마절제사(兵馬節制使)와 세조 7년(1461) 행지중추부사(行知中樞府事)를 역임하고, 세조

32 『세조실록』 권42, 세조 13년 5월 乙丑(1일).

33 『세조실록』 권42, 세조 13년 5월 辛未(7일).

34 『세조실록』 권42, 세조 13년 5월 庚辰(16일).

9년에는 회령부사(會寧府使)로 있다가 모친 상을 당하여 관직에서 물러나 있었는데, 세조(世祖) 즉위 후로 조정(朝廷)의 중앙집권적 강화 속에 함경도민에 대한 지역 차별과 외지에서 부임한 관리들에 대한 반발로, 때마침 중앙 조정에서 호패법(號牌法)을 강화하여 농민들의 자유로운 이주가 불가능해지자 함길도내의 유향소(留鄕所)[35] 세력을 규합하여 반란한 것이었다.

한편 5월 20일에는 이시애 반란을 계기로 비상시국에 돌입하므로 이에 맞춰 인사행정도 단행한 바, 심회(沈澮;沈溫의 長男)를 영의정(領議政)으로, 최항(崔恒)을 좌의정, 홍윤성(洪允成)을 우의정, 황수신(黃守身)을 남원군(南原君), 춘양군(春陽君) 이래(李徠;孝寧大君의 孫子; 寶城卿 李㝵의 제3남)를 병조참판(兵曹參判), 이봉(李封)[36]을 승정원 좌승지(左承旨), 한치형(韓致亨)을 우승지, 강희맹(姜希孟)·서거정(徐居正)을 겸오위도총부 도총관(兼五衛都摠府 都摠管), 박중선(朴仲善)을 겸부총관(兼副摠管), 정난종(鄭蘭宗)을 겸오위장(兼五衛將)에 각 제수하였다.[37]

이어 이튿날일에는 함길도 관찰사(觀察使) 신면(申㴐;高靈君 申叔舟의 아들)이 이시애(李施愛)의 형세에 대해 아뢰니, 임금이 강녕전(康寧殿)에 나아가 효령대군(孝寧大君)과 의성군(誼城君) 이채(李寀)·보성군(寶城君) 이갑(李㝵)·병조참판 이래(李徠)·평성도정(枰城都正) 이위(李偉)·금산도정 이연(李衍)·수성도정 이창(李昌)·호산도정 이현(李鉉), 영의정 심회(沈澮)·좌의정 최항(崔恒)·우의정 홍윤성(洪允成)·우참찬 김국광(金國光)·이조판서 한계희(韓繼禧)·예조판서 강희맹(姜希孟)·부총관 윤흠(尹欽) 등을 불러 술자리를 베풀고, 군기(軍機)에 관한 일에 대해 의논하였다.[38]

또한, 25일에는 임금이 사정전(思政殿)에 나아가 종친(宗親)·장상(將相)을 불러 국왕의 친정(親征)에 대해 의논하고, 광릉군(廣陵君) 이극배(李克培)를 사복장(司僕將)으

---

35 고려말부터 지방 거주의 전직 관원과 후손들이 회합하여 고을의 대소사를 논하고, 군·현의 守令을 보좌하던 자문기관, 事審官제도를 이어받은 것으로 李施愛亂 때에 폐지되고 이후 鄕廳으로 그 기능이 바뀌었다.

36 太宗의 駙馬 李伯剛(李居易의 아들, 貞順公主의 夫)의 손자, 李季甸의 아들.

37 『세조실록』 권42, 세조 13년 5월 甲申(20일).

38 『세조실록』 권42, 세조 13년 5월 乙酉(21일).

로 삼고, 행대호군 오자경(吳子慶)을 내금위장(內禁衛將), 허형손(許亨孫)을 사자위장(獅子衛將), 율원정(栗元正) 이종(李悰;효령대군의 손자, 寶城君 李㝝의 제2남)을 장용대장(壯勇隊將), 행대호군 이철견(李鐵堅)을 파적위장(破敵衛將), 전행호군 최유림(崔有臨)을 공현위장(控弦衛將), 헌납(獻納) 조간(曹幹)을 만강대장(彎强隊將), 영가군(永嘉君) 권경(權擎)을 좌사대장(左射隊將), 금산도정(金山都正) 이연(李衍)을 우사대장(右射隊將)으로 삼고, 평성도정(枰城都正) 이위(李偉;寶城君의 제4남)와 형조참판 정난종(鄭蘭宗)·수성도정(壽城都正) 이창(李昌)·행대호군 이윤인(李尹仁)·의빈(儀賓) 심안의(沈安義)는 각각 5부(部)의 장(將)으로 삼아, 각자 비장(裨將) 5인씩을 선발(選拔)하게 하였다.[39]

또한 7월 2일에는 효령대군(孝寧大君)의 손자 율원도정(栗元都正) 이종(李悰)을 총통도장(銃筒都將)으로 삼아 원병(援兵)을 보내주었는 바,

> "경회루(慶會樓) 아래에 나아가 여러 재상(宰相)·승지(承旨) 등을 불러서 군사(軍事)에 관한 일을 의논하고, 율원도정(栗元都正) 이종(李悰)을 총통도장(銃筒都將)으로 삼고, 민발(閔發)·정종(鄭種)·우공(禹貢)·유흥무(柳興茂)·정준(鄭俊) 등을 부장(副將)으로 삼아서 각각 스스로 통장(統將) 5인씩을 선발하여 총통군(銃筒軍) 1천3백50인을 나누어 거느리고, 도총사(都摠使) 이준(李浚)에게 가게 하였다"[40]

하고, 어찰(御札)을 유자광(柳子光)에게 주어 보내 이준(李浚)에게 유시(諭示)하기를,

> "율원군(栗元君) 이종(李悰)이 민발·정종·우공·유흥무·정준 등 5인의 장수(將帥)를 거느리고 총통군(銃筒軍) 1천3백50인을 영솔(領率)하고 초3일에 차례로 떠나니, 그대는 5장(將)에게 팽배군(彭排軍) 각각 25인을 주어라. 또 평안도 절도사(節度使) 한계미(韓繼美)로 하여금 정병(精兵) 2,3천 명을 인솔하게 하고, 황해도 절도사 선형(宣炯)으로 하여금 정병

---

39 『세조실록』 권42, 세조 13년 5월 己丑(25일).

40 『세조실록』 권43, 세조 13년 7월 乙丑(2일).

1천 명을 인솔하고 모두 그대의 있는 곳에 모여서 그대의 지휘(指揮)를 받도록 하였으니, 대저 진(陣)을 파하고 진을 움직이는 데에는 총통(銃筒)이 최고이니, 만약 적진(敵陣)이 이미 혼란하면 여러 군사들은 급히 이 때를 틈타거라. 이것이 진(陣)을 함몰(陷沒)하는 대략(大略)이다. 그러나 병사(兵事)는 멀리서 제어하기는 어려우니, 그대가 잘 헤아리기 바란다. 나도 또한 서울을 출발하여 그대의 뒤를 응접(應接)하겠다. 그리고 지금 보내는 선전관(宣傳官) 권팽(權彭)이 창인(槍刃) 1천 개를 가지고 가니, 그대는 이것을 받을지어다"

하였다.[41]

7월 14일의 인사행정에서는 무송군(茂松君) 윤자운(尹子雲)을 좌참찬(左參贊)으로, 김질(金礩)을 겸의금부판사(兼義禁府判事)로, 이서(李墅;孝寧大君의 사위, 뒤에 塤으로 改名)를 겸오위장(兼五衛將)으로, 이숙기(李淑琦)를 행사직(行司直), 남이(南怡)를 행부호군(行副護軍)으로 삼았는데, 특히 남이는 북청(北靑) 싸움에서 적진(敵陣) 앞에 출몰(出沒)하면서 사력(死力)을 다하여 싸우니 향하는 곳마다 적이 마구 쓰러졌고 몸에 4,5개의 화살을 맞았으나 용색(容色)이 태연자약하였다. 또한 이숙기도 힘써 싸워서 공(功)이 많았기 때문에 아울러 당상관(堂上官)으로 제수(除授)하여 이들을 상(賞)주었던 것이다.[42]

7월 17일에는 임금이 경회루(慶會樓) 아래에 나아가 유구국(琉球國;지금의 오끼나와) 사신(使臣)을 위한 연회(宴會)를 베풀었다. 세자와 효령대군(孝寧大君)·함양경(咸陽卿) 이포(李誧)·하동군 정인지(鄭麟趾)·봉원군 정창손(鄭昌孫)·고령군 신숙주(申叔舟)·능성군 구치관(具致寬)·연성군 박원형(朴元亨)·영의정 심회(沈澮)·좌의정 최항(崔恒)·우의정 홍윤성(洪允成)·중추부지사 김수온(金守溫)·예조판서 강희맹(姜希孟) 등이 시연(侍宴)하였다. 이 자리에서 유구국 정사(正使)는 천축주(天竺酒)를 임금에게 올렸다.[43]

이 날, 함길도 진지(陣地)에서는 반란군 최후의 거점인 북청(北靑)을 공략하기 위하

---

41 『세조실록』 권43, 세조 13년 7월 乙丑(2일).

42 『세조실록』 권43, 세조 13년 7월 丁丑(14일).

43 『세조실록』 권43, 세조 13년 7월 庚辰(17일).

여 도총사(都摠使) 이준(李浚)이 군사를 3진(陣)으로 만들어 제장(諸將)을 거느리게 한 바, 강순(康純)이 3천 명을 거느리고, 김교(金嶠)가 6백28, 박사형(朴思亨)이 2백, 남이(南怡)가 1백, 율원도정(栗元都正) 이종(李倧) 휘하의 정준(鄭俊)·우공(禹貢)이 총통군(銃筒軍) 6백 명을 거느려 1진(陣)을 만들고, 어유소(魚有沼)가 6백40명을 거느리고, 허종(許琮)이 2천2백80, 김숭해(金崇海)가 1천2백, 민효원(閔孝源)이 6백, 역시 율원도정 이종(李倧) 휘하(麾下)의 정종(鄭種)·유흥무(柳興茂)가 총통군 6백명을 거느려 또 1진(陣)을 만들고, 선형(宣炯)·오자경(吳子慶)·한계미(韓繼美)가 각각 1천명을 거느리고, 이종(李倧)과 민발(閔發)이 총통군 6백명을 거느려 다시 1진을 만든 것이었다.[44]

27일에는 장수(將帥)의 재질(才質)이 있는 자 30인을 선발(選拔)하니, 옥산군(玉山君) 이제(李躋;謹寧君 李襛의 아들)·은천군(銀川君) 이찬(李穳;敬寧君 李裶의 아들)·춘양부윤(春陽副尹) 이내(李徠;孝寧大君의 손자, 寶城君의 3남)와 금산도정(金山都正) 이연(李衍)·제천부윤(堤川副尹) 이온(李媼;孝寧大君의 손자, 瑞原君 李寀의 3남)·평성도정(枰城都正) 이위(李偉;孝寧大君의 孫子, 寶城君의 4남)·원산령(園山令) 이행(李行;孝寧大君의 孫子, 寶城君의 제6남)·영인령(寧仁令) 이순(李楯)과 심안의(沈安義;世宗 貞安翁主의 夫)·허형손(許亨孫)·안빈세(安貧世)·한치의(韓致義)·유균(柳均)·민혼(閔渾)·이철견(李鐵堅)·김견수(金堅壽)·한치례(韓致禮)·박서창(朴徐昌)·심한(沈澣)·경임(慶袵)·김이정(金利貞)·민영모(閔永慕)·어세겸(魚世謙)·이의형(李義亨)·성준(成俊)·조간(曹幹)·이평(李評)·이길보(李吉甫)·민신달(閔信達)·이인충(李仁忠) 등 30명이었는데, 이들에게 『손자』(孫子)를 읽도록 하였다.[45] 그리고 이튿날에는 인사행정에서 김겸광(金謙光)을 겸의금부지사로, 춘양부윤 이내(李徠)와 임자번(林自蕃)을 겸도총부부총관(兼都摠府副摠管)으로, 윤흠(尹欽)을 병조참판으로, 한치의(韓致義)를 훈련원도정(訓練院都正)으로, 선형(宣炯)을 중추부 지사(知事)로 삼았다.

8월 초하룻날은 임금이 근정전(勤政殿)에 나아가 조참(朝參)을 받고, 여러 도(道)에

44 『세조실록』 권43, 세조 13년 7월 庚辰(17일).

45 『세조실록』 권43, 세조 13년 7월 庚寅(27일).

서 징발한 군사가 다 도착하니 1만 명으로 계산되었다. 장수(將帥)들에게 명하여 나누어 거느리고 근정전과 홍례문(弘禮門)의 안팎 뜰에 진열(陳列)하게 한 후, 임금이 보련(步輦)으로 순시(巡視)하였다. 돌아와서 근정전에 나아가 효령대군(孝寧大君) 이보(李補)와 임영대군(臨瀛大君), 그리고 여러 종친(宗親)과 장상(將相)을 불러서 술자리를 베풀고 지극히 즐거워하였다. 곧 우의정 홍윤성(洪允成)에게 명하여 항오(行伍)를 정제(整齊)하는 법(法)을 가르치게 하고, 이어서 술을 먹이었다. 그리고 부장(部將) 등에게 『손자』(孫子)와 『황석공』(黃石公)[46] 등의 병서(兵書)를 강(講)하게 하고, 또 성균관 유생(儒生)과 잡학인(雜學人)에게 닦은 학업을 강(講)하게 하였다.[47]

8월 3일에는 도총사(都摠使) 이준(李浚)이 제장(諸將)과 더불어 공격(攻擊)할 길을 다시 의논하니, 두어소(豆於所)의 길은 비[雨]로 냇물이 불었기 때문에 선형(宣炯) · 오자경(吳子慶) · 최유림(崔有臨)으로 하여금 각각 소관(所管)의 군사를 거느리고 하루를 더 머물게 하여 물이 줄기를 기다렸다가 고사리포(高沙里鋪)를 경유하여 들어가게 하고, 준(浚)과 강순(康純) · 어유소(魚有沼)는 거산역로(居山驛路)를 경유하여 들어가기로 하였다. 또 여러 군사들로 하여금 투구 위에다 백지(白紙)에 '검은 달'을 그려 붙여서 표(標)로 삼게 하였는데, 이는 앞서 관군(官軍)이 투구 위에 '관'(官)자(字)를 써서 구별하였었더니, 적군이 이를 본 땄기 때문에 바꾼 것이었다.[48]

8월 6일 밤에, 마침내 도총사 이준이 이시애 반란군(叛亂軍)의 선봉(先鋒)을 꺾었다는 치계(馳啓)가 올라오니, 영의정 심회(沈澮)가 백관을 거느리고 전문(箋文)을 올려 하례(賀禮)를 드리니, 임금은 어찰(御札)로서 이준 등에게 승전(勝戰)에 따른 포상을 유시하여, "풍성한 공(功)과 재주가 어찌 다시 이 위에 더하겠는가? 다만 바람기가 점차 추워지는 것을 염려하여 우선 준(浚)에게 초록단유철릭(草綠段襦帖裏)과 백주유과두(白紬襦裹肚) · 유청유철릭(柳靑襦帖裏) 각각 1령(領)과 녹비화(鹿皮靴) 한 켤레를 내려주고, 그 나머

---

46 중국 秦나라 말엽의 隱士, 兵法家.

47 『세조실록』 권43, 세조 13년 8월 甲午(1일).

48 『세조실록』 권43, 세조 13년 8월 丙申(3일).

지 여러 장수에게는 각각 유의(襦衣) 1령씩을 내려 주니 마땅히 나의 뜻을 알라. 또 군사(軍士)들을 치료할 여러 가지 약(藥)을 보낸다" 하였다.[49]

8월 12일, 관군(官軍)이 마천령(摩天嶺)을 넘어 영동역(嶺東驛) 앞 들에 진을 치니, 적장(賊將) 길주 사람 이주(李珠)가 와서 고하기를 "종성(鍾城)의 갑사(甲士) 이운로(李雲露) 등과 더불어 이시애와 이시합을 유인하여 잡았는데, 곧 도착할 것이라" 하였고, 이어서 관군이 임명역(臨溟驛) 앞 들로 진을 옮기니 해가 질 무렵이었는데, 갑사 황생(黃生) 등이 "이시애·이시합을 잡아서 도총사 이준(李浚)에게 넘겼다"고 하였는데, 이시애의 생포(生捕) 과정은 이러하였다.

「이시애의 처조카 허유례(許惟禮)는 처음에 허종(許琮) 막하(幕下)에 있었는데, 허종이 허유례를 설득하고 유례가 이시애의 부장(部將) 이주(李珠)를 만나 조정(朝廷)의 뜻을 말하고, 둘이서 비밀히 이시애 진영에 들어가 적장 이운로(李雲露)와 모의한 바, 이운로 또한 스스로 전세(戰勢)가 다한 것을 헤아려 휘하의 군사들에게 '능히 이시애를 체포하는 자가 있으면 조정에서 후하게 포상할 것'이라고 하자, 군사들이 그를 따라 생포하게 된 것이다」

이시애(李施愛)가 체포되니 석달 만에 반란도 진압 평정되게 되었다. 이 날, 드디어 이시애·이시합을 토벌군(討伐軍) 진지 앞에서 참수(斬首)하고, 종사관(從事官) 이서장(李恕長)이 이주(李珠)·허유례·황생을 대동하고 승첩(勝捷)을 보고한 후 안인후·구치홍·장말손을 시켜 그 수급(首級)을 바쳐 5진영(鎭營)에 전(傳)해 보이니, 도총사 이준(李浚)이 여러 장수들과 더불어 대궐(大闕)을 향하여 배하(拜賀)하였다.[50]

이튿날에는 임금이 모화관(慕華館)의 앞산 꼭대기에 거둥하여 군사를 18위(衛)로 나누어 좌상(左廂)·우상(右廂)을 두 상(相)에 소속시키고 심안의(沈安義)를 좌상(左廂) 대장, 허형손을 중위장(中衛將), 이창(李昌)을 좌위장(左衛將), 제천부윤(堤川副尹) 이온

---

49 『세조실록』 권43, 세조 13년 8월 己亥(6일).

50 『세조실록』 권43, 세조 13년 8월 乙巳(12일).

(李薀;孝寧大君의 손자, 瑞原君 李寀의 제3남)을 우위장(右衛將), 금산도정 이연(李衍)을 전위장(前衛將), 유균(柳均)을 후위장(後衛將), 윤사흔(尹士昕)을 우상(右廂)대장, 호산도정 이현(李鉉;讓寧大君의 손자, 咸陽君 李誧의 아들)을 좌위장으로 삼는 등 각자 군사를 거느리게 하니, 모두 1만1천3백96인이었다.

임금이 지팡이[杖]를 짚고 산보(散步)하면서 군사의 위용을 사열(査閱)하고 인하여 여러 장수를 불러서 각각 거느린 군사를 인솔해서 오게 하여, 장실(壯實)한 자를 골라서 여러 위(衛)에 채우도록 하였다. 그 때 영순군 이부(李溥;廣平大君의 아들)·신숙주(申叔舟)·구치관(具致寬)·우의정 홍윤성(洪允成)·호조판서 노사신(盧思愼)·도승지 윤필상(尹弼商) 등이 겸선전관(兼宣傳官)으로 모시었다. 군사들에게 주육(酒肉)을 먹이도록 하고 환가(還駕)하여 돈의문(敦義門)에 이르니, 최유지(崔有池)가 함길도에서 도총사(都摠使) 이준(李浚)의 첩서(捷書)를 가지고 와서, 인하여 싸움에 이긴 일의 상황을 아뢰니 임금이 매우 기뻐하였다.[51]

9월 3일에는 임금이 집상전(集祥殿)에 나아가서 연성군 박원형(朴元亨)에게 명하여 총리사(摠理使) 구치관(具致寬)을 대신하게 하고, 칭호도 존무사(存撫使)로 고쳤다. 또 함길도(咸吉道)를 남도(南道)·북도(北道)로 구분하여, 박서창(朴徐昌)을 남도관찰사(南道觀察使)로, 율원군(栗元君) 이종(李徖)을 남도절도사(南道節度使)로, 어세공(魚世恭)을 북도관찰사(北道觀察使)로, 허종(許琮)을 북도절도사(北道節度使)로 임명하였다.[52]

9월 20일에는 도총사(都摠使) 이준(李浚)과 부사(副使) 조석문(曺錫文) 일행이 이시애(李施愛) 난(亂)을 평정하고 개선하여 복명(復命)하니, 임금이 무송군 윤자운(尹子雲)에게 명하여 선온(宣醞)을 가지고 정벌에 종군(從軍)하였던 제장(諸將)들과 더불어 동교(東郊)에서 맞이하였다. 이준(李浚)과 조석문(曺錫文) 등이 예궐(詣闕)하여 복명하니 임금이 이준의 손을 잡고 위로하면서 승지(承旨)들을 불러 술자리를 베풀었다. 이어서 여러 장수(將帥)들의 군공(軍功) 등급을 의논하였는데, 이준(李浚)과 조석문(曺錫文) 등을 일등공

---

51 『세조실록』 권43, 세조 13년 8월 丙午(13일).

52 『세조실록』 권43, 세조 13년 9월 乙丑(3일).

신(一等功臣)으로 삼고, 김국광·허유례(許惟禮) 이서장 등은 이등공신(二等功臣)으로, 영순군(永順君) 이부(李溥)·율원부윤(栗元副尹) 이종(李徖) 등은 삼등공신(三等功臣)으로 삼았다. 공신호(功臣號)는 '적개공신'(敵愾功臣)이라고 내려주었다.

아울러 전토(田土)와 노비(奴婢)를 내려주고, 관계(官階)를 올려주며, 직사(職事)를 차등있게 제수하였다. 그 나머지 장사(將士)들도 공(功)을 나누어 4,5등으로 삼고 상직(賞職)도 또한 차등있게 하였다. 그 중, 이부(李溥)와 김국광(金國光)·윤필상(尹弼商)은 비록 정벌(征伐)에 종군하지는 않았으나 임금의 좌우에 있으면서 군기(軍機)를 모의하여 출납(出納)하는 데에 공이 있었기 때문이었다.[53]

또한, 원정(遠征) 공신(功臣)들 중심으로 관직(官職)도 제수(除授)한 바, 이준(李浚)을 귀성군(龜城君) 겸오위도총부도총관(兼五衛都摠府都摠官)으로, 심회(沈澮)를 중추부영사로, 최항(崔恒)을 영의정으로, 조석문(曺錫文)을 좌의정으로, 남이(南怡)를 의산군(宜山君), 이서장(李恕長)은 형조참판 전성군(全城君), 이종(李徖)은 함길남도병마절도사(咸吉南道兵馬節度使) 율원군(栗元君)에 각각 임명되었다.[54] 이튿날, 적개공신(敵愾功臣)들이 와서 사은(謝恩)하니, 임금이 명하여 백금(白金)을 내려 주었는데, 일등공신에 각 50냥(兩)씩, 이등공신에 각 25냥씩, 3등공신에 10냥씩이었고, 또 각각 옷 1벌과 말 1필(匹)씩을 내려 주었다.

한편, 9월 21일에는 임금이 중궁(中宮)과 더불어 선정전(宣政殿)에 나아가서 잔치를 베풀고 북정(北征)한 군사들을 위로하였는데, 세자(世子)와 효령대군(孝寧大君), 그리고 임영대군(臨瀛大君)·하동군 정인지(鄭麟趾)·봉원군 정창손(鄭昌孫)·상당군 한명회(韓明澮)·고령군 신숙주(申叔舟)·능성군 구치관(具致寬)·중추부영사 심회(沈澮)·영의정 최항(崔恒)·인산군 홍윤성(洪允成)·남양군 홍달손(洪達孫)·중추부판사 심결(沈決)·좌찬성 김국광(金國光)·무송군(茂松君) 윤자운(尹子雲)·동지사(同知事) 어효첨(魚孝瞻)·대사헌

53 『세조실록』 권43, 세조 13년 9월 壬午(20일).

54 위와 같음.

양성지(梁誠之)와 승지(承旨) 등이 시연(侍宴)하였다.[55]

24일에는 세자(世子)가 백관을 거느리고 임금의 탄신(誕辰)을 하례(賀禮)하니, 보경당(寶慶堂)에 나아가 효령대군(孝寧大君) 이보(李補)와 임영대군(臨瀛大君) 이구(李璆)·하동군 정인지(鄭麟趾)·봉원군 정창손(鄭昌孫)·고령군 신숙주(申叔舟)·능성군 구치관(具致寬)·상당군 한명회(韓明澮)·중추부영사 심회(沈澮)·영의정 최항(崔恒)·좌의정 조석문(曺錫文)·남양군 홍달손(洪達孫)·무송군 윤자운(尹子雲)·좌찬성 김국광(金國光)·중추부판사 김수온(金守溫)·지사(知事) 윤사흔(尹士昕)·성봉조(成奉祖), 좌참찬 김개(金漑)·은천군 이찬(李穳)·옥산군 이제(李躋)·대사헌 양성지(梁誠之)·행호군 구종직(丘從直)·안철손(安哲孫), 병조참판 윤흠(尹欽), 그리고 적개공신(敵愾功臣) 오자경·선형·민발·박식·구겸·김관·김순명·손소·장말손·이양생과 승지(承旨) 등을 불러서 잔치를 베풀었다. 임금이 왕세자에게 명하여 술을 올리게 하고, 여러 종친(宗親)·재추(宰樞)에게 명하여 번갈아 일어나서 축수(祝壽)하게 하였는데, 날이 어두워서야 파하였다.[56]

10월 14일에는 인사행정(人事行政)이 있었으니, 이친(李寀)을 서원군(瑞原君)으로, 이갑(李岔)을 보성군(寶城君)으로, 정현조(鄭顯祖;鄭麟趾의 아들, 世祖의 駙馬 河城尉)를 하성군(河城君)으로, 이정(李定;孝寧大君의 제5남)을 영천군(永川君), 이순(李淳;臨瀛大君의 제3남)을 정양군(定陽君), 이정(李淨;臨瀛大君의 4남)을 팔계군(八溪君), 유수(柳洙)를 좌참찬, 어유소(魚有沼)를 공조판서, 이내(李徠;寶城君의 셋째 아들)를 춘양군(春陽君), 이형(李衡)을 진례군(進禮君), 이복(李復)을 거평군(居平君), 이온(李蒕;瑞原君의 3남)을 제천군(堤川君), 김백겸(金伯謙)을 공조참의, 김예몽(金禮蒙)을 행대사성(行大司成), 이극돈(李克墩)을 사헌부 집의(執義)로 삼았다.[57]

10월 30일에는 적개공신(敵愾功臣)의 직계(直系)에게 포상(褒賞)을 더하니, 적개공신의 아비와 직자(直子)에게는 작(爵) 4급(級)과 전지(田地) 1백50결(結), 노·비(奴·婢) 아

---

55 『세조실록』 권43, 세조 13년 9월 癸未(21일).

56 『세조실록』 권43, 세조 13년 9월 丙戌(24일).

57 『세조실록』 권44, 세조 13년 9월 丙午(14일).

울러 13구(口), 구사(丘史) 7명, 반당(伴倘) 10명을 내려주고, 2등의 아비와 직자에게는 작 3급과 전지 1백 결(結), 노비 아울러 10구, 구사 5명, 반당 8명을 내려주고, 3등에게는 작 2급과 전지 80결, 노비 아울러 8구, 구사 3명, 반당 6명을 내려 주었다.[58]

그리고 이 날, 임금이 호조(戶曹)에 명하여 영응대군(永膺大君) 이염(李琰)의 아내 송씨(宋氏)에게 쌀 1천 석(石)을 내려 주게 하였[59]는 바, 영응대군은 이미 지난 2월 초에 타계(他界)하였지만 이는, '세종이 일찍이 송복원(宋復元)의 딸을 택하여 영응대군의 배필(配匹)로 삼았는데 송씨가 병(病)이 있자 세종이 명하여 그를 버리게 하고 정충경(鄭忠敬; 효령대군의 큰妻男)의 딸에게 다시 장가들게 하였더니, 세종이 승하(昇遐)하자 이염이 송씨를 그리워하여 정씨를 내쫓고 송씨와 다시 결합할 정도로 생전에 송씨를 사랑하였기 때문'이었다.

11월 11일에는 세자(世子)가 백관을 거느리고 중궁(中宮)의 탄신(誕辰)일을 하례(賀禮)하여 보경당(寶慶堂)에서 잔치를 베풀었다. 임금이 중궁의 족친(族親)과 정난(靖難)공신·좌익(佐翼)공신·적개(敵愾)공신의 3공신과 상정소(詳定所) 당상(堂上)과 승지(承旨) 등에게 명하여 시연(侍宴)하게 하였다. 효령대군(孝寧大君) 이보(李補)·밀성군(密城君) 이침(李琛)·덕원군(德源君) 이서(李曙)·영순군(永順君) 이부(李溥;廣平大君의 아들)·귀성군(龜城君) 이준(李浚;臨瀛大君의 次男)·사산군(蛇山君) 이호(李灝;義昌君 玒의 아들)·팔계군(八溪君) 이정(李淨;臨瀛大君의 4남)·강양군(江陽君) 이융(李瀜;桂陽君 璔의 次男)·정양군(定陽君) 이순(李淳;李淨의 兄)·우찬성 한계미(韓繼美)·중추부판사 윤사분(尹士昐)·지사(知事) 성봉조(成奉祖) 등이 풍정(豊呈)을 바쳤다.[60]

11월 17일에는 효령대군(孝寧大君) 이보(李補) 등에게 술자리를 베풀고 문신(文臣) 등에게 『동파집』(東坡集)을 강(講)하게 하였다. 임금이 효령대군(孝寧大君)과 밀성군 이침(李琛)·하동군 정인지(鄭麟趾)·봉원군 정창손(鄭昌孫)·고령군 신숙주(申叔舟)·상당군

58 『세조실록』 권44, 세조 13년 10월 壬戌(30일).

59 위와 같음.

60 『세조실록』 권44, 세조 13년 11월 癸酉(11일).

한명회(韓明澮)·능성군 구치관(具致寬)·영의정 최항(崔恒)·좌의정 조석문(曺錫文)·우의정 강순(康純)·중추부판사 윤사분(尹士昐;尹璠의 장남)·한성부윤 이석형(李石亨)·중추부지사 윤사흔(尹士昕;尹璠의 제3남)·임원준(任元濬), 좌찬성 김국광(金國光)·우찬성 한계미(韓繼美)·무송군 윤자운(尹子雲)·병조판서 박중선(朴仲善)·대사헌 양성지(梁誠之)·이조판서 성임(成任)·형조판서 서거정(徐居正)을 불러서 주연(酒宴)을 베풀고, 문신과 성균관 유생(儒生)에게 『동파집』(東坡集);宋代의 學者 東坡 蘇軾의 文集)을 강(講)하게 하였다.[61]

11월 26일에는 호조(戶曹)에 전지하여, 강원도 강릉부(江陵府)의 산산제언(蒜山堤堰)을 혜각존자(慧覺尊者) 신미(信眉)에게 내려 주게 하였는데, 신미는 그 때 강릉부 오대산(五臺山) 상원사(上元寺)에 거주하고 있었기 때문에 이 같은 명령이 있었다.

12월 7일에는 효령대군(孝寧大君) 이보(李補)에게 채단 초구(綵段 貂裘) 1령(領)을 내려 드리고, 예성부부인(蘂城府夫人)에게는 채단 유군(綵段 襦裙)과 채단초피단오자(綵段貂皮短襖子) 각각 1령(領)을 내려 드렸으니,[62] 4일 후 선달 11일이 효령대군(孝寧大君) 이보(李補)의 72회 생신일(生辰日)이기 때문이었다..

12월 10일에는 함길남도 절도사(咸吉南道節度使) 율원군(栗元君) 이종(李徖)이 병(病)이 나니, 임금이 이를 고쳐 임명하고자 하였으나 바로 마땅한 사람을 구하기가 어려웠는데, 마침 도승지 권맹희(權孟禧)가 일을 아뢰니, 임금이 말하기를 "지금 율원군(栗元君)이 병이 났으니 경(卿)이 그를 대신할 만하다" 하였다. 권맹희가 명을 받고 밖으로 나와서 못 마땅한 기색을 보이며 소매 가운데에서 척독(尺牘)을 꺼내어 찢어서 땅에 던지면서 말하기를, "권맹희가 절도사(節度使)가 된다는 말인가" 하였는데, 후에 권맹희는 아버지의 병을 핑계하고 부임(赴任)하지는 않았다.[63] 하지만 율원군(栗元君) 이종(李徖)은 병이 곧 나아 그대로 계속해서 근무하게 되었다.

---

61 『세조실록』 권44, 세조 13년 11월 己卯(17일).

62 『세조실록』 권44, 세조 13년 12월 己亥(7일).

63 『세조실록』 권44, 세조 13년 12월 壬寅(10일).

今上의 '大君 생신' 祝賀宴과 '南怡 獄事'

효령대군 72세, 12월 ~ 74세, 5월

율원군(栗元君) 이종(李倧)이 치계(馳啓)를 올린 그 이튿날, 그러니까 **12월 11일(癸卯)에, 세조(世祖) 임금이 효령대군(孝寧大君) 이보(李補)의 집에 거둥하여 대군의 생신(生辰)잔치를 베풀고자 하였으나, 비가 왔으므로 이를 정지하였다.**[1] 한편, 이 날 함길남도 절도사(咸吉南道節度使) 율원군(栗元君) 이종(李倧)에게 임금이 약이(藥餌)를 내려 주었다.

12월 12일(甲辰)에는 임금이 중궁(中宮)과 더불어 선정전(宣政殿)에 나아가 효령대군(孝寧大君) 이보(李補)와 부인(夫人;藥城府夫人 鄭氏)을 모시고 위로(慰勞)하는 생신잔치를 베풀었다. 그런데 실은 효령대군의 생신일(生辰日)이 어제 12월 11일이어서, 당일 효령대군 사제(私第)에 거둥하여 생일 잔치를 해드리려고 하였으나, 비가 와서 오늘 생신연(生辰宴)을 해드리게 된 것이었다, 세자(世子)와 하동군(河東君) 정인지(鄭麟趾)·고령군(高靈君) 신숙주(申叔舟)·능성군(綾城君) 구치관(具致寬)·영의정(領議政) 최항(崔恒)·남양군(南陽君) 홍달손(洪達孫), 중추부지사(中樞府知事) 윤사분(尹士昐;尹璠의 장남, 貞熹王后의 오빠)·성봉조(成奉祖)·윤사흔(尹士昕;尹璠의 3남)·임원준(任元濬;任士洪의 父), 무송군(茂

1 『세조실록』 권44, 세조 13년 12월 癸卯(11일). "癸卯 雨, 上將幸孝寧大君李補第, 設生日宴, 以雨停之."

松君) 윤자운(尹子雲)·호조판서(戶曹判書) 노사신(盧思愼)·좌참찬(左參贊) 유수(柳洙)·사헌부 대사헌(司憲府 大司憲) 양성지(梁誠之)·중추부 동지사(中樞府同知事) 홍응(洪應)·이조판서(吏曹判書) 성임(成任)·행호군(行護軍) 구종직(丘從直)·형조판서(刑曹判書) 서거정(徐居正)·성균 대사성(成均 大司成) 김예몽(金禮蒙)·행호군(行護軍) 이파(李坡;牧隱 李穡의 曾孫, 李封의 兄)·병조참판(兵曹參判) 윤흠(尹欽)·행중추부 첨지사(行中樞府僉知事) 이효상(李孝常)과 승지(承旨) 등을 불러서 시연(侍宴)하게 하였다. 세자(世子)가 술을 올리고, 효령대군(孝寧大君) 이하 여러 신하(臣下)들이 번갈아 일어나서 축수(祝壽)하였다.[2]

12월 15일에는 임금이 내의(內醫) 차득참(車得驂)에게 명하여 약이(藥餌)를 가지고 함길도(咸吉道)에 가서 율원군(栗元君) 이종(李徖)의 병(病)을 치료해 주게 하였다. 28일에는 임금이 중궁과 더불어 사정전(思政殿)에 나아가서 나희(儺戲)를 구경하니, 세자(世子)와 여러 종친(宗親)·재추(宰樞)가 입시(入侍)하였다. 그리고 익일 그믐날은 임금이 충순당(忠順堂)에 나아가 총포(銃砲) 쏘는 것을 구경하니 종친(宗親) 등이 입시하였는데, 궐내(闕內)의 여러 관사(官司)가 모여서 세모(歲暮)를 숙직하며 지키니, 임금이 주효(酒肴)와 내탕(內帑)을 내려 주었다.[3]

해가 바뀌어 무자(戊子; 1468)년 새해가 되니, 세조(世祖) 즉위 14년째. 효령대군(孝寧大君)께서는 보령(寶齡) 73세(歲)가 되셨다. 초하룻날 임금이 근정전(勤政殿)에 나아가 회례연(會禮宴)을 하니, 왜인(倭人)과 야인(野人)이 내조(來朝)한 자들도 또한 참여하였다. 왕세자와 여러 신하들이 행례(行禮)하기를 의식과 같이 하고, 술이 거나하게 취하니 임금이 올량합(兀良哈) 유야오시(劉也吾時)·어린가(於麟可), 골간올적합(骨看兀狄哈) 유도로로(劉都老老), 알타리(斡朶里) 마유덕(馬游德) 등을 불러 전교하기를 "너희들이 오는 것이 어찌 그리 더뎠느냐?" 하니, 대답하기를 "절도사(節度使)가 근자에 길이 막혔다 하여 아직 명(命)을 기다리게 한 까닭으로 신 등이 감히 내조(來朝)하지 못하였습니다" 하였다.[4]

2 『세조실록』 권44, 세조 13년 12월 甲辰(12일).

3 『세조실록』 권44, 세조 13년 12월 辛酉(29일).

4 『세조실록』 권45, 세조 14년 1월 壬戌(1일).

1월 5일에는 임금이 비현합(丕顯閤)에 나아가서 중궁(中宮)이 풍정(豊呈)을 올리니, 왕세자(王世子)와 효령대군(孝寧大君) 이보(李補)·봉원군 정창손(鄭昌孫)·고령군 신숙주(申叔舟)·능성군 구치관(具致寬)·상당군 한명회(韓明澮)·영성군 최항(崔恒)·영의정 조석문(曺錫文)·좌의정 홍달손(洪達孫)·우의정 강순(康純) 등이 입시(入侍)하였다.[5]

1월 17일에는 임금이 근정전(勤政殿)에 나아가 음복연(飮福宴)을 베푸니, 효령대군(孝寧大君) 이보(李補) 이하의 종친(宗親)과, 하동군 정인지(鄭麟趾) 이하의 재추(宰樞)·제집사(諸執事) 등이 시연(侍宴)하고, 왜인(倭人)과 야인(野人)으로 조정(朝廷)에 있는 자도 또한 참여하였다.[6] 26일은 세조 임금의 누이 동생 정의공주(貞懿公主;駙馬 安孟聃)가 은(銀)으로 실[絲]을 넣은 청동(靑銅) 화로(火爐) 1사(事)를 바치니, 경창(京倉)에 보관되어 있는 쌀 3백 50석을 내려 이에 보답하였다.

1월 23일에는 임금이 병조(兵曹)에 명하여, 중[僧] 학조(學祖)에게 역말[驛馬]를 주어 고성(高城)의 유점사(楡岾寺)에 가게 하되, 그가 데리고 가는 장인(匠人) 15인에게도 또한 역말을 주었다. 그 당시 중 신미(信眉)가 그의 무리 학열(學悅)·학조(學祖)와 서로 결탁하여 자못 위력 있는 복(福)을 베푸니 훈척(勳戚)과 사서인(士庶人)이 많이 의지하였다. 학열은 낙산사(洛山寺)를 영조(營造)하고, 학조는 유점사를 수축(修築)하였는데, 강원도가 소연(騷然)하여 감사(監司)·수령(守令)이 지오(支梧;겨우 버티어 감)할 수 없었으므로 이에 소득(所得)한 것으로써 산업(産業)을 경영하였다.[7]

1월 27일에는 임금이 중궁(中宮)과 더불어 세자(世子)를 거느리고 온양(溫陽)으로 거둥하였는데, 보성군(寶城君) 이갑(李合)을 좌상대장(左廂大將)으로 삼고, 우찬성 한계미(韓繼美)를 우상대장(右廂大將), 병조판서 박중선(朴仲善)을 전상대장(前廂大將), 권경(權擎)과 제천군(堤川君) 이온(李蒕;孝寧大君의 손자, 瑞原君 제3남)을 위장(衛將), 공조판서 남이(南怡)를 후상대장(後廂大將), 안빈(安貧)을 치중장(輜重將), 맹석흠(孟碩欽)을 잡류장

5 『세조실록』 권45, 세조 14년 1월 丙寅(5일).

6 『세조실록』 권45, 세조 14년 1월 戊寅(17일).

7 『세조실록』 권45, 세조 14년 1월 甲申(23일).

(雜類장), 평성도정(枰城都正) 이위(李偉;孝寧大君의 孫子; 寶城君의 제4남)를 내금위장(內禁衛將)으로 삼는 등, 대규모의 행차(行次)로 출발하였는데, 내종(內宗)·사종(射宗)·임종(任宗)과 고령군 신숙주(申叔舟)·능성군 구치관(具致寬)·영성군(寧城君) 최항(崔恒)·호조판서 노사신(盧思愼)·이주(李珠)·허유례(許惟禮)·이운로(李雲露) 등 수 많은 신료들이 호종(扈從)하였다. 거가(車駕)가 살곶이[箭串]에 이르니, 경기관찰사 이계전(李季專)과 절도사(節度使) 정문형(鄭文炯)이 조복(朝服)을 갖추고 어가(御駕)를 맞이하고 유도백관(留都百官)이 시복(時服) 차림으로 삼전도(三田渡)에서 지송(祗送)하였다. 명하여 군사와 호종관(扈從관)에게 운(運)[8]을 나누어 강(江)을 건너게 하고, 거가(車駕)가 광주(廣州)의 문현산(門懸山)에 이르러서는 사냥을 하여 사슴과 노루를 잡았다.[9]

이튿날은 거가(車駕)가 용인(龍仁)의 가질동(加叱洞)에 이르러 사냥하는 한편, 인편(人便)으로 서울의 효령대군(孝寧大君)과 임영대군(臨瀛大君)·정의공주(貞懿公主), 그리고 죽은 영응대군(永膺大君) 이염(李琰)의 딸에게 각각 사슴 1마리 씩을, 유도장상소(留都將相所)에 각각 노루 1마리씩을 보내 주고, 저녁에는 진위(振威)의 장호원(長好院) 들에 머물렀다. 30일에는 거가가 천안(天安)의 신은역(新恩驛)에 이르러 사냥하고 저녁에 온양(溫陽) 행궁(行宮)에 이르렀다.[10] 2월 6일에는 온양 행행(行幸) 행사에서의 좌상(左廂)대장을 맡은 보성군(寶城君) 이갑(李岔)이 신병(身病)이 나니, 명하여 윤말손(尹末孫)으로 대신하게 하였다.

3월 보름날은 임금이 사정전(思政殿)에서 일본국(日本國) 사신 융원(融圓)·종례(宗禮) 등과 야인(野人) 사신 알타리(斡朶里) 마금파로(馬金波老)·이가로(李家老)·김사로(金舍老) 등을 접견하였는데, 효령대군(孝寧大君) 이보(李補)와 하동군 정인지(鄭麟趾)·봉원군 정창손(鄭昌孫)·고령군 신숙주(申叔舟)·상당군 한명회(韓明澮)·능성군 구치관(具致寬)·연성군 박원형(朴元亨)·중추부영사 심회(沈澮;沈溫의 長男, 昭憲王后의 오빠)·영성군

8 軍士를 隊伍로 편성할 때 묶는 단위, 또는 物貨를 運送할 때 묶는 단위를 말함.

9 『세조실록』 권45, 세조 14년 1월 戊子(27일).

10 『세조실록』 권45, 세조 14년 1월 辛卯(30일).

최항(崔恒)·영의정 조석문(曺錫文)·좌의정 홍달손(洪達孫)·예조판서 임원준(任元濬)·대사헌 양성지(梁誠之)·첨지사 구종직(丘從直) 등이 입시(入侍)하였다.[11]

4월 16일에는 임금이 사정전(思政殿)에 나아가 일본국 사신 승(僧) 융원(融圓) 등을 인견하고 잔치를 베풀었는데, 세자(世子)와 효령대군(孝寧大君), 영순군 이부(李溥)·귀성군 이준(李浚)과 하동군 정인지(鄭麟趾)·봉원군 정창손(鄭昌孫)·고령군 신숙주(申叔舟)·상당군 한명회(韓明澮)·능성군 구치관(具致寬)·영성군 최항(崔恒)·중추부영사 심회(沈澮)·대사헌 양성지(梁誠之)·호조판서 노사신(盧思愼)·예조판서 임원준(任元濬)이 입시(入侍)하였다.[12]

5월 21일에는, 효령대군(孝寧大君)께서 유신관료(儒臣官僚)이면서도 불교(佛敎)를 깊이 이해하여 대군과도 친분이 있는 매월당(梅月堂) 김시습(金時習)에게 서찰(書札)을 보내었다. 재작년 석가탄일(釋迦誕日)에 맞춰 준공된 원각사(圓覺寺)에 이어 지난해에 역시 초파일날 조성(造成) 감동(監董)에 착수해서 금년에 낙성(落成)된 원각사10층석탑(圓覺寺10층石塔;현재 국보 제2호)과 원각사 대종(圓覺寺大鐘, 보물 제2호)의 낙성 기념 경찬회(慶讚會)에 참석해 달라는 편지인 바,

> 매월당(梅月堂)께 드림
>
> 금오(金鰲)에서 작별(作別)한 지 어언 한 해가 되어가는구료. 그대의 마음을 가히 헤아릴만하오. 올 봄에 성상(聖上)께서 홍복사(弘福寺)를 중수하여 원각(圓覺)이라 명명(命名)하고 이에 낙성코자 함에 내가 열경(悅卿;金時習의 字)을 사림(士林)의 영수(領袖)로서 성상(聖上)께 추천하였더니 성상께서 경찬회(慶讚會)에 참석하라 명(命)하여 부르시니 지체치 말고 오기 바라오. 내가 양녕대군(讓寧大君) 형님과 더불어 이곳에 있을 때에 붉은 앵도(櫻桃)는 뜰 앞에 무르익고, 작약(芍藥)과 장미(薔薇)는 바야흐로 만발하여 새로운 고향 같기만 하구료. 종일토록 기둥에 의지하여 바깥 일은 잊으니 약상(弱喪)의 정(情)을 스스로 알거니와

---

11 『세조실록』 권45, 세조 14년 3월 乙亥(15일).

12 『세조실록』 권45, 세조 14년 4월 乙巳(16일).

부인(婦人)이라도 진실로 흡족해 함을 헤아릴만 하오. 오직 바라거니와 성연(盛宴)에 기꺼이 참석하여 참신계(參神契)를 함께 하기 바라며 할 말을 다하지 못하고 전합니다.

무자(戊子, 세조 14)년 午月[5월] 21일 보(補) 머리숙여[頓]

와 같은 내용이었다. 이에 대하여 6월[流月] 초하룻날 매월당으로부터 답장(答狀)[13]이 왔다.

효령대군(孝寧大君) 방(房)에 드림

김시습(金時習)은, 을유(乙酉, 세조 11)년 봄에 금오산(金鰲山)에 작은 집을 마련하고 남은 생(生)을 의지하려 하였더니, 3월 그믐께 부르심을 엎드려 받자온 바[14], 욕되게 주신 글에 또 이르시기를, '성상(聖上)께서 옛 홍복사(弘福寺)를 중수하여 원각(圓覺)이라 명명(命名)하시기로 내가 성상께 천거하였더니 상께서 경찬회(慶讚會)에 참석하라 명(命)하시었으니 지체하지 말고 오도록 하라' 하시기로, 시습(時習)이 이에 옛 것을 고쳐 새롭게 한 승회(勝會)에 일찍이 상경(上京)하여 가회(嘉會)에 참석해서 하례(賀禮)드리고 돌아와 남은 생(生)을 마치려 하였더니, 도중(途中)에 다시 명(命)하여 부르시기로, 고사(固辭)하는 진정(陳情)으로 아울러 시습이 이미 금오산에 적막(寂寞)히 은거(隱居)함을 분수로 알았는데, 문득 은혜로운 화간(華簡)을 받잡고 겸하여 성지(聖旨)를 받들라 하였기로 감히 질병(疾病)으로 사양하지 못하고 달려가 성대한 자리에 하례(賀禮)드리고 돌아오려했습니다. (그런데)다시 돌봐 주시는 서찰(書札)을 주시니 황송(惶悚)하기 그지 없사오나, 다만 시습이 일찍이 어릴 때 길러주신 어머님께서 돌아가셨는데, 길러주신 은혜를 생각해서라도 묘(墓)를 지키며 제사하되 짚을 엮어 자리하고, 흙을 베개 삼는 상제(喪制)에 의하였더니, 게다가 또 숙질(宿疾)을 만나 한열(寒熱)과 곤(困)함이 더 합니다. 처음에 산수(山水)를 두루 돌며 성상(聖上)의 수토지은(水土之恩)에 보답코져 하였던 바, 나이 30여 세에 몸에 병이 들어 원한 바를 이루지 못하니 가련한 처지입니다. 다만, 남쪽이라 따뜻한 곳이매 겨우 몸이 편안하여 자리도 만들고

---

13 현재 海印寺 所藏 보관중인 「金時習의 答書」가 1990년 7월에 발견되었음.

14 3년 전인 세조 11(乙酉)년 4월, 圓覺寺 竣工 행사에 초청되었던 것을 말함.

병(病)을 요양함이 해가 지났으니 이제 부지런히 가르침을 입어 황송하게 감동되어 명을 받아 서울에 가려하오나 예(例)에 따라 은혜(恩惠)를 받음이 나의 분수에 넘치었는데 병든 몸으로 어찌 힘써 움직일 수 있겠습니까. 그러므로 감히 명(命)을 받들지 못하고, 가마[轎]를 의지하여 겨우 중도에 이르렀으니 엎드려 엄광(嚴光)의 절개(節介)와 같이 허락하여 주시기를 바랬더니 드디어 명교(明敎)를 입었사와, 굽어 불쌍히 여겨 자애(慈愛)를 베푸시어 산야(山野)에 머물게 하소서. 슬프도다 초개진토(草芥塵土)가 어찌 태산(太山)의 한 언덕에 보탬이 되며 웅덩이의 적은 물이 어찌 큰 바다에 보탬이 되겠습니까?

삼가 얕은 생각을 말하며 우러러 태감(台鑑)에 누를 끼치고
나머지를 다하지 못하고 감사할 뿐입니다

하였다.[15] 김시습(金時習)과 서찰(書札)을 주고 받으신 그 해, 효령대군(孝寧大君)의 춘추(春秋) 73세(歲)이셨고, 매월당(梅月堂)은 34세이었다.

5월 28일에는 임금이 장차 충순당(忠順堂)으로 이어(移御)하고자, 좌승지 이극증(李克增)에게 명하여 역사(歷史)를 동독(董督)하여 수치(修治)하게 하고, 다시 한낮에는 후원(後苑)에 나아가 영순군 이부·귀성군 이준·정현조·이철 등 전날의 아종(兒宗)과 호조판서 노사신(盧思愼) 등을 불러 술자리를 베풀고 임금이 말하기를,

"내가 잠저(潛邸)로부터 일어나 창업(創業)의 임금이 되어 사람을 죽이고 형벌한 것이 많이 있었으니, 어찌 한 가지 일이라도 원망을 취함이 없었겠느냐? 『주역』(周易)에 이르기를 '소정(小貞)은 길(吉)하고 대정(大貞)은 흉(凶)하다' 하였는데, 이제 사거(徙居)·군적(軍籍)·호패(號牌) 등의 대사(大事)를 한꺼번에 아울러 거행하니, 비록 국가에는 매우 이(利)롭다 하더라도 어찌 대정인데 원망함이 없었겠느냐? 또 내가 모든 국무(國務)에 비록 심히 소사(小事)라 하더라도 반드시 극진한 데에 이르러서야 행하였으니, 이것이 대정(大貞)의 흉(凶)이라 이르는 것이다. 나의 허물은 이에 불과한데, 내가 어찌 숨기겠느냐? 나는 숨기는 것이

15 『청권집유』 續5輯, (58~61쪽)에서 재인용.

없다"

하고, 인하여 충순당(忠順堂)에 나아갔다.[16]

6월 4일에는 임금이 춘양군(春陽君) 이내(李徠:寶城君 李吝의 제3남)를 이조참판(吏曹參判)에, 신승선(愼承善)을 병조참판에 임명하고 세자(世子)에게 국가(國家)를 유지하는 데 있어 종친(宗親)의 중요성을 말하며 다음과 같이 이르니,

"대저 나라를 다스리는 도(道)는 내외(內外)가 서로 도운 연후에야 바로 치평(治平)을 이루는 것이니, 안은 비고 밖에만 충실하여도 불가하고 밖은 비고 안에만 충실하여도 또한 불가하다. 저번에 이시애(李施愛)가 난(亂)을 꾀할 때에 나의 안부(安否)를 알지 못하였다면 어떠하였겠느냐? 드디어 한 도(道)로 하여금 미연(靡然)히 따르게 하여 이에 적구(籍口)가 모두 종친(宗親)이었으니, 만약 귀성군(龜城君) 이준(李浚)이 아니었다면 어찌 오늘이 있을 수 있겠느냐? 이러므로 종실(宗室)의 친척이 내외에 분포(分布)하여 조정(朝廷)에 벌려 있음은 국가를 유지하는 방법인 것이다"

라고 하였다.[17]

6월 보름날에는 임금이 사정전(思政殿)에 나아가 효령대군(孝寧大君) 이보(李補)와 여러 종친(宗親)·재신(宰臣)들을 불러 술자리를 베풀었는데, 이 자리에서 임금이 집의(執義) 이극돈(李克墩)에게 이르기를 "경(卿)의 5형제는 모두 쓸 만한 인재(人材)들이며[18] 협력하여 나를 보필하니 내가 심히 가상하게 여긴다. 경의 아비 이인손(李仁孫)은 참으로 단아(端雅)한 선비였다. 지금은 죽었지만 내가 매우 아깝게 여긴다" 하고, 술을 올리게 하였다.[19]

---

16 『세조실록』 권45, 세조 14년 5월 丁亥(28일).

17 『세조실록』 권46, 세조 14년 6월 壬辰(4일).

18 李仁孫 아들 5형제 李克培·克堪·克增·克墩·克均이 文科에 나란히 합격, 당시 장안에 話題가 되었었다.

19 『세조실록』 권46, 세조 14년 6월 癸卯(15일).

7월 1일에는 임금이 사정전(思政殿)에 나아가 효령대군(孝寧大君) 이보(李補) 등 종친(宗親)과 재추(宰樞)·승지(承旨) 등이 입시(入侍)한 가운데 술자리를 베풀고, 쇄경(鎖慶) 등 43인의 야인(野人)을 인견(引見)하였는데, 이 보다 앞서 주서(注書) 박효원(朴孝元)이 면포단직신(綿布單直身)·마포철릭(麻布帖裏)·입자(笠子)·유롱(油籠) 등 물건을 가지고 북평관(北平館;조선시대 女眞族의 使臣을 접대하던 곳)에 가서 표도(漂到)한 야인(野人) 쇄경 등에게 나눠 주고 이곳으로 데려 온 것이었다.[20]

한편 같은 날, 승려들의 방종(放縱)에 대해 무장현감(茂長縣監) 이수유(李守柔)가 상서(上書)하기를,

> "이제 머리를 깎은 무리들이 국가(國家)의 은총을 믿고 방종(放縱)하고 제멋대로 하여 이르지 않는 바가 없습니다. 혹은 남무(南畝;農土)에서 농사를 짓기도 하고 혹은 여리(閭里;마을)에서 대처(帶妻;娶妻)하기도 하며, 혹은 연화(緣化)를 칭탁하는데 실은 처자(妻子)의 양육을 위한 것이요 혹은 소송(訴訟)을 칭탁하나 실은 증회(贈賄)하는 사람을 위한 것입니다. 혹은 또 연화자(緣化者)가 '아무 대군(大君;孝寧大君을 말함)의 일'이라 일컬으면서 동원(同願)을 억징(抑徵)하며, 쟁송자(爭訟者)가 아무 족류(族類)의 일이라 일컬으면서 관리(官吏)를 힐책(詰責)하니 이와 같은 무리들은 곧 중의 이름으로 도둑질하여 군역(軍役)을 피하는 자들입니다. 저 관리가 된 자들은 이미 나라의 법을 겁내고 또 간승(姦僧)의 소송을 두려워하여 감히 수하(誰何)를 하지 못하고 소매를 거두고 손을 움츠리어 한갓 호탄(浩歎)만 하니, 빌건대 지금부터 이와 같은 승도(僧徒)들은 모두 신문(申聞)하기를 허락하여 속적(俗籍)에 돌아가게 하여 군액(軍額)에 충당하게 하소서"

라고 하니, 임금이 상서문(上書文)을 효령대군(孝寧大君)에게 보여드리며 말하기를

> "전(前)에 이미 영(令)을 내리어 승인(僧人)으로서 대처(帶妻)한 자는 군역(軍役)에 충당하게

20 『세조실록』 권46, 세조 14년 7월 戊午(1일).

하라고 하였는데, 이수유(李守柔)는 법(法)의 뜻도 헤아리지 못하고 망령되게 그 폐단을 개진(開陳)하고 있으니, 어찌 능히 수령(守令)으로서 백성을 다스릴 수 있다 하겠습니까? 매우 심히 용렬하고 어리석은 자이니, 파출(罷黜)하는 것이 옳겠습니다"[21]

한 바, 효령대군(孝寧大君)께서 불도(佛道)를 얼마만큼 깊이 신봉하시는 줄을 잘 아는, 역시 호불(好佛)의 세조 임금이 불교(佛教)의 폐해를 걱정하여 상서문을 올린 수령(守令)을 도리어 꾸짖고 나무라는 장면을 보는듯하다 하겠다.

7월 24일에는 임금이 병환(病患) 때문에 정전(正殿)을 피하여 효령대군(孝寧大君) 이보(李補)의 사제(私第)로 이어(移御)하고자 영순군(永順君) 이부(李溥)로 하여금 전지(傳旨)하게 하기를, "내가 피어(避御)하고자 하니 세자(世子)로 하여금 궁(宮)을 지키고 대신(大臣)과 더불어 서사(庶事)를 의논하여 결정하게 하고, 궐내(闕內)의 각 집사(執事)의 반(半)은 나를 따르고, 반은 세자를 따라서 머물러 모시게 하라" 하였다. 요컨대, 효령대군 사저에 이어하여 있는 동안 세자가 궁(宮)을 지키며 서사(庶事)를 대신들과 의논해서 처결(處決)하라는 것인 바, 좌찬성 김국광(金國光) 등이 아뢰기를 "무릇 대정(大政)의 대사(大事)는 세자가 대신과 더불어 행재소(行在所)에서 의논하여 정하는 것이 마땅할 것입니다" 하였다. 이에 임금이 다시 전지하기를 "그렇지 않다. 무릇 세자를 따르는 것을 '무군'(撫軍)이라 이르고 세자가 궁을 지키는 것을 '감국'(監國)이라 일컫는데, 세자가 궁에 머무르며 정사(政事)를 듣는 것이 어찌 불가(不可)할 것이 있겠는가. 또 세자가 궁에 머무는 것이 어찌 세자의 본 뜻이겠는가?" 하니, 이부(李溥)가 아뢰기를 "부모(父母)가 병환이 있으면 밤낮으로 곁에서 모시니, 이것은 사람의 상리(常理)로서 상하(上下)의 사이가 없는 것인데, 전하(殿下)께서 밖으로 피어(避御)하시는데 세자가 모시지 않는 것은 인정(人情)이 아닐 듯합니다" 하니, 임금이 김국광 등을 명소(命召)하여 이를 의논하게 한 바, 김국광이 말하기를 "세자가 궁에 머무르며 정사를 듣는 것은 아무래도 불가(不可)하니, 청컨대 행재소에 매양 와서 문침(問寢)을 하게 하고, 대신과 더불어 일을 의논하게 하소서"

21 『세조실록』 권47, 세조 14년 7월 戊午(1일).

하니, 그대로 따랐다.[22]

이튿날, **임금이 중궁(中宮)과 더불어 효령대군(孝寧大君) 이보(李補)의 집으로 이어(移御)하니(~8월 6일까지 머물음)**, 임금에 대한 호위(護衛) 등을 위해 이에 맞춰서 세자(世子)는 어가(御駕)를 수종(隨從)하여 관찰사 이훈(李塤;孝寧大君의 사위, 초명 李墅) 집에 머물렀고, 남소위장(南所衛將)은 군사를 거느리고 창덕궁(昌德宮)으로 들어가고, 동소위장(東所衛將)은 영천군(永川君) 이정(李定;孝寧大君의 제5남)과 행호군 김숭해(金崇海)의 집으로 들어가고, 서소위장(西所衛將)은 경복궁(景福宮)으로 들어가고, 내금위장(內禁衛將)은 원천군(原川君) 이의(李宜;孝寧大君의 제6남)의 집으로 들어가고, 겸사복장(兼司僕將)은 대문(大門)의 남랑(南廊)으로 들어가고, 병조(兵曹)와 도총부(都摠府)는 보성군(寶城君) 이갑(李䢔;孝寧大君의 3남)의 집으로 들어갔다. 또한 창군(槍軍)과 사군(射軍) 각각 4백명은 사면(四面) 담장 밖에서 파절(把截)하고, 또 위장(衛將) 1인과 부장(部將) 3인으로 하여금 순행(巡行)하며 검찰(檢察)하게 하였다.[23] 결국 임금이 효령대군 사저(私邸)로 이어(移御)하게 되면서 효령대군의 셋째와 다섯째·여섯째 아들의 집까지 경호(警護)를 위해 이용된 바, 여기서 보면 당시 세 아드님의 집이 모두 효령대군의 사저(私邸) 부근(附近)에 있었던 것 같다.

따라서 이튿날부터는 여러 종친(宗親)과 재추(宰樞)들이 효령대군 사제에 머물고 있는 임금께 문안(問安) 드리게 되었으니, 26일에는 도총부(都摠부)와 병조(兵曹)의 위장(衛將)에게 명하여 세자(世子)를 모시고 보성군(寶城君) 이갑(李䢔)의 집에서 사후(射侯)하게 하였다. 한편 이 날, 세자는 부왕(父王)께 신선한 육미(肉味)를 올리고자 하여 경기관찰사로 하여금 사슴을 사냥해서 잡아 올리게 하였는데, 효령댁(孝寧宅)으로 문안한 세자가 저녁에는 경복궁(景福宮)에 돌아왔다. 그리고 이 날, 늦게 의원(醫員) 김상진(金尙珍)이 승지(承旨) 등에게 "성상(聖上)의 옥체(玉體)가 이어(移御)한 뒤로부터는 날로 평선(平善)되어 간다"고 보고 하였다. 27일에도 임금이 차도(差度)가 없으므로 세자가 와서 문안(問

22 『세조실록』 권47, 세조 14년 7월 辛巳(24일).

23 『세조실록』 권47, 세조 14년 7월 壬午(25일).

安)하고, 여러 종친(宗親)과 재추(宰樞)도 문안하였다. 이 날도 세자는 온종일 효령대군댁에 머물다가 저녁에 경복궁으로 돌아왔다.

8월 2일에도 세자가 효령대군(孝寧大君) 사저(私邸)로 부왕(父王)을 문안 후 경복궁으로 돌아왔는데, 병조에 전지하기를 "행재소(行在所)의 숙위(宿衛)하는 군사(軍士)는 강무(講武)할 때에 준하여 사도(仕到;勤務日 數)를 예(例)대로 지급하게 하라"고 하였다. 3일에는 문안하려는 세자를 임금이 이훈(李塤)의 집으로 출차(出次)하도록 명하고, 능성군 구치관(具致寬)을 대장(大將)으로 삼아 경복궁을 지키게 하였다.[24]

8월 6일에는 임금이 12일 동안 머물렀던 효령대군(孝寧大君)의 사제(私第)를 떠나 임금의 승중손(承衆孫)인 자을산군(者乙山君;成宗의 諱)의 사택(私宅)으로 이어(移御)하려 했으나, 위내(圍內)가 좁으므로 그 장인(丈人) 한명회(韓明澮)의 집으로 옮기고, 승정원과 도총부(都摠府)·병조(兵曹)를 위외(圍外)의 인가(人家)에 나누어 들게 하였다. 그리고 한편 좌찬성 한계미(韓繼美)를 대장(大將)으로 삼아 창덕궁(昌德宮)을 지키게 하였다. 그리고 이튿날은 좌참찬 유수(柳洙)로써 구치관(具致寬)을 대신하여 대장(大將)으로 삼아 경복궁을 지키게 하였다.

한편, 8월 보름날에는 장차 창덕궁으로 이어(移御)하고자 한명회(韓明澮)를 불러 안으로 들게 하고 말하기를, "내가 경(卿)의 집에 옮겨와서 병세(病勢)가 많이 나아지고 마음도 매우 편안해졌다. 장차 오래 머물고자 했지만, 위사(衛士)들이 폭로(暴露)되는 것을 염려하여 부득이 이어(移御)하는 것이다" 하고, 그간 머물렀던 효령대군(孝寧大君) 이보(李補)와 상당군 한명회(韓明澮) 집에 각각 중미(中米) 50석을, 이훈(李塤;孝寧大君의 사위)과 유강(柳江)의 집에 각각 10석 씩을, 그간 군사(軍士)들이 우거(寓居)하던 집에 각각 2석을, 또 근방(近傍) 인가(人家)에 각각 1석 씩을 내려 주게 하였다.[25]

9월 7일에는 마침내 세자(世子)가 수강궁(壽康宮) 중문(中門)에서 갑자기 즉위(卽位)하였다. 이 날, 임금이 병환이 크게 더해지니 예조판서 임원준(任元濬)을 불러 안으로 들

---

24 『세조실록』 권47, 세조 14년 8월 庚寅(3일).

25 『세조실록』 권47, 세조 14년 8월 壬寅(15일).

게 하고 전지(傳旨)하기를 "내가 장차 세자(世子)에게 전위(傳位)하겠으니, 그에 대한 모든 일을 판비(辦備)하라" 하였다. 임원준이 나와서 정인지(鄭麟趾)·신숙주(申叔舟)·구치관(具致寬)·강순(康純)·조석문(曺錫文)·김질(金礩)·김국광(金國光)에게 고하니, 정인지 등이 아뢰기를 "성상의 병환이 점차 평전(平痊)되어 가는데 어찌 갑자기 석위(釋位)하고자 하십니까? 신(臣) 등은 불가하다고 생각합니다" 하니, 임금이 성을 내며 이르기를 "운수가 다된 영웅(英雄)은 자유롭지 못한 것인데, 너희가 나의 뜻을 어기고자 하느냐? 이는 나의 죽음을 재촉하고자 하는 것이다" 하니, 정인지 등이 어찌할 바를 알지 못하였다. 임금이 환관(宦官)으로 하여금 경복궁(景福宮)에서 면복(冕服)을 가져 오게 하여, 친히 세자에게 내려 주며 즉위(卽位)하게 하매, 세자가 드디어 수강궁(壽康宮) 중문(中門)에서 즉위(卽位)하고 백관(百官)의 하례(賀禮)를 받고 반사(頒赦)하니, 조선조(朝鮮朝) 제8대 국왕 예종(睿宗)이다.[26]

새 임금[睿宗]의 휘(諱)는 이황(李晄), 자(字)는 평보(平甫)인데, 세조 혜장대왕(世祖惠莊大王)의 둘째 아들이며, 모비(母妃)는 자성왕태비(慈聖王太妃) 윤씨(尹氏)이다. 세종 32(庚午, 1450)년 출생으로, 처음에 해양대군(海陽大君)으로 봉해져 상당부원군 한명회(韓明澮)의 딸에게 장가들었으니, 곧 장순왕후(章順王后)[27] 인데 17세에 요서(夭逝)하였다. 그리고 세조 3년 9월에 왕세자[덕종(德宗)] 이장(李暲)이 죽자 이어서 세자에 책봉되어, 이번 세조 13년(1467) 9월에 부왕의 병환이 점점 위중해지자 왕위를 잇도록 명받고, 한백륜(韓伯倫)의 딸 소훈(昭訓) 한씨(韓氏)를 왕비로 삼은 뒤 금번 서둘러 즉위하게 된 것이다. 세자가 즉위함에 따라 당일로 왕태비(王太妃)도 높여서 자성왕태비(慈聖王太妃)로 하였다.

국왕이 새로 즉위함에 따라 세조(世祖) 임금은 이제 태상왕(太上王)으로 되었고, 이에 따라 9월 8일에는 예조(禮曹)에서 아뢰기를 "태상왕(太上王)의 전지(傳旨)를, 청컨대 선지(宣旨)로 고쳐 일컬으소서" 하니 그대로 따랐다. 그리고 새 임금이 장차 명일(明日)에

---

26 『세조실록』 권47, 세조 14년 9월 癸亥(7일).

27 世祖 6년에 世子嬪이 된, 睿宗의 장남 仁城大君의 生母이다. 恭陵(坡州). 앞 2권(20장) 236쪽의 주23)을 아울러 참조.

태상왕과 왕태비의 존호(尊號)를 올려 봉책(封冊)하려고 하였으나, 태상왕의 병이 위중한 까닭으로 일단 정지하였다.[28] 한편, 세자가 새로 즉위함에 따라 태상왕이 명(命)하여 소훈(昭訓) 한씨(韓氏)를 왕비(王妃)로 삼았다. 이 때에 소훈 한씨가 임신(姙娠)하여 달이 찼으므로 그 아비 한백륜(韓伯倫)의 집에 나가 있었는데, 곧 위사(衛士)를 보내어 그 집을 지키게 하였다.[29]

9월 8일은 임금이 새로 즉위하였으므로 백관을 거느리고 태상왕에게 사은(謝恩)하였는데, 태상왕(太上王)은 그 날 밤, 수강궁(壽康宮) 정침(正寢)에서 훙(薨)하였다. 그 날 낮에 새 임금이 백관을 거느리고 수강궁에서 태상왕께 사은(謝恩)하고, 한참 있다가 예조판서 임원준(任元濬)·호조판서 노사신(盧思愼)·중추부지사 한계희(韓繼禧)와 밀성군(密城君) 이침(李琛)을 급히 찾기에 대내(大內)로 들어갔더니, 밤 초고(初鼓)에 태상왕이 수강궁 정침(正寢)에서 훙서(薨逝)한 것이다. 이에 임원준이 여러 대신들과 더불어 의논해 새 임금께 아뢰어서, 노사신·임원준·한성부 좌윤 김길통(金吉通)을 빈전도감제조(殯殿都監提調)로 삼고, 훈련원정 임숙(任淑)·부정(副正) 윤효손(尹孝孫)·예조정랑 조민(趙岷) 등을 낭관(郎官)으로 삼았다. 또 옥산군 이제(李躋;謹寧君 襛의 아들)와 우참찬 윤필상(尹弼商)을 수릉관(守陵官)으로 추천하였다.[30]

9월 25일에는 의정부에 명하여 일찍이 정승을 지낸 자와 육조의 참판 이상과 춘추관·예문관의 당상이 의논하여 묘호(廟號)·시호(諡號)·능호(陵號)·혼전(魂殿)을 정하게 하고, 인하여 어서(御書)를 내리기를 "묘호는 '세조'(世祖)로, 시호는 '승천체도지덕융공열문영무성신명예의숙인효대왕'으로, 능호는 '태릉'(泰陵)으로, 혼전은 '영창'(永昌)으로 한다"고 하니, 신숙주가 아뢰기를 "능호(陵號)의 경우, 옛날 당(唐)나라 현종(玄宗)의 능호가 태릉인데, 태(泰)자가 아무리 좋을지라도 현종은 훌륭한 임금이 아니니, 청컨대 고치소서" 하니, 전교하기를 "경의 말이 매우 옳으나 모름지기 여러 사람과 더불어 의논하라" 하

---

28 『예종실록』 권1, 예종 즉위년 9월 甲子(8일).

29 위와 같음.

30 『예종실록』 권1, 예종 즉위년 9월 甲子(8일).

였다. 신숙주가 다시 여러 대신들과 더불어 같이 의논하여 능호는 '광릉'(光陵), 시호(謚號)는 '승천체도열문영무지덕융공성신명예의숙인효대왕'(承天體道烈文英武至德隆功聖神明睿懿肅仁孝大王)이라 했더니, 전교(傳敎)하기를, "좋다"고 하였다.[31]

세조 임금이 훙서(薨逝)하고 새 임금이 즉위(卽位)하는 등 나라가 온통 큰 일로 법석인 와중에 새 임금 예종(睿宗) 즉위 후 달포쯤 되어서는 또 하나의 큰 정치적 사건이 터졌으니, 이른바 '남이(南怡)의 옥사(獄事)'사건이 벌어진 것이다. '南怡 獄事'란 예종 즉위(1468)년 10월 24일에 유자광(柳子光)의 '남이가 역모(逆謀)를 꾀하고 있다'는 고변(告變)으로 시작되어, 이시애(李施愛)의 난(亂) 진압과 지난해의 건주위(建州衛) 정벌에 크게 공을 세웠던 남이(南怡)와 강순(康純)을 비롯해서 민서(閔敍)·문효량(文孝良)·변영수(卞永壽)·변자의(卞自義)·고복로(高福老)·오치권(吳致權)·박자하(朴自河)·조경치(曹敬治) 등이 역모죄에 연루되어 죽임 당한 사건을 말한다.

새 임금 예종(睿宗)이 즉위한 지 한 달 보름만인 10월 24일 밤에 유자광(柳子光)이 입궐하여 "의산군(宜山君) 남이(南怡)가 역모(逆謀)를 꾀하고 있다"고 하므로, 임금이 좀 더 자세히 고(告)하라고 하니,

> "내병조(內兵曹)[32]에 입직해 있을 당시 남이가 '세조대왕이 돌아가셨는데, 이 사이에 간신들이 난을 일으키면 우리는 죽음을 당할 수도 있으니 세조의 은혜에 보답해야 하지 않겠는가? 재물을 탐하는 김국광(金國光)과 불초한 노사신(盧思愼)이 난을 일으킬 가능성이 높다' '오늘 저녁 유자광이 찾아와 『강목』(綱目)을 펼치고 '혜성(彗星)이 없어지지 않는데 광망(光芒)이 희면 두 해에 결쳐 반역(叛逆)이 있다. 그러니 내가 미리 선수를 치려 한다'라고 하였고, '이러한 일을 발설(發說) 할 시 한 쪽은 부인할 것이니 발설한 쪽이 죽을 것이다' 라고 하였습니다"[33]

31 『예종실록』 권1, 예종 즉위년 9월 辛巳(25일).

32 宮闕 안에 설치되어 侍衛와 儀仗에 관한 일을 맡아 보던 官衙.

33 『예종실록』 권1, 예종 즉위년 10월 庚戌(24일).

라고 고변(告變)하였던 것이다.

그렇다면 남이(南怡, 1441-1468)가 누구인가? 태종(太宗)과 원경왕후(元敬王后)의 넷째인 정선공주(貞善公主)의 손자(孫子)가 아닌가? 공주가 개국공신 남재(南在)의 아들 의산군(宜山君) 남휘(南暉)에게 하가(下嫁)하여 낳은 군수공(郡守公) 남분(南昐)이 그 아비이며, 남이 본인은 권람(權擥)의 딸과 결혼하였는데, 어려서부터 무예(武藝)에 뛰어나고 성격이 강직할 뿐 아니라 세조(世祖)의 사랑을 독차지 한 반면, 정사 처리에 능하지 못하여 세조의 신뢰도 두텁지 못했던 예종(睿宗, 海陽大君)이 이를 시기하고 질투까지 했던 인물이다. 그런 그가 세조 13년의 이시애(李施愛)의 난(亂) 때에는 귀성군(龜城君) 이준(李浚)·강순(康純)·어유소(魚有沼) 등과 함께 토벌에 선봉(先鋒)으로 출정하여 난이 평정된 뒤 적개공신(敵愾功臣) 1등에 책록되고, 이어 서북변에 출몰하는 건주위(建州衛)의 여진족을 정벌할 때에도 평안도선위사 윤필상(尹弼商) 휘하의 우상(右廂)대장이 되어 선봉으로 적진에 들어가 여진족의 수괴 이만주(李滿住) 부자를 참살하여 그 공로로 2등 군공(軍功)에 책봉되었으며, 이듬해에는 27세로 병조판서(兵曹判書)까지 올랐던 인물이었다.

이틀 동안의 모진 고문(拷問) 끝에 결국 10월 27일에 강순(康純) 등과 함께 모반죄(謀反罪)로 저자[市]에서 환열(轘裂;두 수레가 양쪽에서 끌어당겨 人體를 찢어 죽이던 刑罰, 車裂)되고, 7일간 효수(梟首)당하고 말았지만, 그런데 이번의 '남이 옥사' 사건에 효령대군(孝寧大君)의 셋째 아들 보성군(寶城君) 이갑(李砝)과 손자 춘양군(春陽君) 이래(李徠;李砝의 제3남)가 연루된 것이었다. 남이(南怡)가 그 문초(問招) 과정에서,

> "강순(康純)과 더불어 대화하는 중에 '계책이 이제 이미 정하여졌다. 장차 우리가 임금으로 삼을 이는 누구일까' 하고, 인하여 영순군(永順君)을 거론하자, 강순이 말하기를 '영순군과 귀성군(龜城君)은 한 몸 뿐이고 그 후사(後嗣)가 미소(微少)하다. 내가 일찍이 보성군(寶城君)과 더불어 나라의 일을 말하였는데, 보성군이 탄식하지 아니함이 없었고, 그 아들 춘양군(春陽君)은 세 번이나 우리 집에 다녀 갔으므로 이도 또한 마음에 없는 것이 아니니, 우리들의 계책으로 이만한 것이 없다. 그 뒤에 우리들이 공을 이루고 물러가 쉬면 사람들 중에 누가 옳지 못하다고 하겠는가?' 하였습니다."

라고 하였으므로, 남이 등이 효수되던 날, 보성군(寶城君)과 그 아들 춘양군 이내(李徠)를 잡아와서 임금이 이갑과 이내에게 물으니, 이갑이 대답하기를,

"지난번 강순이 노비문서의 일로 신의 집에 이르렀는데 신이 술로 대접하였더니, 강순이 마시던 자배(瓷杯;도자기로 만든 술잔)를 소매에 넣고 가기에 신은 그가 술 그릇을 좋아해서라고 생각하였고, 또 백자 대종(白磁 大鍾)을 그 집에 보냈으며 모의한 바는 없습니다. 신은 결코 그 집에 가지 아니하였습니다"

하였고, 이내(李徠)는 말하기를 "신은 상왕(上王)께서 승하하시기 전에 한 번 찾아갔을 뿐입니다" 하니, 명하여 술을 내려주고 석방한[34] 일이었다.

그런데도 그 날, 입시(入侍)했던 종친(宗親)과 재추(宰樞)들이 이갑(李숩)과 이내(李徠)의 죄를 다스리기를 청하니, 임금은 단지 고신(告身)만 거두도록 명하였다. 그러나 이튿날, 이번 사건의 일로 전교(傳敎)에 따라 공신 책훈(策勳)에 대해 등급을 나누어 정하는 자리에서, 공신(功臣)들이 다시 아뢰기를 "남이 등이 보성군(寶城君) 부자(父子)를 구실로 역모(逆謀)하였으니, 청컨대 이갑과 이내에게 죄를 가하여 인심을 편안하게 하소서" 하였으나, 임금이 윤허(允許)하지 아니하였다. 그리고 또 그 이튿날에도 하동군 정인지(鄭麟趾)·봉원군 정창손(鄭昌孫)·고령군 신숙주(申叔舟)·좌의정 박원형(朴元亨)·창녕군 조석문(曺錫文)·영성군 최항(崔恒)·상당군 한명회(韓明澮)·대사헌 양성지(梁誠之) 등 재추(宰樞)들이 이갑(李숩) 부자에게 죄주기를 청하고, 대간(臺諫)에서도 또 상소(上疏)하기를,

"신 등이 갑(숩)의 부자(父子)를 법(法)대로 처치하자는 일을 가지고 천총(天聰)을 두 번이나 번독(煩瀆)하였는데, 어찰(御札) 내리기를 '요사이의 일은 모두 간신(奸臣)이 한 것이고 보성군(寶城君) 등이 관여한 바가 아니다'라고 하였습니다. 신 등이 되풀이하여 생각해 보

34 『예종실록』 권1, 예종 즉위년 10월 癸丑(27일).

아도 인신(人臣)은 사사로이 사귀는 의(義)가 없으니 사사로이 하면 반드시 죽이는 것인데, 갑(咨)은 강순(康純)과 같이 총관(摠管)이 되었으므로 만일 공적(公的)인 말이 있으면 마땅히 공청(公廳)에서 함께 할 것이고, 반드시 사가(私家)에 서로 왕래할 것이 아닙니다. 갑(咨)은 종실(宗室)의 지친(至親)이고 강순은 군사를 맡은 대장(大將)이면서 사사로이 왕래하였으니, 이것이 이미 벨 만한 일인데, 하물며 강순이 사사로운 말에 먼저 불궤(不軌)한 말을 발하여 갑(咨)의 뜻을 시험하였고, 갑도 말을 듣고 마음으로 깨우쳐서 곧 그 아들 내(徠)를 보내어 강순의 집에 왕래하였으니, 그 사귀고 통한 자취를 강순도 숨길 수 없고 갑의 부자도 덮을 수 없습니다. 역적 강순이 갑을 끼고 난(亂)을 선동한 정상을 남이가 밝게 말하였으니 갑이 역모에 참여한 것은 심히 명백하므로 의당 대법(大法)으로 처치하여 신민(臣民)의 분함을 쾌하게 하여야 할 것인데, 전하께서는 다만 종친과 재추를 생각하고 두렵고 의심스러운 마음을 품고서 종사(宗社)의 만세(萬世)의 계책을 생각하지 아니하여 난적(亂賊)의 머리를 천주(天誅) 밖에 두니, 신 등의 통분(痛憤)만이 아니라 대소 신민(臣民)이 실망하지 않는 이가 없습니다. 옛날을 상고하건대 대의(大義)에 관한 것은 임금이 사사로이 할 수 없습니다. 원컨대 전하는 대의로써 결단하고 법에 의거하여 죄를 정하면 종사에 매우 다행이겠으며 만세(萬世)에도 매우 다행하겠습니다"

하였으나, 임금이 그대로 따르지 아니하였다. 그래도 다시 청하니, 임금이 말하기를

"이미 용서하였는데 다시 죄를 더하면 무엇으로 신의(信義)를 삼겠는가? 다시는 말하지 말라"

하였다.[35]

이튿날(30일, 丙辰)에도 대간(臺諫)에서 이갑(李咨) 부자(父子)의 죄를 청하였으나, 임금이 윤허하지 않았다. 그리고 11월 1일에 대간에서 보성군(寶城君) 부자의 죄(罪)를 청

35 『예종실록』 권1, 예종 즉위년 10월 乙卯(29일).

하였으나, 역시 윤허하지 아니하였다. 그러나 대간에서도 매우 집요하여 이튿날에 또 상소문(上疏文)을 올리고, 11월 4일에도 재차 청하니, 임금도 할 수 없이 전지(傳旨)하기를, "갑(㝓)은 조금도 의심할 바가 없으나 난신적자(亂臣賊子)란 말에 관계되었고, 경(卿)들도 또한 여러 번 청(請)하여 마지 아니하니, 외방(外方)에 나가서 거처(居處)하게 하겠다" 하였다. 이윽고 의금부(義禁府)에 전지하여 이갑(李㝓)과 이내(李徠)를 양근(楊根; 楊平)에 유배(流配)시켰다.[36]

대간(臺諫)의 집요한 요청 때문에 '양근 유배'까지는 할 수 없었음에도, 11월 6일에는 또다시 대간에서 상소하여, "양근(楊根)은 서울에서 너무 가까우니, 이갑(李㝓) 부자(父子)를 더 먼 곳으로 유배시키소서" 하고 요청하였으나, 임금이 "다시는 말하지 말라"며 윤허하지 않았다. 한편, 이 날 임금의 명(命)으로 남이(南怡)의 집을 유자광(柳子光)에게 내려 주고, 남이의 딸 남구을금(南求乙金)은 한명회(韓明澮)에게 노비(奴婢)로, 남이의 첩(妾) 이덕(李德)과 탁문아(卓文兒)는 밀성군 이침(李琛)과 신운(申雲)에게 각각 사여(賜與)되었다.[37]

그러나 만사는 사필귀정(事必歸正)인 것, 11월 16일에는 보성군(寶城君) 이갑(李㝓)과 춘양군(春陽君) 이내(李徠)를 석방(釋放)하여 돌아오게 하였으니, 임금이 명(命)하여 어찰(御札)로써 말하기를,

> "제왕(帝王)이 국가를 위하는 것은 반드시 친한 사람을 먼저하고 먼 사람을 뒤에 하는데, 친할 사람을 친하게 하지 아니하면 누구와 더불어 친하겠는가? 근자에 역적(逆賊)이 정(情)을 부려서 화(禍)가 종사(宗社)에 급박(急迫)하니 영순군(永順君) 이부(李溥)·자을산군(者乙山君) 이혈(李娎)·보성군(寶城君) 이갑(李㝓)·춘양군(春陽君) 이내(李徠)를 지목하여 핑계하였다. 그런데 만약 이갑(李㝓)과 이내(李徠)를 죄인이라고 한다면 부(溥) 등도 또한 우대할 수가 없는 것이다. 다만 갑(㝓)과 내(徠)가 서로 모여서 뇌물(賂物)을 행하였기 때문에

36 『예종실록』 권1, 예종 즉위년 11월 庚申(4일).

37 『예종실록』 권2, 예종 즉위년 11월 壬戌(6일).

부득이하여 외방(外方)에 유배(流配)시킨 것은 잠시 인심을 안정시키려는 것 뿐이었다. 내가 어찌 의심하여 죄를 주었겠는가? 또 효령대군(孝寧大君)은 태종(太宗)대왕의 사랑하는 아들이고, 세조(世祖)가 공경하던 바이므로 내가 조고(祖考)의 열성을 만들어서 견마(犬馬)의 정성이 더욱더 중하지 아니할 수가 없는데, 하물며 조종(祖宗)이 사랑하고 공경하던 자이겠는가? 지금 이갑(李峇)과 이내(李徠)를 서울에 돌아오게 하여서 그 업(業)에 안정하게 하니, 그대들 백료(百僚)들은 모두 이 뜻을 몸받을지어다"

하였다.[38]

그러나 이번에도 대간에서는 얼른 수긍치 않고, 이튿날 사간원 대사간(司諫院 大司諫) 예승석(芮承錫)과 사헌부 집의(司憲府 執義) 김무(金碔) 등은 아뢰기를 "이갑과 이내가 겨우 배소(配所)에 도착하자마자 급히 명하여 돌아오게 하니, 신 등은 불가(不可)하다고 생각합니다" 하니, 전지(傳旨)하기를 "그대들은 영순군 이부(李溥) 등으로써도 핑계를 삼는데, 어찌 다만 이갑만 죄줄 수 있겠는가? 어제 내린 어찰(御札)을 보도록 하라" 하고, 또 전지하기를 "지난해 적신(賊臣) 이시애(李施愛)가 신숙주(申叔舟)와 한명회(韓明澮)를 가지고 핑계의 구실로 삼았지만, 세조(世祖)께서 의심하지 아니하였다. 이갑(李峇)은 아들이 매우 많이 있는데, 지금 의심스러운 점을 믿고서 가볍게 그를 죄 준다면 과연 옳겠는가? 그것을 다시는 말하지 말라"고 하였다.[39]

11월 28일에 마침내 태상왕(太上王)을 광릉(光陵)에 장사지내니, 그 애책문(哀冊文)에, "유(維) 성화(成化;明 憲宗의 年號) 4년 세차(歲次) 무자(戊子;1468년) 9월 정사삭(丁巳朔) 초8일 갑자에 세조승천열문영무지덕융공성신명예흠숙인효대왕(世祖承天體道烈文英武至德隆功聖神明睿欽肅仁孝大王)이 정침(正寢)에서 훙(薨)하시어 이 해 겨울 11월 28일 갑신(甲申)에 영좌(靈座)를 광릉(光陵)에 옮겨 모시니 예(禮)입니다(下略)"[40] 하였다.

---

38 『예종실록』 권2, 예종 즉위년 11월 壬申(16일).

39 『예종실록』 권2, 예종 즉위년 11월 癸酉(17일).

40 『예종실록』 권2, 예종 즉위년 11월 甲申(28일).

같은 날, 월산대군(月山大君;桃源君 李崇(暲, 德宗)의 아들)과 자을산군(者乙山君;德宗(李暲)의 제2남, 成宗)·덕원군(德源君;謹嬪朴氏 所生 제1남)·창원군(昌源君;德源君의 同生)에게 전지(田地)를 더해 주니, 임금이 말하기를

"월산대군(月山大君)·자을산군(者乙山君)은 세조(世祖)가 사랑하던 바인데 내가 흠휼(欽恤)히 여기지 않으면 누가 불쌍히 여기겠는가? 또 나의 동생(同生)은 덕원군(德源君)·창원군(昌源君) 뿐인데, 그 생활이 청빈(淸貧)한 것을 생각하면 내가 실로 측연(惻然)하다"

하고, 인하여 호조(戶曹)에 전지하기를

"월산대군 이정(李婷)과 자을산군 이혈(李娎)·승빈(承賓) 홍상(洪常;德宗의 사위, 明淑公主의 夫)에게는 각각 본직(本職) 보다 전지(田地)를 한 배(倍) 더 주고, 덕원군 이서(李曙)·창원군 이성(李晟)에게는 50결(結)을 더 주고, 매년 봄 가을철에 쌀 각각 20석(石)을 별도로 주라"

하였다.[41]

그런데, 세조를 광릉(光陵)에 장사(葬事)지낸 바로 그 이튿날, 이번에는 임금이 대신들에게 세종(世宗)의 영릉(英陵)을 천장(遷葬)할 편부(便否)에 대해 의논케 한 바, 이에 신숙주(申叔舟)가 말하기를 "처음에 영릉을 복지(卜地)할 때에 사람들이 이에 대하여 많이 논의하였는데, 그 문구(文句)가 있으니, 이를 취하여 보면 판단하기가 쉬울 것입니다" 하였다.[42]

그러면 세조 임금의 장례를 끝마치자마자 서둘러 영릉(英陵)을 이장(移葬)하려고 한 이유는 무엇이었을까? 그것은 아마도 세조(世祖)의 치세(治世) 기간의 여러 순탄치 못한 사건들 때문이 아니었을까 생각되기도 하는데, 어쨌든 세조의 장례를 끝마친 바로 그 이

---

41 『예종실록』 권2, 예족 즉위년 11월 甲申(28일).

42 『예종실록』 권2, 예종 즉위년 11월 乙酉(29일).

틀날 천장키로 결정하였던 것이며, 그런데 실은 세종 생존시 소헌왕후(昭憲王后)가 먼저 훙(薨)하자 세종은 유사(有司)에게 명하여 헌릉(獻陵) 무덤 곁에 묘자리를 잡게 하였었는데, 음양가(陰陽家)가 이곳은 길(吉)하지 못하다고 반박하니, 세종이 말하기를 "다른 곳에 복지(福地)를 얻는 것이 선영(先塋) 곁에 장사하는 것만 하겠는가? 화복(禍福)의 설(說)은 근심할 것이 아니니다. 나도 나중에 마땅히 같이 장사하되 무덤은 같이 하고 실(室)만 다르게 만드는 것이 좋겠다" 하였고, 나중에 세종이 훙서(薨逝)하자 유교(遺敎)에 따라 함께 일단 장사하였다가, 이 때에 이르러 옮기게 된 것이었다.[43]

그리하여 12월 24일, 밀성군 이침(李琛)·영순군 이부(李溥)·귀성군 이준(李浚)과 정인지(鄭麟趾)·신숙주(申叔舟)·구치관(具致寬)·심회(沈澮) 등이 가서 영릉(英陵)의 천장할 땅을 살펴보고 복명(復命)하니, 임금이 보경당(寶敬堂)에서 술자리를 베풀었다. 그리고 26일에는 호조판서 노사신(盧思愼)·예조판서 임원준(任元濬)·한성부윤 서거정(徐居正) 등이 다시 가서 영릉의 천장할 땅을 일단 여흥(驪興;지금의 驪州)으로 복지(卜地)하고 복명한 뒤, 익일 27일에는 임금이 선정전(宣政殿)에 나아가 정인지·정창손·신숙주·한명회와 육조 참판(參判)·승지(承旨) 등을 불러 의논한 후, 여흥 성산(城山)에 있는 이계전(李季甸)의 분묘의 땅으로써 최종 결정하였다.[44]

이어서 이틀날 28일에는 정인지(鄭麟趾)·구치관(具致寬)·최항(崔恒)·심회(沈澮)·조석문(曺錫文)·김질(金礩)·김국광(金國光)·윤자운(尹子雲)·노사신(盧思愼)·임원준(任元濬)·강희맹(姜希孟)·어효첨(魚孝瞻)·김예몽(金禮蒙)·성임(成任)과 한성부윤 서거정(徐居正) 등을 불러서 천릉도감제조(遷陵都監提調)로 삼고, 여러 가지 일을 분담하게 하되 임원준·강희맹·김예몽·성임은 영악(靈幄)을 맡아 보게 하고, 최항·조석문·윤자운·어효첨에게는 의장(儀仗)과 완복(翫服)을 맡게 하며, 정인지·구치관·심회·김질·김국광·노사신·서거정 등은 산릉(山陵)을 맡아 보게 하였다. 또한 정인지(鄭麟趾) 등이 따로 사목(事目)을 지어서 아뢰었는데,

43 『예종실록』 권4, 예종 1년 3월 庚寅(6일).

44 『예종실록』 권2, 예종 즉위년 12월 癸丑(27일).

"1. 이계전의 분묘(墳墓)를 즉시 파내어서 수기(水氣)가 있는지 없는지를 보소서.

1. 석실(石室)과 잡상(雜像)은 옛날 것을 쓰소서.

1. 영악청(靈幄廳)은 정자각(丁字閣)을 쓰소서."

하니, 임금이 그대로 따랐다.[45]

해가 바뀌어 기축(己丑, 1469)년 새해가 밝았다. 예종(睿宗) 즉위 1년에, 효령대군(孝寧大君)은 보령(寶齡)이 74세가 되셨다. 정월 초하룻날에 의정부(議政府)에서 길복(吉服)을 입은 백관을 거느리고 탄일(誕日) 및 정조(正朝)의 표리(表裏)와 방물(方物)을 올리고 전문(箋文)을 받들어 칭하(稱賀)하였으나, 하례(賀禮)는 받지 아니하였다. 임금이 표리를 태비전(太妃殿)에 올리고 나서 도승지 권감(權瑊)에게 이르기를 "하전(賀箋)을 올리지 않으니 불가하지 않겠는가?" 하니, 권감이 대답하기를 "예조(禮曹)에서 구례(舊例)에 없다고 하여 올리지 않았습니다" 하였다.[46]

1월 24일에는 임금이 명하여 보성군(寶城君) 이갑(李峇;孝寧大君의 제3남)에게 고신(告身)을 돌려 주게 하였는데, 고령군 신숙주(申叔舟)와 승지 등이 아뢰기를,

"처음에 성상(聖上)께서 갑(峇)이 간당(奸黨)에 참여하지 않았다고 하여 다만 외방에 유배(流配)시켜 내쫓으셨다가, 얼마 아니되어 효령대군(孝寧大君)의 연고로 인하여 소환(召還)하셨으니 은혜가 또한 지극하였습니다. 그런데 지금 다시 고신을 돌려 주는 것은 일이 대단히 큰 일이니 너무 가볍게 할 수는 없습니다."

하니, 임금이 다시 전지하기를

"죽일 만하면 죽이고 살릴 만하면 살리는 것이다. 이미 벌써 소환(召還)하고도 고신(告身)

45 『예종실록』 권2, 예종 즉위년 12월 甲寅(28일).

46 『예종실록』 권3, 예종 1년 1월 丙辰(1일).

을 돌려주지 않으면 사람들이 반드시 나를 의심하고, 갑(吝) 또한 의심을 받게 된다. 인주(人主)의 상벌(賞罰)이 어찌 이와 같아서야 되겠는가? 내 생각에는 이를 허락하는 것이 옳다고 여긴다"

하였다.[47] 그리고 이튿날(25일, 庚辰)에는 명하여 이내(李徠;寶城君 李吝의 셋째 아들)의 고신(告身)도 돌려주게 하였다. 그럼에도 27일에는 대간(臺諫)에서 아뢰기를 "이갑(李吝)과 이내(李徠) 부자는 그 죄가 만번 죽어도 용납될 수가 없는데, 다행히 성상의 은혜를 입어 서울로 돌아오게 되었습니다. 지금 곧 고신(告身)을 돌려 주면 뒷 사람을 징계할 수가 없으니, 청컨대 고신을 돌려 주지 마소서" 하였으나, 윤허하지 않았다. 이 후, 3월 4일에는 대사헌 송문림(宋文琳) 등이, 3월 6일과 8일에는 대간(臺諫)의 상소(上疏)로써 '이갑(李吝)의 복직(復職)의 불가함'을 아뢰었으나, 임금은 끝내 윤허하지 않았다.

윤2월 26일에는 호조에 전지하여, 보성군(寶城君) 이갑(李吝)과 춘양군(春陽君) 이내(李徠)에게 봄 첫 달의 녹봉을 지급하게 하였다.[48] 그리고 윤2월 29일에는 이갑(李吝)·한계희(韓繼禧)·신승선(愼承善) 등에게 관직을 제수하니, 이갑(李吝)을 보성군(寶城君)으로, 한계희를 서평군(西平君)으로, 신승선을 거창군(居昌君)으로 삼았는데, 특히 한계희(韓繼禧)는 행실이 돈독하고 순박함을 갖추었으며 일을 처리함이 정세(精細)하여 일찍이 집현전(集賢殿)에 있어서 동렬(同列)들이 어짐을 일컬었다. 세조가 중책을 맡겨서 모든 일을 물었는데, 무릇 내전(內傳)의 번역(飜譯)이 모두 그의 손에서 나왔다. 소심하면서 치밀하며 교유는 넓지 아니하여 빛나는 권세가 없기 때문에 세조가 끝내 친하고 또 믿었다.[49]

한편 이 날, 임금이 어서(御書)로써 형조와 의금부에 전지하기를,

---

47 『예종실록』 권3, 예종 1년 1월 己卯(24일).

48 『예종실록』 권4, 예종 1년 윤2월 辛巳(26일).

49 『예종실록』 권4, 예종 1년 윤2월 甲申(29일).

"전자에 세조께서 정근(精勤)하시던 날에 사리(舍利) 8백여 개[粒]가 분신(分身)하였고, 또 원각사(圓覺寺)에 거둥하여 사리 70여 개를 얻었은데, 열어보니 또 2백 45개가 분신되었었다. 마땅히 경내에 사(赦)하여 너그러운 은혜를 널리 펴야 할 것이다. 그러니 이 달 29일 새벽 이전으로부터 강도와 강상(綱常)에 관계되는 죄를 범한 자를 제외한 도형(徒刑) 이하의 죄는 모두 용서하여 면제토록 하라"

하였다.[50]

4월 5일에는 임금이 전교(傳敎)하기를, "완성된 『세조실록』(世祖實錄)의 초권(初卷)이 이미 완성되었다 하니, 내전(內殿)으로 들여 보내라. 내가 그 예(例)를 볼 것이다" 하였다.[51] 그리고 이튿날에는 호조(戶曹)에 전지하기를 "귀성군(龜城君) 이준(李浚)에게 하맹삭(夏孟朔, 4월분) 녹봉(祿俸)을 주고, 앞으로도 예(例)대로 반급(頒給)하라" 하였으니, 이는 준(浚;臨瀛大君의 次男)이 부모의 상(喪)을 당했기 때문이었다(臨瀛大君이 타계한 것은 1월 21일).

4월 10일에는 명하여 경혜공주(敬惠公主)에게 황금 2정(丁)과 백금 6정(丁)을 다시 돌려주게 하였는 바, 공주는 문종(文宗)의 딸로 영양위(寧陽尉) 정종(鄭悰)에게 하가(下嫁)하였는데, 정종이 주살(誅殺)됨으로 가재(家財)가 모두 적몰(籍沒)되었다. 뒤에 세조가 공주를 불쌍히 여겨 갑제(甲第;훌륭한 邸宅) 1구(口)와 아울러 몰수한 재산과 노비를 내려주었는데, 오직 보물[珍寶]만 돌려주지 않아 이 때에 이르러 내려 준 것이었다.[52]

4월 보름날에는 임금이 서현정(序賢亭)에 나아가 종친들 중에 무예가 있는 자를 시험하니, 효령대군(孝寧大君) 이보(李補)와 능성군 구치관(具致寬)·영의정 한명회(韓明澮)·영순군 이부(李溥;廣平大君의 아들)·강양군 이융(李瀜;桂陽君 李璔의 次男)·운산군 이계(李誡;密城君 琛의 아들)와 여러 종친(宗親)·재신(宰臣) 및 승지 등이 시립(侍立)하였는데,

---

50 『예종실록』 권4, 예종 1년 윤2월 甲申(29일).

51 『예종실록』 권5, 예종 1년 4월 戊午(5일).

52 『예종실록』 권5, 예종 1년 4월 癸亥(10일).

신종군 이효백(李孝伯)·부수 이효숙(李孝叔)·운수군 이효성(李孝誠)·송림부수 이효창(李孝昌) 등은 덕천군(德泉君) 이후생(李厚生)의 아들들로서 모두 활쏘기로 이름이 났다. 이 날은 효백·효창이 기사(騎射) 5발(發)을 모두 맞히니, 특별히 가자(加資)하도록 명하였다. 임금이 이들을 기특하게 여겨 곧 활 1장(張)을 내어 놓고 4인으로 하여금 활쏘기로써 내기하도록 하였는데, 4인이 모두 활쏘기에 워낙 능하여 서로 우열(優劣)을 가릴 수가 없었으나, 효백(孝伯)이 유독 정곡(正鵠)을 꿰뚫어 활 1장을 독차지하였다.[53]

5월 13일에는 큰 비가 내렸는데, 벌써 며칠 전부터 큰 비가 연일 내리므로 기청제(祈晴祭)를 지내게 하였다. 그리고 5월 17일에는 승정원에 전교하기를 "지금 장마가 그치지 아니하니, 원각사(圓覺寺)와 흥천사(興天寺)에 기청 불사(祈晴 佛事)를 행하게 하라" 하였다.[54] 그런데 20일에는 오랜만에 비가 개였으므로 원각사(圓覺寺)와 흥천사(興天寺)의 두 절의 행향사(行香使)[55]인 효령대군(孝寧大君) 이보(李補)에게 안장 갖춘 말 1필(匹)을 내려주고, 두 절의 중[僧]에게도 보시(布施)를 차등있게 베풀었으니,[56] 두 절에서 행한 기청 불사는 모두 효령대군이 주재한 것이었다. 5월 16일에는 이조(吏曹)에서 아뢰기를 "광릉(光陵)의 영전(影殿)을 청컨대 숭은전(崇恩殿)이라 부르게 하소서" 하니 그대로 따랐다.

이튿날은 김예몽(金禮蒙)·이내(李徠;孝寧大君의 孫子, 寶城君의 제3남) 등에게 관직을 제수(除授)하였는데, 김예몽을 겸성균관 지사(兼成均館知事)로, 정자영(鄭自英)을 겸성균관 동지사(同知事)로, 이내(李徠)를 춘양군(春陽君)으로, 이훈(李塤;孝寧大君 사위, 초명 李墅)을 행중추부첨지사(行中樞府僉知事)로, 한환(韓懽)을 통정대부(通政大夫) 행사복시부정(行司僕寺 副正)으로 삼았는 바, 당상관(堂上官) 급(級)의 부정(副正)이 한환으로부터 시작되었다.[57]

세조(世祖) 10년에 '상원사 중창권선문'(上元寺 重創勸善文)(국보292호)을, 12년에는

---

53 『예종실록』 권5, 예종 1년 4월 戊辰(15일).

54 『예종실록』 권5, 예종 1년 5월 庚子(17일).

55 임금의 命을 받들고 宗廟나 陵所에 香을 가지고 가서 焚香을 하던 使臣.

56 『예종실록』 권5, 예종 1년 5월 癸卯(20일).

57 『예종실록』 권5, 예종 1년 5월 甲辰(21일).

'상원사 목조문수동자좌상'(上元寺 木造文殊童子坐像)(국보221호)을 오대산(五臺山) 상원사(上元寺)에 조성한 바 있지만, 그동안 안동(安東) 관풍루(觀風樓)에 걸려 있던 '상원사 동종'(上元寺 銅鐘)(국보36호)[58] 이 오대산 상원사로 옮겨 온 것이 바로 이 해, 예종(睿宗) 원년(元年, 1469)의 일이었다.

58 국보36호, 신라 聖德王 24년(725)에 鑄造된 것으로 우리 나라 현존 銅鐘 가운데 가장 오래된 것. 鐘의 표면에 구름 위로 하늘을 날면서 옷깃을 흩날리며 樂器를 연주하는 飛天像이 아름답게 陽刻되어 있다.

[illegible]

젹]이 名명言언] 밧긔 업스시니

覺路ᄂᆞᆫ 則解脫이 返流ㅣ라 位當逆涉이시며 因이

窮ᄒᆞ야 趣果ㅣ라 義說證發이시니라 就解ᄂᆞᆫ 則聖行이

已立ᄒᆞ샤 不藉名言이시니 止觀애 云ᄒᆞ샤ᄃᆡ 自證

은 不可說이시니라 ᄒᆞ라 跡은 行이오 解ᄂᆞᆫ 泯也ㅣ라 然이나

然四句ᄂᆞᆫ 說有多途ᄒᆞ니 學者ㅣ 審而詳之ㅣ니

각 路롱ᄂᆞᆫ 解ᄒᆡᆼ脫탈이 흘르메 두르혀산

位윙ㅣ 마ᄌᆞᆫ니 매 當당ᄒᆞ시며 因인ᄒᆞ야 이다

25

蘂城府夫人의 別世와 成宗의 卽位

효령대군 74세, 5월 ~ 79세, 12월

한편, 이 무렵(예종 1년 5월)에 효령대군(孝寧大君)께서 전라도 완주(完州) 화암사(花巖寺)에 가서, 혜각존자(慧覺尊者) 신미(信眉)와 학열(學悅)·학조(學祖) 스님의 증명(證明) 하에, 정의공주(貞懿公主;世宗의 막내 公主, 延昌尉 安孟聃에게 下嫁)·영순군(永順君) 이부(李溥;廣平大君의 아들)·중추원사(中樞院事) 화주(化主) 김수온(金守溫)과 더불어 '불설예수십왕생칠경'(佛說豫修十王生七經)(跋文)을 채택하였다.[1]

6월 12일에는 대사간(大司諫) 강자평(姜子平;誼城君의 사위, 姜徽의 아들)이 아뢰기를,

"본 사간원(司諫院)에서 차사(差使;중요한 임무를 주어 특별히 파견하는 임시 벼슬)를 발(發)하여 선상노자(選上奴子)[2]를 영천(永川) 경저(京邸)까지 가서 찾아 붙잡아 오는데, 그 이웃 사람 주재(朱才) 등이 관차(官差;官廳에서 보내는 사람)를 마구 때리므로 관차가 형세가 궁하므로 정언(正言) 박효원(朴孝元)의 집으로 뛰어 들어가니, 주재 등은 박효원의 집안 까지 쫓아 들

---

1 『청권집유』 續5, 「佛說豫修十王生七經」(跋文).

2 조선시대 서울 각 관청의 使役에 종사시키기 위해 지방청에 소속된 남자 종을 선발하여 올리던 일.

어갔습니다. 이에 신 등이 차서를 발하여 주재 등과 다른 이웃 사람들을 잡게 하였더니, 이번에는 주재 등이 또 관차까지 붙잡아 놓고 말하기를 '마땅히 궁(宮)으로 가자'고 하였는데, 신 등은 어느 궁인지 알지 못하겠습니다. 그리고 이 일은 원중(院中;司諫院)의 사사로운 일이나, 청컨대 피혐(避嫌)[3]하게 하소서"

하니, 임금이 말하기를 "피혐(避嫌)하지 말고 국문(鞫問)하라" 하였는 바, 강자평은 효령대군(孝寧大君) 이보(李補)의 손녀 사위(誼城君의 사위)로서, 일찍이 양부(養父)의 상중(喪中)에 있었는데, 하루는 처외당숙(妻外堂叔)인 춘양군(春陽君) 이내(李徠)의 집에 들러 말하기를,

"관리가 되어 종사함은 마땅히 장년(壯年)에 해야 하는 것인데, 내 나이 40이 지났으니 만약에 거상(居喪)하여 3년을 마치게 되면 이미 늙을 것입니다. 그러니 청컨대 군(君)께서는 저를 위하여 대군(大君;孝寧大君)께 잘 말씀드려 제가 병(病)이 들었다고 하여 탈복(脫服)하도록 계청(啓請)하여 주십시오"

하였다. 이에 내(徠)가 거짓으로 응하여 그러리라고 말하고, 마침내 대군에게 고하지 아니하였다. 강자평이 백일(百日)에 이르러서 스스로 탈복(脫服)하고 얼마 되지 아니하여 대사간(大司諫)이 되었는데, 강자평은 직언(直言)과 정간(正諫)을 하지 못하고, 사소한 분한(忿恨)을 끌어내어 피혐하고자 하였던 것이었다.[4]

6월 18일에는, 지난 6일에 완성된 청옥 불상(靑玉 佛像)을 감독하여 제조한 낭관(郎官)과 유점사(楡岾寺)·낙산사(洛山寺)의 중수(重修)를 감독해서 이룩한 낭관 가운데 자궁(資窮)하고 준직(准職)한 자는 대가(代加)하게 하고, 준직이 되지 않은 자에게는 준직하게 하며, 자궁되지 않은 자에게는 가자(加資)하도록 명하였더니, 도승지 권감(權瑊)이 아

---

3 憲司에서 論劾하는 사람이 벼슬에 나가는 것을 피하던 일. 사건에서 嫌疑가 풀릴 때까지 벼슬 길에 나가지 않는 것이 慣例였음.

4 『예종실록』 권6, 예종 1년 6월 甲子(12일).

뢰기를,

"간경도감(刊經都監)의 낭관은 제조(提調)가 이미 아뢰어서 논상(論賞)하였으나, 상사 제조(常仕 提調)의 공(功)이 낭관 보다 아래일 수는 없습니다. 윤찬(尹贊)은 나이가 많고 또 공신(功臣)의 적장자(嫡長子)로서 가선대부(嘉善大夫)가 된지 이미 오래 되었으니 가정대부(嘉靖大夫)를 더하는 것이 마땅합니다"

하니, 그대로 따랐다.[5]

전해오는 바에 의하면, 효령대군(孝寧大君)께서는 세조(世祖) 4년에 이미, 그 전 홍무(洪武) 31년(태조 7, 1398)에 태조(太祖)께서 지으신 함흥(咸興)「선향헌목」(璿鄕憲目)에 대한 '서문'(序文)을 쓰시기도 했지만(2권(19장) 221쪽의 주25)를 참조), 그 뒤 예종(睿宗) 원년(己丑, 1469)의 해를 맞아 대군께서 함흥(咸興)에 직접 가셔서 그곳 향청(鄕廳) 건물을 보수(補修)하기도하여 이 때 건물 앞 돌계단도 쌓았는데, 특히 가운데 길을 높이 쌓으시며, "오직 내가 좌수(座首)와 더불어 이 길로 다니고 나머지들은 좌우 길로 다니도록 할 것이다"고 하신 이후, 그 원칙은 19세기 중엽 헌종대(憲宗代)의 돈영공(敦榮公;효령대군의 15대손)의 시대까지 준행(遵行)되고 있었다고 한다. 한편 대군께서는 이 때 그곳 고을의 명망(名望) 있는 인사들을 모아 더불어 향안(鄕案;鄕約案)을 지으시고 이를 시행(施行)하셨다고 하는데, 그러나 이 당시의 향약안(鄕約案)은 그 뒤 병화(兵火)에 소실되고, 이 후 성종(成宗) 30년경과 선조(宣祖)대에 수정한 것이 있다고 한다. 하지만 어쨌든 함흥에 향안이 남게 된 것은 대개 효령대군으로부터 비롯된 것이라고 한다.[6]

11월 28일, 새 임금 예종(睿宗)의 병환이 갑자기 위급하므로 좌부승지 한계순(韓繼純)과 우부승지 정효상(鄭孝常)을 내불당(內佛堂)에 보내어 기도하게 하는 한편, 죄인을 사사(肆赦)하고 또 각 도(道)의 명산 대천에 기도하게 하였다. 그러나 그 날 진시(辰時)에

---

5 『예종실록』 권6, 예종 1년 6월 庚午(18일).

6 『청권집유』「大君遺事」 127쪽과 본책 2권(16장) 152쪽의 주30)과 동 (19장) 221쪽의 주25), 3권(27장) 163쪽의 주16)을 아울러 참조.

임금은 자미당(紫薇堂)에서 훙(薨)하고 말았다.[7] 19세로 보위(寶位)에 오른지 1년 2개월 반만에 홀연 홍서하자 승전 환관(承傳 宦官) 안중경(安仲敬)이 대궐 안으로부터 곡읍(哭泣)하면서 나와 모든 재상에게 임금이 훙하였음을 고하니, 재상들 또한 실성하며 통곡하였다. 고령군 신숙주(申叔舟)가 권감(權瑊)에게 이르기를 "국가 큰 일이 이에 이르렀으니, 주상(主喪)은 불가불 일찍 결정하여야 한다"고 하니, 권감이 하성군(河城君) 정현조(鄭顯祖 ; 世祖/貞熹王后 駙馬(懿淑公主),鄭麟趾의 아들)로 하여금 태비(太妃;貞熹王后 尹氏)에게 아뢰기를,

> "청컨대 주상자(主喪者)를 정하여서 나라의 근본을 굳게 하소서. 이것은 큰 일이므로 중사(中使)를 시켜 전달(轉達)할 수는 없으니, 청컨대 친히 아뢰게 하소서"

하고는 정현조가 들어가 직접 계달하고 드나들면서 출납(出納)하기를 서너번 하자, 이윽고 태비가 강녕전(康寧殿) 동북쪽 편방(便房)에 나와서 원상(院相)과 도승지를 불러 들어오게 하였다. 신숙주·한명회·최항 등이 들어오니, 이내 정현조와 권감을 시켜 재상에게 두루 묻기를 "누가 주상자로서 좋겠느냐?" 하니, 모두 말하기를 "신 등이 감히 의의(議擬)할 바가 아니니 원컨대 전교(傳敎)를 듣고자 합니다" 하므로 정현조에게 명하여 전교(傳敎)하기를,

> "이제 원자(元子;齊安大君, 睿宗의 아들)는 아직 어리고, 또 월산군(月山君;德宗의 장남, 成宗의 친형)은 어려서부터 병약(病弱)하며, 홀로 자을산군(者乙山君;成宗)이 비록 아직 어리기는 하나 세조(世祖)께서 일찍이 그 도량을 칭찬하여 태조(太祖)에 비하는 데에 이르렀으니, 그로 하여금 주상을 삼는 것이 어떠한가?"

하니, 모두 말하기를 "진실로 마땅합니다" 하니, 그대로 따랐다.

---

7 『예종실록』 권8, 예종 1년 11월 戊申(28일).

이윽고 신숙주가 최항과 더불어 의논하여 교서(敎書)를 초(草)하였다. 신숙주 등이 의논하여 장차 한명회와 권감 등을 시켜 위사(衛士) 20여 명을 거느리고 자을산군 본저(本邸)에 가서 맞아오려 했더니 미쳐 계달하기도 전에 자을산군이 이미 우연히 예궐(詣闕)하였다가 부름을 받고 안으로 들어갔다. 신숙주 등이 태비(太妃)의 청정(聽政)을 계청하였더니 태비가 전교하기를,

"나는 이미 박복(薄福)하여 일이 이와 같으니, 심신을 화평하게 하기 위하여 스스로 수양하려고 한다. 또 나는 문자(文字)도 알지 못하지만 수빈(粹嬪;成宗의 生母, 韓明澮의 딸, 昭惠王后 韓氏)은 문자도 알고 사리(事理)에도 통달하니, 가히 국사(國事)를 다스릴 것이다"

하며 사양했지만, 신숙주(申叔舟) 등이 다시 글을 올려 이르기를

"자성왕대비 전하(慈聖王大妃 殿下)께서는 슬픔을 조금 누르시고 종묘(宗廟)와 사직(社稷)의 중함을 생각하시어, 위로는 옛 전례를 생각하고, 아래로는 여정(輿情)에 따라 무릇 군국(軍國)의 기무(機務)를 함께 듣고 재단(裁斷)하시다가 사군(嗣君)이 능히 스스로 총람(總攬)할 때를 기다려서 정사를 돌려 주시면 이보다 더 다행한 일이 없겠습니다"

하며 임시 섭정(攝政)을 아뢰니, 그대로 따랐다.[8] 이에 권감(權瑊)이 여러 재상과 의논하여 말하기를,

"대저 제복(除服)하고 관[柩] 앞에서 즉위(卽位)하는 것이 이미 예로 되어 있으나, 지금은 이 예를 따를 수 없으니 마땅히 당일에 즉위하고 교서(敎書)를 반포(頒布)하여 백성에게 알리는 것이 좋겠다"

---

8 위와 같음.

하고, 여러 대신과 의논, 계달하여 결정하였다. 이렇게 하여 대왕대비 정희왕후(貞熹王后)와 모후(母后) 인수대비(仁粹大妃)의 청정(聽政) 앞에, **세조의 어린 왕세손(王世孫)이 즉위하게 되니, 조선왕조 제9대 성종(成宗), 13살의 새 임금이다.**

이렇게 시작된 정희태비(貞熹太妃)의 수렴청정(垂簾聽政)은 장차 심각한 문제를 불러오는 계기가 되었다. 국정(國政)이 근본적으로 행정 문서를 통해 운영되기에 발생하는 문제들이었다. 게다가 조선시대의 행정 문서(文書)는 한문(漢文)으로 작성되었고, 그 한문을 아는 사람들은 거의 남성이었기에 문제는 더 심각하였다. 기왕의 행정 관행으로 본다면 문자를 모르는 정희왕후의 수렴청정은 다음과 같은 과정으로 시행되어야 했다. 우선 승정원(承政院)에 모이는 문서를 승지(承旨)들이 '한글'로 번역한다. 그 다음 번역된 문서를 승전색(承傳色) 환관(宦官)에게 주어 정희대비에게 전달한다. 정희대비가 결재하거나 명령하는 한글 문서는 승전색을 통해 다시 승지들에게 전달된다. 승지들은 이 문서를 다시 한문으로 번역하여 해당 관서에 발송해야 하는 것이다.

그런데 이와 같이 하려면 정희대비는 수시로 승전색 환관과 승지들을 상대하여야 한다. 그러나 여성인 정희대비는 그것이 부담스러웠다. 그래서 대안으로 한문에 능한 측근 여성을 내세웠고, 당시 정희대비의 측근 여성으로 한문에 능한 두 여성 즉, 성종 임금의 생모(生母)이자 대비의 큰 며느리인 수빈 한씨(粹嬪 韓氏)와 조두대(曹豆大)라는 측근 여종[婢]이었다. 큰 며느리[德宗妃] 수빈은 한문을 잘 안다는 이유로 처음에 수렴청정 적격자로 지목되기도 했지만, 이에 따라 정희대비가 믿고 쓸 수 있는 측근은 조두대 여종일 수밖에 없었으니, 조두대는 승전색 환관과 승지를 대신해서 정희대비의 결재문(決裁文)과 명령문을 작성하는 것이었다. 그 과정에서 정희대비에게 가는 행정 문서는 조두대를 거쳤고, 결재문이나 명령문 역시 조두대를 거쳤다. 정희대비와 조두대의 역할에 따라 승정원을 비롯한 궁중 기구는 물론, 의정부와 육조 등 중앙 정무의 조직이 유명무실화될 수도 있는 것이었다.

그러면 원래 조두대(曹豆大)는 누구인가? 조두대는 세종(世宗)의 다섯째 광평대군(廣平大君) 이여(李璵)의 몸종이었다. 세종 7년(乙巳, 1425) 출생인 광평대군이 12세 되던 해에 신자수(申自守)의 딸과 결혼, 출궁(出宮)하였는데, 그 직후 세종은 광평대군을 무안대군(撫安大君) 방번(芳蕃)의 후사(後嗣)로 삼아 제사를 받들게 하였다. 그러나 부인 신씨와 함께 양모(養母) 왕씨를 모시고 살던 광평대군이 20세 되던 해 7월에 첫째 아들을 보았지만, 그만 그 해 12월 창진(瘡疹)을 앓다가 세상을 떠났다. 첫 아기를 낳은 지 5개월 만에 젊은 남편이 갑자기 사망하니, 부인 신씨는 그만 충격을 못이겨 머리를 깎고 여승(女僧)이 되었다.

핏덩이를 남기고 저승으로 떠난 아들, 그리고 핏덩이를 남기고 출가(出家)해버린 며느리를 보면서 세종의 마음은 어떠했을까? 그 심정 오죽했겠으랴만, 어쨌든 세종은 손자부터 살려야 했다. 핏덩이 손자를 가엾게 여긴 세종은 유모에게 명하여 안고 앞으로 나오게 한 후, 친히 '수복'(壽福)이라고 자(字)를 지어주었다고 한다. 이 손자가 훗날의 영순군(永順君) 이부(李溥)인데, 이 영순군을 돌보며 키운 사람이 유모와 몸종 조두대(曹豆大)였다. 이후 이부는 출궁(出宮)했지만 조두대는 궁중에 남아 궁녀(宮女)가 되었다. 이미 한문을 알았을 뿐 아니라 아주 영리했기 때문이었다. 세조(世祖) 역시 누구보다도 조두대를 신임 중용하였으니, 부왕(父王) 세종의 유언 때문이었고 그래서 세조는 조카 이부를 친아들 처럼 애지중지하였다. 정희왕후 역시 이러한 인연을 중시했으므로 세조 사후에도 조두대를 더더욱 신임하고 중용하여, 국가 권력 구조의 정점에까지 올려 놓은 것이었다. 조두대는 또한 당대 재상(宰相) 이철견(李鐵堅)의 수양녀(收養女)이기도 하였다. 조두대는 성종 13년 윤8월 11일자 교지(敎旨)에 의해, 영구히 양인(良人)됨을 허락받는다.[9]

이에 곧이어 새 임금이 즉위(卽位)하고 대행대왕이 승하(昇遐)한 사실을 종묘(宗廟)·영녕전(永寧殿)·영창전(永昌殿)과 사직(社稷)에 고하였다. 한편 12월 6일에는 밀성군 이침(李琛)·영순군 이부(李溥)·하동군 정인지(鄭麟趾)·능성군 구치관(具致寬)·좌참찬 임원준(任元濬)·호조판서 서거정(徐居正)에게 명하여 능(陵)을 영조(營造)할 땅을 살펴보도록 하였다.

12월 18일에는 원상(院相)들과 의정부·육조·춘추관의 2품 이상의 관원이 모여 의논해서 대행대왕의 존시(尊諡)를 올려 '흠문성무의인소효대왕'(欽文聖武懿仁昭孝大王)이라 하고, **묘호(廟號)는 '예종'(睿宗)이라 하였으며, 능호는 '창릉'(昌陵), 혼전(魂殿)은 '경**

9 본 책 3권(27장) 178쪽의 주52)·53)·54)를 아울러 참조.

안'(景安)이라 하였다.[10]

그리고 이미 산릉(山陵)의 조성 역사를 시작하였는데, 12월 25일에는 산릉도감에서 아뢰기를 "영릉(英陵)과 광릉(光陵)에 부역한 군사는 9천 명이나 되었었는데, 지금 산릉에는 다만 6천여 명만 사역하고, 더구나 날씨가 추워 공역(工役)은 갑절이나 많으니 역군(役軍) 1천 명을 더하게 하소서" 하니, 그대로 따랐다. 하지만, 예종(睿宗)의 장사(葬事)를 마치지도 못한 사정에서 또한번 해가 바뀌게 되었다.

경인(庚寅, 1470)년 새해가 밝으니, 새 임금 성종(成宗) 즉위 원년(元年)이며, 효령대군(孝寧大君)의 춘추(春秋)는 75세가 되셨다. 새해 아침, 임금이 대왕대비전에 하전(賀箋)을 올리고, 이어서 표리(表裏)를 올렸다. 또 도승지 이극증(李克增)에게 명하여 경복궁(景福宮)에 나아가 왕대비전에도 표리를 올리게 하였다. 의정부에서는 대전(大殿)에 하전을 올리고 또 중궁(中宮) 처소로 나아가 표리도 올렸다.

2월 1일에는 효령대군(孝寧大君) 이보(李補) 등 여러 종친이 아뢰기를,

> "문무관(文武官)은 달 수[月數]를 계산하여 가자(加資)하되, 백관에게 따로 가자할 때에 자궁(資窮;堂下官의 品階가 다시 더 올라 갈 자리가 없게 된 것, 階窮)인 자는 또한 대신 가자[代加]하는 것을 허락하였는데 종친만은 대신 가자하는 법이 없으니, 청컨대 문무관의 예(例)에 따라 종친(宗親)도 대신 가자하게 하소서"

하니, 전교(傳敎)하기를,

> "종친에게 관직(官職)을 제수(除授)하는 법이 이와 같기는 하나, 종친은 자급(資級)에 따라 녹(祿)을 주지 않으니, 문무관의 예(例)에 따라 대신 가자하는 것이 어떠한가? 만일 불가하다면 문무관도 대신 가자(加資)하게 하는 것을 허락하지 않는 것은 어떠한가?"

---

10 『성종실록』 권1, 성종 즉위년 12월 丁卯(18일).

하였다. 이에 원상(院相) 신숙주·한명회·구치관·최항 등이 의논하기를,

"대신 가자하는 법은 본래 한 때의 은명(恩命)이었는데, 근래에 특별히 가자(加資)하는 것이 빈번해져서 문무관이 이것으로 인하여 내력이 없이 갑자기 고관(高官)을 제수받게 되니, 실로 불가합니다. 또 종친과는 제도도 다르니, 금후로는 문무관 또한 대신 가자하는 것을 허락하지 않는 것이 어떻겠습니까?"

하니, 전교하기를 "가(可)하다" 하고, 드디어 이조(吏曹)·병조(兵曹)에 전지를 내렸다.[11]

8월 5일에는 작은 규모의 인사(人事) 이동이 있었는데, 서거정(徐居正)을 정헌대부 의정부 우참찬(右參贊)으로, 효령대군(孝寧大君)의 사위인 이훈(李塤;초명 李墅)을 정헌대부(正憲大夫) 한성부 판윤(漢城府 判尹)으로 삼았다.[12]

8월 13일에는 임금이 사복시(司僕寺)에 전지하여, 효령대군(孝寧大君) 이보(李補)에게 말 1필(匹)을 내려 드리도록 하였는데,[13] 이 무렵, 대군의 부인인 예성부부인(蘂城府夫人)께서 얼마 전부터 병환(病患)으로 몸져 누우신 부군(夫君)을 간병(看病)하시다가, 이번에는 도리어 부인(夫人)께서 병환이 나셔서 편찮으시더니, 끝내 회복하지 못하시고 마침내 **8월 25일(庚午日)에 운명(殞命)하시니, 향년(享年) 77세이셨다. 효령대군(孝寧大君)께서 75세에 상배(喪配)를 당하신 것이다.**

예성부부인(蘂城府夫人)께서는 해주정씨(海州鄭氏) 좌찬성(左贊成) 정역(鄭易)의 따님으로 태조(太祖) 3년(甲戌, 1394) 2월 경신일(庚申日)에 탄생(誕生)하시어 태종 7년(丁亥, 1407) 10월에 효령대군과 결혼, 슬하(膝下)에 6남 1녀를 두셨는데. 외동 따님은 한산 이씨(韓山 李氏) 목은(牧隱) 이색(李穡)의 현손(玄孫)인 한성군(韓城君) 이훈(李塤;初名 李墅)[14] 에게 출가(出嫁)하였다. 성종(成宗) 원년(庚寅, 1470)의 장례(葬禮) 당시에는 묘(墓)를 포천

---

11 『성종실록』 권3, 성종 1년 2월 庚戌(1일).

12 위와 같음.

13 『성종실록』 권7, 성종 1년 8월 戊午(13일). 앞 2권(12장) 63쪽의 주17)을 참조.

14 본 책 3권(27장) 171쪽의 주36)을 참조. 李穡(牧隱)→李種學→李叔野→李蓄→李塤(墅)→李惟淸

(抱川, 內村面 奄峴里 壽泉洞)에 모셨다가,[15] 성종 17년(丙午, 1486)에 효령대군(孝寧大君)께서 별세(別世)하시면서, 과천현(果川縣) 북(北) 동적리(同積里) 마장동(馬場洞;朝鮮후기의 始興郡 新東面 方背里 立義洞)에 옮겨 대군(大君) 옆에 합장(合葬)하였다.

8월 29일에는 임금이 호조(戶曹)에 전지하여 효령대군의 부인 정씨(鄭氏) 영전(靈前)에 부의(賻儀)로 쌀과 콩[米豆] 합하여 70석(石)과 종이 1백 권(卷), 석회 1백 석을 내려 드리게 하였다.[16] 한편, 예성부부인(蘂城府夫人)의 장례(葬禮) 때에 들어온 만장(輓章) 가운데 현전하는 것이 3점(點)인데, 김종직(金宗直)[17] · 김수온(金守溫)[18] · 최항(崔恒)[19] 등이 보내온 것이다.[20]

東平이 착한 일을 즐겨하니 偕老하여 壽한 문闈이 깊었네	東平爲善樂 偕老壽闈深
福祿은 집 사람이 칭송하고 거동은 戚里에서 흠모했네	福履家人頌 儀形戚里欽
정신 거두니 仙府 멀고 旐旗 날리니 暮天 어둡도다	收神仙府遠 飛旐暮天陰
瓜葛의 정이 어찌 끝이 있으랴 서풍에 눈물 옷깃 적시네	瓜葛情何已 西風淚滿襟
타고 난 유순한 德이며 왕가의 婦道는 높았도다	天賦柔嘉德 維城婦道尊
한 집안의 樛木頌을 이루어 팔십에 誥花 은혜 이었네	一家樛木頌 八秩誥花恩
白日 신선의 자취 아득하고 斜陽에 수놓은 집이 어둡네	白日仙踪杳 斜陽繡閣昏
餘慶의 영원함을 알고자 하면 슬하에 많은 현손을 보라	欲知餘慶遠 膝下見玄孫
世家에 뛰어난 貞媛이 계셔 일찍이 宮中의 은혜 입었네	世家生碩媛 早荷九重恩
금슬은 아름다운 音韻이 많고 芝蘭은 빛난 일이 번성했네	琴瑟徽音盛 芝蘭奕葉繁

15 抱川 舊墓의 墓誌는 府夫人 親庭의 둘째 동생 忠碩의 사위인 判書 李承召(字 胤甫, 號 三灘, 陽城人)가 撰하였음(『毓慶錄』 2권 所收).

16 『성종실록』 권7, 성종 1년 8월 甲戌(29일).

17 字는 季昷, 號 佔畢齋, 嶺南士林의 師宗이다. 諡號 文簡.

18 본 책 3권 172쪽의 주38)을 참조.

19 字 貞文, 號는 太虛亭, 세종조 謁聖文科에 급제, 副修撰·都承旨를 거쳐 大提學·贊成·領議政을 지냄. 시호 文靖. 『經國大典』 편찬에 참여.

20 『청권집유』 原篇 26. 「府夫人輓章」

종친 姻戚에 懿範 빛나건만 環帶佩玉은 芳魂을 거두었네	宗姻輝懿範 環佩斂芳魂
秋風 밖에서 輓章을 올리며 하염없이 흐르는 눈물 닦으리	相挽秋風外 無端拭淚痕
	(佔畢齋 金宗直)

太宗께서 당일 名門에서 뽑으실새	太宗當日選名門
親筆詔書로 온순하게 좋은 날 정하였네	手詔溫諄定吉辰
백 수레로 입궁하여 國婦가 되시고	百兩入朝爲國婦
萬鍾 食祿하는 왕친의 배필 되셨네	萬鍾食祿配王親
인간의 부귀는 三韓國에 지극하고	人間富貴三韓極
세상의 春秋는 팔십에 가까웠다	世上春秋八帙隣
月宮을 향해가서 廣漢殿에 아니 노시면	不向月宮遊廣漢
西王母와 함께 蒼空에 오르셨으리	應同王母上蒼旻
	(乖崖 金守溫)

정숙한 婦德은 대군 配匹에 마땅한데	淑德端宜媲大君
빛나게 五福 받음은 일찍이 드문 일이었다	光膺五福罕曾聞
은혜는 궁궐에 통하여 三世 내리 빛나고	恩疏紫極輝三世
경사는 朱門에 으뜸가 팔십 享壽 누리셨네	慶冠朱闈享八旬
玉樹 ▩枝는 다투어 뛰어나서	玉樹▩枝爭挺秀
金章과 犀帶가 모두 풍성하였네	金章犀帶擁繽紛
玄孫은 눈 앞 가득히 상여줄을 따르는데	玄雲滿眼行隨紼
백발이 덮힌 이마도 앉아서 鼓盆하시네	白雪飄顚坐鼓盆
富와 貴는 하루 아침에 산이 적적하고	富貴一朝山寂寂
哀와 樂은 千秋토록 물이 흐르네	哀樂千秋水沄沄
비록 月宮에 가셨으나 아름다운 춤은 남아서	縱然犇月徽音在
따뜻하고 빛난 삶을 外孫에게 붙여 주셨네	煥炳麗生付外孫
	(寧城君 崔恒)

9월 7일에는 승정원(承政院)에서 아뢰기를 "본월[9월] 초8일은 인수왕비(仁粹王妃;德宗의 妃, 成宗의 生母)의 탄일이므로 마땅히 하례(賀禮)가 있어야 하는데, 이 날은 또 세조대왕의 기신(忌辰)이어서, 신하된 마음에 탄신의 경사(慶事)를 폐하는 것도 불가하거니와, 또 그렇다고 하여 기신에 경사를 행하는 것도 불가합니다. 그런데 세속(世俗)에서는 9월 9일을 명일(名日)이라고 하니, 왕비 탄신의 하례를, 청컨대 초9일에 행(行)하고 이를 상례(常禮)로 삼으소서" 하니, 전지하기를 "가(可)하다" 하였다.[21]

한편 이 시절에는 도성 안팎에 통행금지(通行禁止)가 실시되어 통금을 알리는 인정(人定)과 해제(解除)를 알리는 파루(罷漏)를 종(鐘)을 쳐서 알렸는데, 그동안은 원각사(圓覺寺)의 대종(大鐘)을 쳤었으나, 정승 구치관(具致寬)이 말한대로 "원각사(圓覺寺)의 큰 종은 인정과 파루의 종소리가 구별되지 않는다"고 하였으니, 9월 14일에 내린 임금의 전지에 따라 이후로는 인정·파루 때에는 치지 말되 불사(佛事) 때에만 계품(啓稟)하고 치게 하였다.[22]

신묘(辛卯, 1471)년 새해가 밝았다. 성종(成宗) 즉위 2년째며, 효령대군께서는 보령(寶齡) 76세가 되셨는데, 지난해 8월에 예성부부인께서 돌아가시고 맞으신 첫 해이다. 새해 설날 아침, 임금이 백관을 거느리고 인정전(仁政殿)에 나아가 망궐례(望闕禮)를 행하고 대왕대비[世祖妃 貞熹王后]전(殿)과 왕대비[睿宗妃 韓氏]전, 그리고 인수왕비[仁粹王妃 ; 德宗妃 昭惠王后 韓氏]전에 표리(表裏)를 바치고, 다시 인정전에서 하례(賀禮)를 받았다. 그리고 이내 인정전에서 회례연(會禮宴)[23]을 베풀었는데 왜인(倭人)과 야인(野人)의 사절(使節)들도 들어와 참석하였다. 임금이 야인 김파을대(金波乙大)에게 명하여 술잔을 올리게 하고, 또 이다롱개(李多弄介)에게 술을 내려주고 선물을 차등있게 내려 주었다.

정월 초3일에는 임금이 종부시(宗簿寺)에 전지하기를 "창원군(昌原君) 이성(李晟;謹嬪朴氏 소생, 德宗의 異腹아우)과 월산대군(月山大君) 이정(李婷;德宗의 아들, 成宗의 兄)·태안

---

21 『성종실록』 권7, 성종 1년 9월 壬午(7일).

22 『성종실록』 권7, 성종 1년 9월 己丑(14일).

23 임금과 문무백관이 한데 모여 베푸는 큰 宴會. 대개 나라의 큰 慶事나 설날·冬至 때에 행하였음.

군주(泰安郡主;明淑公主의 堂號)에게 재물을 도와주되 예(例)를 상고하여 내려 주도록 하라" 하였다. 그리고 24일에는 금상(今上)의 생부(生父)인 의경왕(懿敬王;德宗)을 추존(追尊)[24] 하여 온문의경왕(溫文懿敬王)으로 삼고 면복(冕服)을 갖춘 후 인정전(仁政殿) 뜰에 나아가 최항(崔恒)을 보내어 옥책(玉冊)을, 영의정 윤자운에게는 금보(金寶)를 의경묘(懿敬廟)에 바치게 하였다.

2월 4일에는 임금이 종부시에 또 이르기를 "월산대군과 명숙공주(明淑公主;德宗의 딸, 洪常에게 下嫁)에게 모두 작품(爵品)에 따라 가산(家産)을 주게 하라"고 하였다. 한편, 1월 초3일에는 임금이 새해들어 첫 조참을 받으니, 조참(朝參)이란 매 아일(衙日)에 받는 조회로서 문무 백관이 모두 모이는 대조회를 말한다. 1월 19일에는 인정전(仁政殿)에서 새 임금 성종 왕비(恭惠王后, 韓明澮의 딸)의 책봉(冊封) 예식이 거행되었다.[25]

새 임금 성종(成宗)도 세종 못지 않게 책 읽기를 매우 즐겨한 것 같다. 2월 29일에는 대왕대비(大王大妃)가 임금이 책 읽기를 그만두지 않는 모습을 보고 임금에게 이르기를 "책을 너무 많이 읽으면 피로하지 않으오?" 하니, 임금이 대답하기를 "마음이 저절로 독실하게 좋아하므로 피로한 줄을 알지 못하겠습니다" 하였다.[26] 그런데 성종이 학문하기를 좋아한 줄은, 당 시대 임금들의 일과(日課) 중 하나가 조참(朝參)[27] · 상참(常參)[28]으로 시작해서 경연(經筵) · 주강(晝講) · 석강(夕講)과 윤대(輪對) · 야대(夜對)[29] 등에 참석하는 학문수행적 일이었는데, 어느 왕 보다 경연이나 주강 · 석강에 자주 참석한 것만 보아도 짐작할 수가 있다. 5월 24일에는 "영경연사(領經筵事) 등이 아뢰기를, "지금 혹심한 더위를 당하여 매일 세 번 경연(經筵)에 나아가는 것은 성상(聖上)의 옥체에 괴로울까 염려

---

24 成宗이 아버지 德宗을 溫文懿敬王으로 追尊하면서 만든 도장[御寶;국왕이나 왕비 등의 尊號를 올릴 때 만드는 의례용 도장] '德宗 御寶'가 그간 美國 시애틀 미술관에 所藏되어 오다가 2015년 4월 返還되었다.

25 『성종실록』 권9, 성종 2년 1월 壬辰(19일).

26 『성종실록』 권9, 성종 2년 2월 壬申(29일).

27 매월 초5일과 11일, 21일, 25일 등 모두 네 차례, 모든 문무 관원이 검정 옷을 입고 임금에게 문안드리고 政事를 아뢰던 일.

28 임금이 堂上官 이상의 大臣들과 해당 參上官을 모아서 매일 열던 평상 朝會.

29 임금이 밤중에 신하를 불러서 經筵을 베풀고 經史의 古今과 治亂에 대하여 講하던 일.

되니 청컨대 주강(晝講;낮시간에 하는 講義)를 없애소서" 하였으나 따르지 않았다"[30] 고 한 적도 있었다.

3월 12일은 인혜왕대비(仁惠王大妃;睿宗妃 韓氏)의 탄일(誕日)이었으므로 임금이 선정전(宣政殿)의 전랑(前廊)에 나아가 표리(表裏)를 드렸다. 당시 새 임금 성종(成宗)은 할머니인 대왕대비(大王大妃;世祖妃 貞熹王后 尹氏)·작은어머지인 왕대비(王大妃;睿宗妃 仁惠王后 韓氏)·생모(生母)인 인수왕대비(仁粹王大妃;德宗妃 昭惠王后 韓氏) 등 세 분을 모시고 있었다. 그런데 5월 14일에는 대왕대비가 승정원에 전교하기를 "내가 몸소 거둥하여 새로 창건하는 내불당(內佛堂)을 좀 보았으면 좋겠는데 어떻겠느냐?" 하니, 원상 한명회(韓明澮)가 아뢰기를 "세조조(世祖朝)에 있어서는 간혹 양전(兩殿)께옵서 함께 불사(佛寺)에 거둥하신 일이 있었으나 지금은 옳지 않을듯 합니다" 하니 전교하기를 "경(卿)의 말이 옳다" 하였다.[31]

12월 5일에는 간경도감(刊經都監)을 파(罷)하도록 명하였다. 간경도감은 불경(佛經)을 한글로 번역 출간하기 위해 세워진 국립 기관이었다. 세조 7(1461)년 6월에 세워져 올해 12월까지 총 11년간 존속하였는데, 신미(信眉)·한계희(韓繼禧)·노사신(盧思愼)·강희맹(姜希孟) 등이 이에 종사하였다. 세조(世祖)는 불교를 독실히 믿어 처음부터 사찰 및 승려의 보호에 힘썼으며 그 결과 불교(佛敎)는 다시 활기를 띄어 사찰이 중흥되고 승려도 상당히 증가하였다. 간경도감에서 번역간행된 『법화경』(法華經)·『수능엄경』(首楞嚴經)·『금강경』(金剛經)·『원각경』(圓覺經)·『심경』(心經)·『영가집』(永嘉集) 등의 경전은 당시 고승이었던 신미(信眉)·수미(守眉)·홍준(弘濬) 등과 효령대군(孝寧大君), 그리고 대신(大臣) 윤사로(尹師路)·황수신(黃守身)·김수온(金守溫)·한계희(韓繼禧)·성임(成任) 등의 적극적인 지원으로 이루어진 것이었다.

한편, 12월 15일에는 춘추관에서 『세조실록』(世祖實錄)을 완성하여 바치었다.[32] 『세

30 『성종실록』 권10, 성종 2년 5월 丙申(24일).

31 『성종실록』 권10, 성종 2년 5월 丙戌(14일).

32 『성종실록』 권13, 성종 2년 12월 壬午(15일).

조대왕실록』이 완성되매 12월 18일에는 실록(實錄) 수찬관(修撰官)들에게 여러 가지의 상(賞)을 내렸다.

임진(壬辰, 1472)년 새해가 밝으니, 성종(成宗) 즉위 3년째이며, 효령대군(孝寧大君)께서는 춘추(春秋) 77세, 희수(喜壽)에 드신 해이다. 설날 아침이지만 임금이 신년 하례(賀禮)를 정지하게 하니, 예종(睿宗) 담제(禫祭;大祥을 지낸 다음다음 달에 지내는 제사)의 치재(致齋)때문이었다.[33] 이튿날은 임금이 경안전(景安殿; 예종의 魂殿)에 나아가 담제를 행하였다.

1월 14일에는 부묘제(祔廟祭)의 각 담당관들에게 상(賞)을 내리니, 종묘(宗廟)에 부묘(祔廟)할 때의 아헌관 영의정 신숙주(申叔舟)와 종헌관 좌의정 최항(崔恒), 문소전(文昭殿)에 부제(祔祭)할 때의 헌관(獻官) 운산군 이계(李誡;密城君 李琛의 아들)에게 각각 안구마(鞍具馬) 1필을 하사하고, 종묘의 진폐찬작관(進幣瓚爵官) 한성군(韓城君) 이훈(李塤;孝寧大君의 사위)과 예의사(禮儀使) 예조판서 이승소(李承召;孝寧大君의 둘째 처남 鄭忠碩의 사위), 그리고 장순묘(章順廟;睿宗妃 章順王后(韓明澮 딸)의 魂殿)에 동가(動駕)를 고(告)할 때의 헌관 제천군(堤川君) 이온(李蒀;瑞原君 寀의 제3남) 등에게 각각 말 1필을 하사하였다.[34]

1월 19일에는 종부시(宗簿寺)에서 아뢰기를 "왕실(王室)의 『종친유부록』(宗親類附錄)과 『예종대왕선원록』(睿宗大王璿源錄)은 청컨대 구례(舊例)에 의하여 수찬(修撰)하시고, 예종(睿宗)의 행장(行狀)은 예문관(藝文館)으로 하여금 찬진하게 하소서" 하니, 그대로 따랐다.[35] 2월 22일에는 삼전(三殿;大王大妃와 仁粹王大妃·仁惠王大妃)이 광릉(光陵)에 나아가 친히 제사하고, 또 봉선전(奉先殿)에 제사하고 이내 봉선사(奉先寺)에 들러 예불(禮佛)하고 스님에게 면포(綿布) 1백 필을 내려 주었다.

4월 2일에는 이조(吏曹)의 건의에 따라 종친(宗親)의 회강(會講)에 종부시 제조(提調)를 참여케 한 바, 아뢰기를 "종친의 회강(會講)이 품질(品秩)이 낮은 종학관(宗學官) 2,3원

---

33 『성종실록』 권14, 성종 3년 1월 戊戌(1일).

34 『성종실록』 권14, 성종 3년 1월 辛亥(14일).

35 『성종실록』 권14, 성종 3년 1월 丙辰(19일).

(員)만으로 하여금 고강(考講)하게 함은 미편(未便)하니, 이후로는 청컨대 종부시 제조로 하여금 종학 관원(宗學 官員)과 함께 고강하게 하소서" 하니, 그대로 따랐다.[36] 그리고 4월 8일에는 예조(禮曹)의 건의대로 과거(科擧)의 시행 시기를 조정하였는 바, 예조에서 아뢰기를 "식년(式年)의 제과(諸科)는 정월부터 5월까지 시험을 마치므로 농사철에 거자(擧子;科擧를 보는 선비)들이 내왕하게 되어 농사에 방해됨이 있으니, 청컨대 중국 조정의 예(例)에 의하여 매(每) 인(寅)·신(申)·사(巳)·해(亥)년의 가을에 초시(初試)하고, 자(子)·묘(卯)·오(午)·유(酉)년의 봄을 기다려 복시(覆試)하게 하소서" 하니 그대로 따랐다.[37]

5월 9일에는 춘추관 영사(春秋館 領事) 신숙주(申叔舟) 등이 『예종대왕실록』(睿宗大王實錄)을 편찬하여 올렸으므로 임금이 선온(宣醞)을 내려 주었다. 7월 3일에는 임금이 인정전(仁政殿)에 나아가 음복연(飮福宴)[38]을 베풀고 인하여 좌리공신(佐理功臣)[39]의 녹권(錄券)을 나누어 주었는데, 효령대군(孝寧大君) 이보(李補) 등 종친(宗親)과 하동부원군 정인지(鄭麟趾) 등 재신(宰臣), 그리고 향관(享官) 전원이 입시(入侍)하고, 왜인(倭人) 가와로(可臥老) 등도 또한 참여하였다. 음복연을 장차 마치려고 할 때, 명하여 왜인에게 물품을 차등 있게 나누어 주도록 하였다.

8월 13일에는 사복시(司僕寺)에 전지하여, 효령대군(孝寧大君) 이보(李補)와 밀성군 이침(李琛)·덕원군 이서(李曙)·창원군 이성(李晟)·하동부원군 정인지(鄭麟趾)·봉원부원군 정창손(鄭昌孫)·영의정 신숙주(申叔舟)·상당부원군 한명회(韓明澮)·청송부원군 심회(沈澮)·좌의정 최항(崔恒)·인산부원군 홍윤성(洪允成)·창녕부원군 조석문(曺錫文)·남양부원군 홍달손(洪達孫)·무송부원군 윤자운(尹子雲)·하성부원군 정현조(鄭顯祖)·청천부원군 한백륜(韓伯倫)·광산부원군 김국광(金國光)·우의정 성봉조(成奉祖)·좌찬성 노사신(盧思愼)·서평군 한계희(韓繼禧)·진산군 강희맹(姜希孟)·달성군 서거정(徐居正)·

---

36 『성종실록』 권17, 성종 3년 4월 戊辰(2일).

37 『성종실록』 권17, 성종 3년 4월 甲戌(8일).

38 제사를 지내고 난 다음 祭物을 祭官들에게 나누어 주고 베풀던 잔치.

39 성종 2년(1471) 申叔舟·韓明澮 이하 73명에게 임금을 잘 보좌하였다는 공으로 내린 勳名. 1등에 신숙주 한명회 등 9인, 2등 월산대군 李婷·鄭麟趾 등 11인, 3등에 成奉祖 등 18인, 4등에 金守溫 등 35인이었음.

예조판서 이승소(李承召)·동지사 정자영(鄭自英)·상호군 김상진(金尙珍) 및 여섯 승지(承旨)에게 각각 아마(兒馬) 1필씩을 나눠 주도록 하였다.[40]

11월 13일은 동지(冬至)날이므로 임금이 백관을 거느리고 망궐례(望闕禮)를 행한 다음, 표리(表裏)를 대왕대비(大王大妃)·인수왕비(仁粹王妃)·왕대비(王大妃)의 전각(殿閣)에 올리었다. 또한 19일에는 정업원(淨業院)[41]에 전지하여, 잡역(雜役)을 면제하여 불공(佛供)에만 전심(專心)하게 하도록 하였다.

계사(癸巳;1473)년 새해가 밝았다. 성종(成宗)의 즉위 4년째에 효령대군(孝寧大君)께서는 보령(寶齡) 78세가 되셨다. 초하룻날 임금이 백관을 거느리고 인정전(仁政殿)의 계상(階上)에 나아가 망궐례를 행하고, 대왕대비전과 인수왕비전(仁粹王妃殿)에 표리(表裏)를 바쳤다. 그리고 다시 인정전에 나아가 신하들로부터 하례(賀禮)를 받았다. 이어서 인정전에 나아가 회례연(會禮宴)을 행하니, 왜인(倭人) 구난쇄모(仇難灑毛) 등 15인과 야인(野人) 군유(軍有) 등 70인이 참여하였는데, 연회가 파하려 할 즈음에 선물을 차등있게 내려 주었다.[42]

1월 6일에는 사간원(司諫院) 정언(正言) 김제신(金悌臣)이 아뢰기를, "율원군(栗元君) 이종(李悰;孝寧大君의 손자, 寶城君 李㝝의 제2남)이 경연관 정휘(鄭徽)의 집에 가서 문권(文券)을 지우고 고쳤다고 하는데, 정휘가 어찌 모르겠습니까? 청컨대 경연관(經筵官)을 개정하소서" 하니, 임금이 전교(傳敎)하기를 "이종의 일은 정휘가 모를 것이다. 이는 다 의사(疑似)한 일인데, 어찌 죄를 줄 수 있겠는가?" 하였다.

한편, 15일에는 임금이 선정전(宣政殿)에 나아가 종친(宗親)과 문신(文臣)·유생(儒生) 들을 불러 강서(講書)하게 하였는데, 동양정(東陽正) 이서(李徐;孝寧大君의 손자, 寶城君의 제7남) 등 3인과 문신 예문관 직제학(直提學) 김영견(金永堅) 등 4인과, 유생 생원(生員) 손원로(孫元老) 등 5인을 불러 강서(講書)하게 하였다.[43] 4월 27일에는 "원산정(園山正) 이

---

40 『성종실록』 권21, 성종 3년 8월 丁丑(13일).

41 서울 도성내에 있던 庵子, 주로 양반 출신의 女僧만이 있었음.

42 『성종실록』 권26, 성종 4년 1월 壬辰(1일).

43 『성종실록』 권26, 성종 4년 1월 丙午(15일).

행(李行;寶城君 李舍의 제6남)이 대소 공회(大小公會) 때마다 병(病)을 칭탁하고 참석하지 아니하니, 성상(聖上)의 재결을 청한다"고 한 종부시(宗簿寺)의 계달(啓達)에 따라 임금이 "고신(告身)을 거두도록 하라" 명하였는 바, 이행은 동양정 이서(李徐)의 형(兄)이다.

7월 5일에는 춘추관(春秋館)에서 세종(世宗)과 문종(文宗)의 두 왕조실록(王朝實錄)을 새로 인쇄하여 임금께 바쳤다.[44] 이 달 21일에는 중궁(中宮)이 상당부원군 한명회(韓明澮)의 집에 이어(移御)하였으니, 몸이 편찮았기 때문이었다. 29일에는 종친(宗親)·의빈(儀賓)과 의정부(議政府)·충훈부(忠勳府)·육조(六曹)에서 중궁의 이어소에 문안하고,[45] 8월 4일에도 문안하였다. 중궁은 9월 11일에 이어소(移御所)에서 환궁(還宮)하였다.

8월 18일에는 임금이 무신(武臣)들의 무예를 시험하고 군사를 사열하는 행사 자리에서 율원군(栗元君)의 아들 여양군(呂陽君) 이자겸(李子謙;孝寧大君의 曾孫, 栗元君 倧의 아들) 등이 술에 취하여 실수를 저지른 일이 벌어졌다. 이 날, 임금이 모화관(慕華館)에 거둥하여 장차 군사(軍士)를 사열하려다 비가 와서 중지하였는데 이윽고 비가 그쳤으므로, 무신들의 무예(武藝)를 시험하고 격구(擊毬) 시험에서 합격한 이양생(李陽生) 등 여섯 사람에게 각각 활[弓]을 1장씩 하사하였다.

그런데 때마침 세 사람이 말을 타고 임금이 머무는 장막(帳幕) 앞을 지나치기에 잡아 신문하였더니, 여양령(呂陽令) 이자겸(李子謙)과 유학(幼學) 정철견(鄭鐵堅)·정여유(鄭汝裕)이었다. 임금이 "자겸은 술에 취했고 두 사람은 모두 아직 어리니 놓아주라"고 명하였더니 한명회(韓明澮)가 아뢰기를, "자겸은 죄가 무거우니 마땅히 유사(有司)에 회부하여 논단(論斷)할 것이고 너그럽게 석방함은 마땅치 않습니다" 하니, 임금이 말하기를 "취한 사람을 어찌 족히 논할 것인가?" 하였다. 그래도 한명회가 다시 아뢰기를 "만약 불문에 붙인다면 그들이 어찌 군신(君臣)의 의(義)를 알겠습니까?" 하므로 임금이 "그러면 마땅히 구사(丘史)[46]를 회수하도록 하라" 하였다.

---

44 『성종실록』 권32, 성종 4년 7월 甲午(5일).

45 『성종실록』 권32, 성종 4년 7월 戊午(29일).

46 임금이 宗親 및 功臣에게 특별히 딸려 준 官奴婢, 품계에 따라 수가 달랐음.

그럼에도 정창손·신숙주·김질·윤자운 등이 말을 같이하며 다시 아뢰기를,

> "자겸(子謙)은 벼슬이 당상(堂上)에 이르니 무식(無識)하다고 할 수가 없습니다. 아무리 술에 취했다 하더라도 크게 취하지는 않았고, 비록 취했다 하더라도 이와 같은 일은 사람으로서 할 수 없는 바입니다. 고인(古人)이 말하기를 '법(法)을 적용함에는 반드시 귀근자(貴近者)로부터 시작해야 한다' 하였는데, 항차 대소 신민(臣民)이 모두 보고 놀라 마지 않았으니, 청컨대 유사(攸司)에 내리어 국문(鞫問)하도록 하소서"

하니, 전교(傳敎)하기를 "그를 종부시(宗簿寺)로 하여금 문초하도록 하고, 또 정철견·정여유는 형조(刑曹)로 하여금 국문하도록 하라. 옥에 가두지는 말고 국문하라" 하였다.[47]

그러나 8월 23일, 종부시(宗簿寺)에서 다시 아뢰기를 "여양부정(呂陽副正) 이자겸은 전하(殿下)의 앉은 자리에서 빤히 내려다 보이는 곳을 말을 타고 지나갔으니, 불경(不敬)한 행동일 뿐만 아니라 금령(禁令)을 무릅쓰고 술에 취하였으니 심히 온당치가 못합니다" 하니, 고신(告身)을 거두도록 명하였다. 그럼에도 27일에 다시 사헌부 대사헌(大司憲) 서거정(徐居正) 등은 장문의 차자(箚子)를 올려 '임금 앞을 말 타고 지나간 이자겸을 논죄(論罪)할 것'을 청하였으나, 임금은 전교하기를 "술에 취(醉)하여 잘못을 범하였으니, 또한 어찌 죄를 더하겠는가?" 하였다.[48]

한편, 8월 26일에는 춘추관(春秋館)에서 아뢰기를, "전주(全州)의 새로 만든 사고(史庫)에 전후(前後) 실록(實錄)을 지금 모두 옮겨놓도록 하소서. 무릇 지방의 사고는 매 3년마다 한번씩 포쇄(曝曬:바람을 쐬고 볕에 말림)함이 상례인데, 매년 장마철이면 비가 샐까 염려되니, 사궤(史匱)는 열고 닫을 수가 없는 것이지만 비가 새는 곳은 그 도(道)의 감사(監司)로 하여금 매년 장마가 끝난 뒤 살피어 계문(啓聞)하도록 하소서" 하니, 그대로 따

---

47 『성종실록』 권33, 성종 4년 8월 丁丑(18일).

48 『성종실록』 권33, 성종 4년 8월 丙戌(27일).

랐다.[49]

9월 24일에는 임금이 아차산(峨嵯山)에 거둥하여 사냥[打圍]하는 것을 구경하였다. 중랑포(中浪浦)에 주정(晝停;임금이 멀리 거둥할 때에 잠시 머물러 낮 水刺를 드는 것)하는 작은 술 자리를 베풀었는데, 수행한 종친(宗親)과 대신이 입시(入侍)하였다. 환궁할 때에는 명빈궁(明嬪宮)에 들러 쌀과 콩 아울러 30석을 하사하였는데, 명빈 김씨(金氏)는 태종의 후궁으로 태종(太宗)의 총애를 많이 받았으나 소생은 없이 이 때까지 장수하였다. 현재 구리시(九里市) 아천리(峨川里) 아차산(峨嵯山)에 그 무덤이 있다.[50]

11월 15일에는 임금이 선정전(宣政殿)에 나아가 종친(宗親) 고림정(高林正) 이훈(李薰;孝寧大君의 손자, 瑞原君의 제5남)과 풍성부정(豊城副正) 이강(李玒), 그리고 문신(文臣) 사예(司藝) 임사홍(任士洪)·장계이(張繼弛) 등에게 글을 강(講)하게 하였다.[51]

새해 갑오(甲午, 1474)년이 밝았다. 성종 즉위 5년 째에 효령대군(孝寧大君)께서는 춘추(春秋) 79세가 되셨다. 새해 첫 날 아침, 임금이 백관을 거느리고 망궐례(望闕禮)를 행한 후 삼대비전(三大妃殿;大王大妃·仁粹王大妃·仁惠王大妃)에 하례하고 표리(表裏)를 바쳤다. 그리고 인정전(仁政殿)에 나아가 백관들로부터 하례(賀禮)를 받았다. 곧이어 인정전에서 회례연(會禮宴)을 행하였는데, 왜인(倭人) 영서기(永書記) 등 13인과 야인(野人) 요시로(要時老) 등 96인이 입참(入參)하니, 선물을 차등있게 내려 주었다.[52]

5월 28일에는 효령대군(孝寧大君)의 넷째 아들 낙안군(樂安君) 이영(李寍)이 졸(卒)하니, 철조(輟朝)하고 조제(弔祭)·예장(禮葬)함을 규례(規例)대로 하였다. 『성종실록』(成宗實錄)에 적힌 '졸기'(卒記)를 들어보자.

"이영(李寍)은 효령대군(孝寧大君) 이보(李補)의 넷째 아들이다. 처음에 통정대부(通政大夫) 원윤(元尹)에 제수되었다가 선덕(宣德;明 宣宗의 年號) 계축(癸丑, 세종 15, 1433)년에 가정대부

49 『성종실록』 권33, 성종 4년 8월 乙酉(26일).

50 『성종실록』 권34, 성종 4년 9월 壬子(24일). 뒤 3권(27장) 166쪽의 주22)를 아울러 참조.

51 『성종실록』 권36, 성종 4년 11월 壬寅(15일).

52 『성종실록』 권38, 성종 5년 1월 丁亥(1일).

(嘉靖大夫)에 오르고 낙안군(樂安君)에 봉(封)해졌다. 천순(天順;明 英宗(重祚)의 年號) 기묘(己卯, 세조 5, 1459)년 승헌대부(承憲大夫)에 오르고 또 숭헌대부(崇憲大夫) 낙안윤(樂安尹)에 올랐으며, 경진(庚辰, 1460)년에는 가덕대부(嘉德大夫) 낙안경(樂安卿)에 올랐다. 성화(成化;明 憲宗의 연호) 임진(壬辰, 성종 3, 1472)년에 다시 낙안군(樂安君)에 봉해졌다가 이 때에 이르러 졸하니 나이가 57세이다. 시호(諡號)는 '이안'(夷安)이니, 마음을 편안히 갖고 안정(安靜)하기를 좋아하는 것을 '이'(夷), 화목(和睦)을 좋아해 다투지 않는 것을 '안'(安)이라 한다. 성품이 관후(寬厚)하여 남을 거스르는 일이 없었다."[53]

이 해도 저물어가는 12월 7일, 효령대군(孝寧大君)의 손자(孫子) 동양정(東陽正) 이서(李徐;寶城君 李 의 제7남)의 집에서, 그의 가노(家奴) 난동(卵同)이 거골장(去骨匠;소잡는 白丁) 김산(金山) 등과 소를 밀도살(密屠殺)한 일이 발각되매, 사헌부 집의(執義) 이형원(李亨元) 등이 차자(箚子)를 올리기를,

"대저 거골장(去骨匠)이란 자들은 모두가 다 대가(大家)의 원장(垣墻;담장)이나 문단속이 엄하고 견고한 곳을 빌어서 도살(屠殺)을 하는데, 그것은 금란(禁亂)하는 관리에게 발각되지 않으려는 것이며, 또한 종친(宗親)의 집은 대개 문호(門戶)가 깊고 으늑하여 금란하는 이졸(吏卒)들이 더욱이 이를 수가 없어 무뢰한 사람과 교결(交結)하여 도살을 자행하는 것입니다. 그런데 이제 일이 발각되었는데도 엄하게 다스리지 않으면 종친을 장차 어찌 징계할 수 있겠습니까? 삼가 『경국대전』(經國大典)을 상고해 보면, '소나 말을 도살한 자로 초범(初犯)은 장(杖) 1백 대에 도(徒) 3년이며, 만약 가까운 이웃과 관령(管領)·이정(里正)으로서 실정을 알고도 고(告)하지 아니한 자도 아울러 제서유위율(制書有違律)로써 논한다' 하였습니다. 이서(李徐)는 집주인이 되어 가지고 그 소를 재살(宰殺)하는 데 정을 알면서도 집을 빌려 주었으니, 그것은 범금(犯禁)입니다. 세종(世宗) 때에 수도정(守道正) 이덕생(李德生;定宗의 後宮 淑儀 尹氏 所生)이 소를 잡은 일이 발각되어 직첩(職牒)을 다 거두고, 원방(遠方)에 부

53 『성종실록』 권42, 성종 5년 5월 壬子(28일).

처(付處)하였으니, 청컨대 덕생의 예(例)에 따라 죄를 주게 하소서"

하니, 임금이 전지하기를 "이서(李徐)의 죄는 이덕생(李德生)의 예가 아니니, 말하지 말라" 하였다.[54]

그러나 이번 일은 여기서 끝나지 못하였으니, 이틀 후 8일에는 장령(掌令) 이경동(李瓊仝)과 정언(正言) 복승정(卜承貞)이 이서(李徐)의 죄를 논청(論請)하므로 임금이 좌우에 물으매, 영사(領事) 정창손(鄭昌孫)이 대답하기를

"대간(臺諫)의 말이 옳습니다. 종친(宗親)의 범법(犯法)도 마땅히 죄를 주어서 이를 징계해야 합니다. 지금 만약 구사(丘史)만을 거둔다면, 그가 이미 징계되지 아니하여 다른 종친이 또다시 기탄(忌憚)하지 아니하고 뒤에 반드시 큰 법을 함부로 범할 것이니, 죄를 주지 않을 수 없습니다. 그런데 죄를 주면 은혜를 상하게 되니, 종친이 범한 바는 반드시 율(律)에 의하여 과단(科斷)해서 징계를 보이소서"

하니, 임금이 이르기를 "수도정(守道正) 이덕생은 집안에서 항상 스스로 소를 잡았기 때문에 직첩을 거두고 원방(遠方)에 부처(付處)하였던 것이며, 이번은 그 예(例)가 아니니, 다른 예를 상고하여 아뢰라" 하였다.

그 뒤 곧이어 11일에는 임금이 경연(經筵)에 나아가 강(講)을 마치자, 대사헌 이서장(李恕長)이 또다시 동양정 이서의 죄를 논하므로 임금이 좌우(左右)에 물으매, 영사(領事) 한명회(韓明澮)가 대답하기를,

"동양정의 소행은 狂妄한 것이었습니다. 대저 사람이 법(法)을 두려워하면 조정(朝廷)이 다스려지고 만약 두려워하고 꺼리지 아니하면 나라에 기강(紀綱)이 없어지는 것입니다. 지금 동양정은 나라의 법을 두려워하지 아니하고 법사(法司)의 관리를 위협하여 겁박까지 하였

54 『성종실록』 권50, 성종 5년 12월 戊子(7일).

으니, 이제 만약 징계하지 않으면 이에 버릇이 되어서 두려워하지 아니하고, 장차 더 큰 죄를 범할 것입니다"

하였다. 이어 대사간(大司諫) 정괄(鄭佸)이 또 아뢰기를,

"종친(宗親)이 범한 바를 작은 데서 제어하면 친족(親族)을 친애하는 도리를 온전히 함을 얻게 될 것이나, 만약에 그대로 두고 묻지 아니하면 반드시 믿고 범하는 데에 이르러서 마침내 대죄(大罪)에 빠질 것입니다. 지금 이서(李徐)는 금란(禁亂)하는 관리를 위협하고 도리어 그 종[家奴]를 탈취하였으니, 그 죄를 용서할 수가 없습니다. 수도정(守道正)의 예(例)에 의하여 과단(科斷)하게 하소서"

하니, 임금이 명하여 마침내 동양정(東陽正) 이서(李徐)의 직첩(職牒)을 거두게 하였는데,[55] 그런데 이 때, 밀성군(密城君) 이침(李琛)이 "종친(宗親)의 범법(犯法)을 사간원(司諫院)에서 탄핵하는 것은 부당하다"고 아뢰었는 바,

"구례(舊例)에는 종친(宗親)의 범법(犯法)은 종부시(宗簿寺)에서 규핵(糾劾)을 주장(主掌)하였는데, 지금은 사헌부(司憲府)와 사간원(司諫院)에서 교장(交章)[56]하여 탄핵을 합니다. 헌부(憲府)는 백관을 규정(糾正)하는 곳이므로 오히려 가(可)하다고 하겠으나 간원(諫院)은 임금만을 규간(規諫)하는 곳인데, 또 이를 탄핵하니 전에는 듣지 못하였던 바입니다"

하니, 임금이 고례(古例)를 상고하여 아뢰도록 명하였다. 이에 도승지(都承旨) 신정(申瀞) 등이 아뢰기를,

---

55 『성종실록』 권50, 성종 5년 12월 壬辰(11일).

56 중대사가 있을 때 司憲府와 司諫院에서 합동으로 連名하여 上疏하던 일.

"종친(宗親)의 범법(犯法)을 대간(臺諫)에서 탄핵하는 것은 구례에도 있었습니다. 그러나 종친의 유죄(有罪)를 성상께서 만약 말감(末減;가장 가벼운 죄에 處함)하였는데, 간원(諫院)에서 뒤따라 이를 탄핵한다면 이는 한갓 종친만을 탄핵하는 것이 아니고 또한 임금을 규간(規諫)하는 것입니다"

하였다.[57]

---

57 『성종실록』 권50, 성종 5년 12월 乙巳(24일).

26

瑞原君·栗元君의 他界와 '尹氏 廢妃' 사건

효령대군 80세, 1월 ~ 82세, 10월

을미(乙未, 1475)년 새해가 밝았다. 성종 즉위 6년째에, 효령대군(孝寧大君)께서는 보령(寶齡) 80세에 이르셨다. 초하룻날 아침, 임금이 백관(百官)을 거느리고 망궐례(望闕禮)를 행하고 또 대왕대비와 인수왕비(仁粹王妃) · 왕대비전(王大妃殿)에 차례로 하례(賀禮)하고 표리(表裏)를 올리었다. 이어 인정전(仁政殿)에 나아가 하례를 받고 회례연(會禮宴)을 행하니, 왜인(倭人) 불이(不二) 등 3인과 야인(野人) 차리(箚里) 등 4인이 입참(入參)하였는데, 선물을 차등있게 내려 주었다.[1]

1월 17일에는, 지난 세조 8(1462)년에 69세로 이미 타계(他界)하신 양녕대군(讓寧大君)의 작고한 둘째 아들 함양군(咸陽君) 이포(李誧)의 아내 이씨(李氏)가 양녕대군의 장자(長子)인 순성군(順城君) 이개(李豈)의 서자(庶子) 이사종(李嗣宗)이 적통(嫡統)을 빼앗으려 함에 임금께 상언(上言)하였는 바,

"가옹(家翁)인 이포(李誧)의 아버지인 양녕대군(讓寧大君) 이제(李禔)의 장자(長子) 순성군

1 『성종실록』 권51, 성종 6년 1월 辛亥(1일).

(順城君) 이개(李譩)에게 적자(嫡子)는 없고 단지 첩(妾)의 아들만 있었는데, 그래서 세조(世祖)께서 '첩의 아들로써 대군(大君)의 제사를 받들게 할 수는 없다'고 하여 차자(次子) 포(誧)로 하여금 제사를 모시게 하였습니다. 그럼에도 일찍이 이개의 서자(庶子)인 오천부정(烏川副正) 이사종(李嗣宗)이 성조(聖朝)의 제도를 따르지 않고 몰래 탐리(貪利)할 마음을 품고 가옹을 모훼(謀毁)하며 적통(嫡統)을 빼앗고자 폄척(貶斥)합니다"

하니, 예조(禮曹)에서 이에 의거하여 아뢰기를,

"옛 제도의 종자(宗子)의 법(法)에는 군신(君臣)의 분별이 있어 바꿀 수가 없습니다. 이개(李譩)는 이제(李禔)의 적장(嫡長)으로서 마땅히 대종(大宗)이 되어 사당(祠堂)에 부식(祔食)[2]하여야 할 것이로되, 이제 이포(李誧)가 지자(支子)로써 종자(宗子)의 봉사(奉祀)를 탈취함으로 인하여 이개는 죄가 없는데도 사당(祠堂)에 붙일 수가 없으니, 의리에 미안합니다. 이사종(李嗣宗)은 이개의 양첩(良妾)의 아들이니 또한 봉사(奉祀)할 수는 있지만, 세조(世祖)께서 이포(李誧)로 하여금 봉사하게 하였으므로 이제는 뒤따라 개정할 수가 없습니다"

하니, 그대로 따랐다.[3]

2월 15일에는 주계부정(朱溪副正) 이심원(李深源;孝寧大君의 曾孫, 寶城君의 넷째 枰城君 李偉의 長男)[4]이 상서(上書)하였는데, 효성(孝誠)이 지극한 최소하(崔小河)를 경연관(經筵官)에 임명하고자 하나, 원로 원상(院相)들이 반대함에 다시 장문(長文)의 상서를 올리

2 子孫이 없이 죽은 사람을 그 祖上의 祠堂에 班祔하여 제사를 享食하게 하는 것.

3 『성종실록』 권51, 성종 6년 1월 丁卯(17일).

4 1454(단종 2)~1504(연산군 10), 字 伯淵, 號 醒狂·默齋, 金宗直의 門人으로 1478(성종 9) 朱溪副正에 제수되어 成宗의 신임을 받았으나 外叔인 任士洪의 誣告로 長湍·利川 등지에 유배되었다. 大君 逝去 이듬해인 1487년 宗親科試 講經史에서 장원급제, 正義大夫에 제수되었으나, 1504년(연산군 10)에 甲子士禍에 연루되어 두 아들 幼寧·幼檗과 함께 被禍. 遺著로 「醒狂遺稿」가 있다. 諡號 文忠. 3권(27장) 156쪽의 주2)를 함께 참조.

게 된 것이었다. 다소 장황하지만 내용이 매우 긴절(緊切)하므로 전문을 옮겨본다.

「신이 듣건대 사람이 이 몸을 가지게 된 것은 형체(形體)는 어머니에게서 받고 생명(生命)은 아버지에게서 받았으니, 생육(生育)의 은혜가 실로 천지(天地)와 같기 때문에 인륜(人倫)에서 가장 중하며, 인(仁)을 행하는 근본은 효(孝) 보다 더 큰 것이 없다고 합니다. 예로부터 아들이 된 자는 누구나 스스로 그 직분을 다하려 하지 아니하였겠습니까마는 기품(氣稟)에 구속되고 물욕(物慾)에 어두워져서 능히 그 도리를 다하는 자가 드뭅니다. 이제 우리 주상 전하께서는 한 나라를 효도로 다스려서 여러번 밝은 조서(詔書)를 내리고 널리 유일(遺逸;民間에 묻혀 있는 어진 사람)을 찾았습니다. 이에 사천(泗川)의 효자 최소하(崔小河)는 부름을 받아 전옥서(典獄署) 참봉(參奉)에 제수되었습니다. 신이 듣건대 최소하가 효도를 한 일은 그 어머니가 묵은 병이 있으므로 약(藥)바라지를 부지런히 하니, 지극한 정성이 위로 천신(天神)을 감동시켜 꿈에 한 사람이 최소하에게 고하기를 '산 사람의 손가락을 태워서 먹이면 어머니의 병이 나을 것이다'고 하므로 최소하가 곧 오른손 무명지(無名指)를 끊어서 불에 태워 드렸더니 과연 그 효력이 있어 그 어머니가 수명(壽命)이 연장되어 70이 넘기에 이르렀답니다. 또한 최소하는 그 어머니가 돌림병[疫疾]을 피하여 다른 곳으로 옮겨 있다는 말을 듣고 밤낮으로 근심하여 술과 고기를 먹지 아니하였다고 하니 그 효성이 지극합니다. 『전』(傳;後漢書)에 이르기를 '충신은 효자의 집에서 구하라' 하였고, 또 『대학』(大學)에는 '효도하는 것은 임금을 섬기는 방법이 된다'고 하였습니다. 무릇 사람의 정(情)은 하루라도 착한 사람을 보지 아니하면 게으르고 자만(自滿)하는 마음이 생기며, 착한 말을 듣지 아니하면 방탕하고 사치하는 마음이 들게 되는 것입니다. 신(臣)이 그윽이 생각하건대 최소하를 특별히 경연관(經筵官)에 임명하여 아침 저녁으로 좌우에 입시(入侍)하게 하여 그 사람됨을 보고 그 행실을 들으며, 또 『소학』(小學) 『대학』의 글을 강구(講究)하고 체득(體得)하여 마음이 밝고 광명함에 이른다면 성덕(聖德)에 어찌 조금이라도 보탬이 없겠습니까? 만약 최소하를 문신(文臣)이 아니라고 하여 경연에 두지 못한다고 한다면 이는 크게 옳지 못합니다. 예전에 사악(四岳;사방의 제후를 통합하는 벼슬)이 순(舜)을 당(唐)의 요(堯) 임금에게 천거하였는데 '많이 배우고 글이 능하다'는 말은 하지 아니하고 '아버지는 어리석고 어머니는 간악하며 상(象;舜의 동생)은 거만한데 점차로 착하게 인도하여 간악함에 이르지 아니하게 하였다'고 하였습니다. 만약 최소하의 부모가 어리석고 간악하였다고 하더라도 그 정성이 능히 신(神)을 감동시켰는데 하물며 부모이겠습니까? 능히 감화시켜서 간악함에 이르지 아니하도록 할 것은 틀림없습니다. 그런데 어찌 상례(常例)에 구애되어 어진 이를 버리겠습니까? 예전에 구슬같은 문장으로 그 말을 크게 나타내던 자도 권세에 아부하여 좌천(左遷)된 자가 있고, 아려정절(雅麗精絶)한 문장으로 강개(慷慨)하고 모가 난 자도 고집이 세어서 나라를 그르친 자가 있습니다. 경연에 시강(侍講)하는 것은 바로 성상의 덕을 돕고 기르는 것이 임무인데 만약 심신(心身)을 닦고 집안을 다스리는 덕이 없으면, 비록 글씨가 물흐르듯 하고 시문(詩文)의 문체가 훌륭하다고 할지라도 어찌 족히 쓰겠습니까? 송(宋)나라 정이(程頤)는 진사(進士)에 합격하지 아니하였으나 철종(哲宗)이 사마광(司馬光)·여공저(呂公著)·한강(韓絳)·주광정(朱光庭)의 추천으로서 하루 아침에 의심하지 아니하고 숭정전 설서(崇政殿 說書)에 임명하였으니 이미 고사(故事)가 있습니다. 신은 불초(不肖)한 자로서 종적(宗籍)에 참여하여 천지의 생성(生成)하는 은혜를 입었으나 티끌만한 도움도 없었는데, 감히 구구(區區)한 작은 정성을 가지고 성총(聖聰)을 더럽힙니다. 『대학』전(傳)에 이르기를 '어진이를 보고도 등용하지 아니하고 등용하되 먼저쓰지 아니하는 것은 태만한 것이다' 하였고, 맹자(孟子)는 '상서롭지 못한 일에는, 어진이를 덮어두고 쓰지 아니하는 것도 해당된다'고 하였으니, 엎드려 원하건대 전하께서는 마음을 가라앉히고 깊이 생각하여 굽이 살피소서」

하였다. 이에 임금이 원상(院相)들에게 의논하기를 명하니, 정인지(鄭麟趾)·정창손(鄭昌孫)·김질(金礩)·조석문(曺錫文)·윤자운(尹子雲)이 의견을 말하기를,

"최소하가 비록 그 어머니에게 효도한 한 가지 절행(節行)이 있을지라도 재주와 덕이 경연에서 시종(侍從)하기에는 적합하지 아니하며, 또 본조(本朝)에서는 문신(文臣)이 아니면 경연관(經筵官)을 허락하지 아니하니, 심원(深源)의 말을 따를 수 없습니다"

하였고, 신숙주(申叔舟)·홍윤성(洪允成)은 의견을 말하기를

"다른 관사(官司)로 일단 옮겨서 제수하여 마땅한 지를 시험하는 것이 좋겠습니다"

하니, 명하여 다른 관사로 옮겨서 서용(敍用)하게 하였다.[5]

3월 6일에는 회암사(檜巖寺) 중수(重修)를 반대하는 사간원 대사간(大司諫) 정괄(鄭佸) 등의 상소가 있었다. 정괄 등이 차자(箚子)를 올리기를,

"신(臣) 등이 삼가 듣건대 내수사(內需司)의 재곡(財穀)으로 회암사를 중수한다고 하는데, 지금 절을 수리함은 무익한 중에서도 큰 것입니다. 불씨(佛氏)가 허탄하고 망령됨은 성상(聖上)께서도 밝게 통찰하고 계시는 바입니다. 이 절이 비록 허물어졌다 하더라도 굳이 국가에서 수리할 필요가 없는 것인데, 더구나 아직 온전한 것을 중수(重修)하는 것이겠습니까? 비록 내수사의 재물을 쓰고 유수(遊手)의 무리를 사역(使役)시킨다고는 하지만, 재물을 손상시키고 국가에 손해가 됨은 마찬가지이니, 속히 역사(役事)를 정지시키시기를 바랍니다"

하니, 임금이 전교(傳敎)하기를

"세조(世祖)께서 중수(重修)하시려다가 착수하지 못하고 승하(昇遐)하셨다. 지금은 의숙공주(懿淑公主;貞熹王后 所生, 河城尉 鄭顯祖에게 下嫁)가 재곡(財穀)을 내어 수리하려고 하는데, 대비(大妃)께서도 도와주시는 것이다. 또 절 전체를 수리하는 것도 아니고, 다만 비가 새는 곳만을 수리하는 것일 뿐이다. 나의 뜻이 아니니, 다시는 말하지 말라"

하였다.[6] 그러나 이튿날 임금이 경연(經筵)에 나간 자리에서 정언(正言) 이계통(李季通)과 지평(持平) 서근(徐近) 등이 또다시 회암사 중수에 대해 반대 상소를 올렸으나, 임금이 "중창(重創)하는 것이 아니고 허물어진 것을 수리할 뿐이며, 더구나 이것은 세조의 유명

---

5 『성종실록』 권52, 성종 6년 2월 甲午(15일).

6 『성종실록』 권53, 성종 6년 3월 乙卯(6일).

(遺命)으로 하성공주(河城公主;懿淑公主)가 주관을 하는데다가 대비께서 돕고 있으니, 내가 어찌 그만 두게 하겠는가?" 하였다.

4월 8일은 석가탄일(釋迦誕日), 이 시절에도 나라의 풍속에 이 날은 석가모니(釋迦牟尼)의 탄신일이라 하여 집집마다 등(燈)을 켜 놓고, 장대를 많이 세워 수십 개의 등을 연달아 달며, 또 등으로 새나 짐승, 물고기나 용(龍)의 형상을 만들어 대단히 호화롭게 하기에 힘썼으므로 구경꾼이 많이 모여들었는데, 임금이 한성부(漢城府)에 전교하기를 "오늘은 바람이 심하게 불어서 집집마다 연등(燃燈) 놀이에 화재(火災)가 날까 두려우니, 연등을 금지하도록 하라" 하였다.[7]

6월 1일에는 임금이 후원(後苑)에 나아가 종친(宗親)을 인견하고, 입시(入侍)한 자가 1백 8인이나 되었는데, 이들 모두에게 각각 호피(虎皮) 1장씩을 하사하니, 월산대군 이정(李婷;世祖의 孫子; 仁粹大妃 소생, 成宗의 兄)·밀성군 이침(李琛;世宗의 後宮 愼嬪金氏 소생)·창원군 이성(李晟;世祖의 후궁 謹嬪朴氏 所生)·의성군(誼城君) 이채(李寀;孝寧大君의 長男)·보성군(寶城君) 이갑(李峇;孝寧大君의 3남)에게는 각각 표피(豹皮) 1장씩을 별도로 하사하였다. 그리고 운수군 이효성(李孝誠)·고림정(高林正) 이훈(李薰;瑞原君 李寀의 제5남)·장양부정(長陽副正) 이주(李儔;誼城君의 孫子; 茂松君 李恮의 제4남)·양성부정 이선경(李善慶)·가림수 이추(李秋) 등은 강서(講書)에서 '통'(通)[8]을 얻었으므로 녹비(鹿皮) 1장씩을 별도로 하사하였다. 또한 곡성군 이금손(李金孫)·아림군 이정(李楨)·부윤부정 이효숙(李孝叔)·곡강정 이게(李垍)·취성정 이과(李顆)·완성수 이귀정(李貴丁)·단산수 이수(李穗)·설성부수 이은정(李銀丁)·안창부정(安昌副正) 이심(李諶;讓寧大君의 제8남)·허천부수 이유(李愉)·병산부수 이말정(李末丁)·영정수 이복중(李福重)·석산수 이효식(李孝植)·기계수 이효전(李孝全)·장택부정 이효자(李孝慈)·진성수 이의정(李義丁)·안장부수 이옥산(李玉山)·달성부수 이효의(李孝義)·마천부수 이이(李怡) 등은 사후(射侯)에서 이겼으므로 활[弓]을 각각 1장씩 별도 하사하였는데, 한편, 특별히 주계부정(朱溪副正) 이심원(李

7 『성종실록』 권54, 성종 6년 4월 丙戌(8일).

8 科擧 講書科의 성적을 매기는 세 등급의 첫째, 보통을 '略', 劣等을 '粗', 하등으로 낙제를 '不'이라 하였음.

深源)에게는 마장(馬粧:말 治粧 裝備) 1벌을 별도 하사하니 전일에 올린 그의 상소(上疏)를 포상하는 뜻이었다.[9]

7월 8일에는 임금이 서교(西郊)에 거둥하여 농사 작황(作況)을 둘러보고 일하는 농민(農民)들에게 술을 대접하게 한 후, 영복정(榮福亭;讓寧大君의 別墅)에 올라가 조선(漕船) 훈련하는 것을 보고는 배가 몇 척(隻)이 되는가를 물으니, 호조 겸판서 조석문(曺錫文)과 도승지 유지(柳輊)가 '70척이라'고 대답하였다. 이윽고 어가(御駕)가 효령대군(孝寧大君)의 별서(別墅)인 희우정(喜雨亭)에 이르러 물고기 노는 것을 구경하고 종척(宗戚)과 재신(宰臣) 및 여러 장수들을 불러와 술을 대접하였다.[10]

9월 6일에는 임금이 인정전(仁政殿)에 나아가 양로연(養老宴)을 행하였는데, 연세(年歲)가 이미 80이신 효령대군(孝寧大君)은 연로(年老)하여 잔치에는 참여하지 못하셨으매, 명하여 주악(酒樂)을 그 집에 보내어 위로하였다. 한편 이 날, 잔치에 참석한 노인(老人)들에게는 각각 한 자급(資級)씩을 더하고, 자궁(資窮)한 자는 자·서·제·질(子壻弟姪) 중에서 대신 받게 하였다.[11]

10월 2일에는 효령대군(孝寧大君)의 둘째 아들 서원군(瑞原君) 이친(李寀)이 별세(別世)한 바, 『성종실록』(成宗實錄)에 적힌 '졸기'(卒記)를 그대로 옮겨본다.

"서원군(瑞原君) 이친(李寀)이 졸(卒)하니 철조(輟朝)하고, 조제(弔祭)·예장(禮葬)하기를 예(例)와 같이하였다. 이친은 효령대군(孝寧大君) 이보(李補)의 둘째 아들이니, 선덕(宣德;明 宣宗의 年號) 정미(丁未, 世宗 9, 1427)년에 통정대부(通政大夫) 원윤(元尹)을 배수(拜受)하고, 기유(己酉, 세종 11, 1429)년에 가정대부(嘉靖大夫) 서원윤(瑞原尹)에 올랐다. 을묘(乙卯, 세종 17, 1435)년에 정헌대부(正憲大夫)에 뛰어 오르고, 정통(正統;明 英宗의 年號) 갑자(甲子, 세종 26, 1444)년에 숭헌대부(崇憲大夫)에 고쳐 제수(除授)된 후, 다시 천순(天順;明 英宗[重祚] 年號)

---

9 『성종실록』 권56, 성종 6년 6월 戊寅(1일).

10 『성종실록』 권57, 성종 6년 7월 乙卯(8일).

11 『성종실록』 권59, 성종 6년 9월 壬子(6일).

기묘(己卯, 世祖 5, 1459)년에 가덕대부(嘉德大夫) 서원경(瑞原卿)에 올랐다. 성화(成化;明 憲宗 年號) 정해(丁亥, 세조 13, 1467)년에 다시 서원군(瑞原君)에 피봉(피封)되었는데 이에 이르러 졸(卒)하니, 향년(享年)이 64세이다. 시호(諡號)를 '이안'(夷安)이라 하니, 마음을 편안히 하고 고요한 것을 좋아함이 '이'(夷), 너그럽고 화평함이 '안'(安)이다. 맏아들 이취(李敢)는 회의도정(悔義都正)이고, 둘째 이납(李綡)은 덕은도정(德恩都正), 셋째 이온(李簋)은 제천군(堤川君)이며, 넷째 이청(李菁)은 예천정(蘂川君), 다섯째 이훈(李薰)은 고림정(高林正)이고, 서자(庶子) 이혜(李蕙)는 청거수(淸渠守)이다"[12]

10월 9일에는 회간왕(懷簡王;世祖의 長子 貞熹王后 所生, 懿敬世子 桃源君 李暲의 諡號)의 묘호(廟號)를 추존(追尊)하여 '덕종'(德宗;成宗의 生父)이라고 올렸다.[13]

11월 16일에는, —지난 9월 6일 인정전仁政殿에서 베푼 양로연(養老宴) 잔치에 80세의 대군(大君)께서는 연로(年老)하여 참석ㅎ지 못하시었으므로—임금이 특별히 명하여 술[酒]과 음악(音樂)을 효령대군(孝寧大君) 이보(李補)의 집에 내렸는데, 술은 그 맏아들 의성군(誼城君) 이채(李寀)가 직접 들고 갔다.[14]

12월 1일에는 임금이 선정전(宣政殿)에 나아가서 종친(宗親) 장양부정(長陽副正) 이주(李儔;孝寧大君의 曾孫, 誼城君 長男 茂松君의 제4남) 등 5인과 유생(儒生) 이지형(李智亨) 등 5인을 불러 강서(講書)하게 하였다.[15]

병신(丙申, 1476)년 새해가 밝았다. 성종대왕의 즉위 7년째에, 효령대군(孝寧大君)께서는 보령(寶齡) 81세이시니, '망구수'(望九壽)년에 이르셨다. 새해 원단(元旦), 임금께서 백관을 거느리고 망궐례(望闕禮) 행하기를 의식대로 하고 이내 삼대비전(三大妃殿)에 하례(賀禮)한 후, 표리(表裏)를 바치었다. 이어서 인정전(仁政殿)에 나아가 백관들로부터 하례를 받은 후, 다시 삼전(三殿)에게 잔치를 올리었다. 그리고 또 이어 인정전에 나아가 회례

12 『성종실록』 권60, 성종 6년 10월 戊寅(2일).

13 『성종실록』 권60, 성종 6년 10월 乙酉(9일).

14 『성종실록』 권61, 성종 6년 11월 辛酉(16일).

15 『성종실록』 권62, 성종 6년 12월 丙子(1일).

연(會禮宴)을 행하니 왜인(倭人)과 야인(野人)들도 참예(參詣)하였다.[16]

1월 13일에는 대왕대비(大王大妃)가 마침내 모든 정무(政務)를 임금에게 맡도록 하는 의지(懿旨)를 의정부(議政府)에 내리니, 성종(成宗) 임금이 즉위한지 7년만에 친정(親政)을 하게 된 것이다.

「국가의 모든 정무(政務)는 진실로 마땅히 일인(一人;임금을 지칭)에게 들어 처리해야 할 것이다. 간혹 모후(母后)가 있어 정무에 참여하는 일이 있으나, 이것은 한 때의 임시 편의(便宜)일 뿐이다. 주상(主上)께서 즉위하신 초기(初期)에는 춘추(春秋)가 아직 어리시니, 비록 성지(聖智)는 하늘이 준 것이지마는 오히려 겸손한 덕을 가지고는 과부(寡婦)가 문견(聞見)이 없다고 인정하지 않고서 모든 시책(施策)과 조치(措置)를 반드시 물은 후에 시행하였으며, 조정에 있는 대신(大臣)들도 또한 고사(故事)에 의거하여 결정에 참여하기를 굳이 청하니, 내가 비록 덕이 없어 이를 감내할 수가 없지마는 국가의 일에 또한 관심이 없겠는가? 이에 마지 못해서 힘써 따랐지마는 다스리는 방법에 도움은 없고 국가의 체통(體統)에만 어긋남이 있었으므로 매양 자문(咨問)과 품고(稟告)를 받을 때마다 문득 부끄러움을 마음 속에 품게 되어, 항상 사사(辭謝)하고는 여년(餘年)을 편안히 지내려고 한 지가 오래되었다. 마침 지금은 임금의 나이가 이미 장성(長成)하고 임금의 학문도 이미 성취되어 만기(萬機)를 재결(裁決)함이 문득 규정과 법도에 합당하니, 나 같은 늙은 부인(婦人)이 마땅히 다시 쓸데없이 간섭할 바는 아니다. 그런 까닭으로 지금부터 국가의 모든 정무(政務)는 참여해 아는 바가 없이, 모든 백성으로 하여금 임금의 정치를 모두 우러러보게 하고, 나는 다만 한가롭게 여년(餘年)을 보전하여 태평을 영원히 보고 있을 뿐이다. 그대 의정부(議政府)에서는 이 뜻을 잘 알아서 중앙과 지방에 알아듣도록 타이르라」

하였다.[17]

---

16 『성종실록』 권63, 성종 7년 1월 丙午(1일).

17 『성종실록』 권63, 성종 7년 1월 戊午(13일).

1월 17일에는 효령대군(孝寧大君)의 손자(孫子)이며 보성군(寶城君) 이갑(李嗒)의 둘째 아들 율원군(栗元君) 이종(李倧)이 별세(別世)하였다.[18] 35세 되던 세조 13(丁亥, 1467)년 이시애(李施愛) 반란 때에 총통도장(銃筒都將)으로 무공을 세워 적개공신(敵愾功臣) 3등에 책록(策錄)되고 함길남도병마절도사(咸吉南道兵馬節度使)가 되었으나 이듬해 병을 얻어 집에 돌아와 요양(療養) 중이었는데 이 때에 돌아가니 향년(享年) 44세이었다. 『성종실록』(成宗實錄)에 다음의 '졸기'(卒記)가 실려 있다.

「율원군(栗元君) 이종(李倧)이 졸(卒)하니 조회(朝會)를 폐하고, 조문(弔問)과 치제(致祭)하고 예절을 갖추어 장사(葬事) 지내기를 전례(典例)대로 하였다. 종(倧)의 자(字)는 유안(幼安)이니, 보성군(寶城君) 이갑(李嗒)의 둘째 아들이다. 글 읽기를 좋아하고 또 활쏘기를 잘하였다. 정통(正統;明 英宗의 年號) 정묘(丁卯, 世宗 29, 1447)년에 처음으로 광성율원령(光成栗元令)에 임명되고, 천순(天順;明 英宗[重祚]의 年號) 정축(丁丑, 世祖 3, 1457)년에 보신부정(保信副正)에 승진되었다. 경진(庚辰, 세조 6, 1460)년에 경서(經書)를 통한 이유로써 창선대부(彰善大夫)에 가자(加資)되었다. 세조(世祖)가 종친(宗親) 중에서 학식(學識)과 무예(武藝)가 있는 사람을 뽑아서 진종(陣宗)과 사종(射宗)으로 삼았는데, 종(倧)이 모두 선발(選拔)되어 매양 열무(閱武)할 적에는 반드시 명하여 장수(將帥)로 삼았다. 계미(癸未, 세조 9, 1463)년에 세조께서 평안도(平安道)는 지경(地境)이 야인(野人)과 연해 있고 방산진(方山鎭)은 곧 그 요충지(要衝地)인 이유로써 종(倧)에게 명선대부(明善大夫)에 가자하여 가서 지키게 하였다. 성화(成化;明 憲宗의 年號) 정해(丁亥, 세조 13, 1467)년에 이시애(李施愛)가 배반하니 종(倧)을 총통대장(銃筒大將)으로 삼고 정의대부(正義大夫)를 가자하여 율원군(栗元君)으로 봉(封)하여 보냈었다. 난리가 평정되매 정충적개공신(精忠敵愾功臣)의 칭호를 하사(下賜)하고 중의대부(中義大夫)에 승진시키고, 특별히 함길남도절도사(咸吉南道節度使)에 임명하였다. 무자(戊子, 세조 14, 1468)년에 병(病) 때문에 불러 돌아오게 하여 군(君)으로 봉하였는데, 이 때에 이르러 졸(卒)하니, 향년(享年)이 44세였다. '양경'(襄頃)이라고 시호(諡號)를 내렸는데,

18 『성종실록』 권63, 성종 7년 1월 壬戌(17일), 『靖孝公子孫譜』(舊庚子譜;正祖 4, 1780).

일로 인하여 공(功)이 있는 것이 '양'(襄)이고, 민첩하여 경신(敬愼)하는 것이 '경'(頃)이다. 이종(李倧)은 성격이 침착하고 진득하여 일을 만나면 세밀히 살피고 다른 사람을 대접할 때는 겸손(謙遜)하고 공손(恭遜)하게 하였다. 아들은 자겸(子謙) 하나이다」[19]

이튿날 18일에는 임금이 이조(吏曹)에 전지하여, 전(前)송림부정(松林副正) 이효창(李孝昌)과 전 동양정(東陽正) 이서(李徐;孝寧大君의 孫子; 寶城君 李启의 제7남), 그리고 돌산부정(突山副正) 이광석(李廣石;讓寧大君의 아홉째 아들)을 다시 서용(敍用)하게 하였다.[20]

1월 26일에는 소규모의 관직(官職) 이동(移動)이 있었다. 임금이 선정전(宣政殿)에 나아가 몸소 정사(政事)를 처리하는데, 이조판서 홍응(洪應)·참판 이파(李坡)·참의 심한(沈瀚)은 동반(東班)에 있고, 병조판서 이극배(李克培)·참판 김양경(金良璥)·참의 성귀달(成貴達)·참지(參知) 이병정(李秉正)은 서반(西班)에 있었다. 이조(吏曹)와 병조(兵曹)에서 삼망(三望)[21]을 갖추어 계품(啓稟)하여 낙점(落點)했는데, 이훈(李塤;孝寧大君의 사위)을 숭정대부(崇政大夫) 한성군(韓城君)에 제수하였다.[22]

3월 9일에는 임금이 효령대군(孝寧大君) 이보(李補)의 사저(私邸)에 거둥하여 그를 위로하는 연회(宴會)를 베풀었는데, 이 날의 잔치에는 월산대군(月山大君) 이정(李婷;德宗/仁粹大妃의 장남, 成宗의 兄)·밀성군(密城君) 이침(李琛;世宗 후궁 愼嬪金氏 所生)·덕원군(德源君) 이서(李曙;世祖 후궁 謹嬪 朴氏 所生)·창원군(昌原君) 이성(李晟;李曙의 아우)·의성군(誼城君) 이채(李寀;孝寧大君의 長男)·보성군(寶城君) 이갑(李启;孝寧大君의 제3남)·은천군(銀川君) 이찬(李穳;敬寧君 李裶의 아들)·영천군(永川君) 이정(李定;孝寧大君의 제5남)·원천군(原川君) 이의(李宜;孝寧大君의 제6남, 誠寧大君后로 出系)·오산군(烏山君) 이주(李澍;臨瀛大君 璆의 長男)·사산군(蛇山君) 이호(李灝;義昌君 李玒의 아들)·옥산군(玉山君) 이제(李躋;謹寧君 李襛의 아들)·정양군(定陽君) 이순(李淳;臨瀛大君 李璆의 제3남)·운산군(雲山君)

---

19 『성종실록』 권63, 성종 7년 1월 癸亥(18일).

20 『성종실록』 권63, 성종 7년 1월 癸亥(18일).

21 官職을 除授할 때에 吏曹나 兵曹에서 세 사람의 候補者를 임금에게 추천하던 일.

22 『성종실록』 권63, 성종 7년 1월 辛未(26일).

이계(李誡;密城君 李琛의 아들)·팔계군(八溪君) 이정(李淨;臨瀛大君의 제4남)·우산군(牛山君) 이종(李踵)·신종군(新宗君) 이효백(李孝伯;定宗의 후궁 誠嬪池氏 所生 德泉君 厚生의 아들)·환성군(歡城君) 이징(李澄;臨瀛大君의 제5남)·운수군(雲水君) 이효성(李孝誠)·안강정(安康正) 이량(李良)[23] ·가은도정(加恩都正) 이빈(李份;原川君 李宜의 3남)·신풍도정(新豊都正) 이순(李循;孝寧大君의 손자, 寶城君 李含의 장남)·운림도정(雲林都正) 이핍(李愊;孝寧大君의 손자, 誼城君 李宋의 3남)·평성도정(枰城都正) 이위(李偉;孝寧大君의 손자, 寶城君의 제4남) 등이 입시(入侍)하였다.

임금이 명하여 어가(御駕)를 따라 온 종친(宗親)과 재상(宰相) 및 여러 장수들에게도 음식을 대접하게 하고, 풍악(風樂)을 내려 주었다. 임금이 또 명하여 면포(綿布)·정포(正布) 아울러 1백 필(疋)을 대군(大君)의 집에 실어 보내어 잔치의 폐백(幣帛)으로 삼게 하였다.[24] 이에 효령대군(孝寧大君)은 당일로 전문(箋文)을 받들어 임금께 사은(謝恩)하였다.

5월 18일에는 오천부정(烏川副正) 이사종(李嗣宗;讓寧大君의 孫子, 順城君 諿의 庶長子)이 상언(上言)한 바에 따라 석강(夕講)에서 종친의 가자(加資) 여부를 논의한 바,

> "『경국대전』(經國大典)의 종친(宗親)에 대한 관제(官制)에, 처음 제수(除授)한 뒤에는 다시 가자(加資)하는 길이 없어 마치 한직(限職)과 같습니다. 그래서 신(臣) 등은 민망하게 여기는 바입니다. 신 등의 어리석음은 진실로 국가에 도움이 없을 것입니다. 그러나 그 의(義)로 논한다면 국가와 휴척(休戚;기쁨과 걱정)을 함께 한다고 누가 말하지 않겠습니까? 그런데 국가와 휴척을 함께 하는 사람으로서 도리어 일반 사람들이 벼슬하는 것만도 못하니, 그런 점을 신 등은 수치로 여깁니다. 그렇다고 실직(實職)을 올려주고 녹봉(祿俸)을 더해 주기를 바라는 것은 아닙니다. 그러나 계급(階級)에 이르러서는 국가에 있어서는 손익(損益)이 없지만 신 등에게는 사실상 큰 혜택이 되는 것이니, 문무관(文武官)의 예(例)와 같이 자궁(資窮) 이하는 달[月] 수를 계산하여 가자(加資)하게 해주소서"

---

23 孝寧大君의 제7남, 平海 孫氏의 所生.

24 『성종실록』 권65, 성종 7년 3월 壬子(9일).

하니, 임금이 말하기를

"종친(宗親)은 문무관(文武官)이나 조관(朝官)의 예(例)와 같지 않으므로 비록 어질다 하더라도 알 수가 없으며, 마땅히 강서(講書)하는 가운데서 가려야 할 것이다"

하였다.

이사종의 상소에 뒤를 이어 며칠 후에는 효령대군(孝寧大君)께서 직접 앞장 서서 종친의 가계(加階)에 대해 아뢲으로써, 종친(宗親)에 대한 가계와 승품(陞品)까지 주선하도록 하였는 바, 5월 21일에 효령대군과 밀성군(密城君) 이침(李琛) 등은 아뢰기를,

"근일(近日)에 오천부정(烏川副正) 이사종(李嗣宗)이 상언(上言)하여 문·무관(文武官)의 예(例)와 같이 계사(計仕)하여 가자(加資;資級을 올려줌)해 줄 것을 청하였는데, 조종(祖宗)으로부터 종친(宗親)은 처음 벼슬을 제수(除授)한 뒤에는 가선대부(嘉善大夫)나 자헌대부(資憲大夫)와 같은 경우는 모두 천질(遷秩)되면서 녹과(祿科)에 있어서도 그 품계(品階)와 같은 것은 무방(無妨)하나 행직(行職)은 없습니다. 『경국대전』(經國大典)에는 왕자(王子)는 정1품 대군(大君)에 봉(封)해지고 그 다음은 봉군(封君)만 되며, 영감(令監)에 이르러서는 처음 제수한 뒤에는 가계(加階)하는 법이 없으니, 마치 한직(限職)과 같습니다. 이교(李皎)는 돈녕(敦寧)의 첩자(妾子)인데도 의친(懿親)이기 때문에 어모장군(禦侮將軍)이 되었으며, 가음령(嘉音令) 이은생(李銀生)의 아들은 내금위(內禁衛)에 들어와서 제한이 없이 품계(品階)를 더하여 어모장군에 이를 수 있게 되었는데, 도리어 아버지 은생은 현령(縣令) 직에 끝나고 말았으니 이는 종친이 도리어 의친만 못한 꼴입니다. 세조(世祖) 때에 신종군(新宗君) 등의 직위(職位)는 모두 그의 아비보다 다 높았습니다. 그런데 지금은 『대전』(大典)에 '처음 제수(除授)한 뒤에는 가계(加階)할 수 없다'고 했다 하는데, 『대전』의 본뜻은 그러한 것이 아니고, 그것은 마치 신급제(新及第)의 일등(一等)이 정6품(正六品)·정7품과 같은 뜻입니다. 촌수(寸數)가 멀어져서 의친(懿親)이 되면 그 직위가 제한이 없는데, 명색이 종친(宗親)으로서 그 직위가 제한이 있으니 이는 지극히 미편(未便)합니다. 신(臣) 등은 원하건대 아직 자궁(資窮)하지 않은 자는 계사(計仕)하여 가자(加資)해주고, 이미 자궁한 자도 전하

(殿下)께서 수시로 관안(官案)을 검열(檢閱)하시어 오래 되고 근면함을 차례를 매겨서 승급(陞級)해 주면, 거의 종친에게도 직위를 제수하고 품계를 고쳐주는 희망이 있게 되고 구법(舊法)이 다시 시행될 것입니다. 또 향화(向化)한 자의 아들들도 제한 없이 가계될 수 있는데, 다만 왕친(王親)만은 가계(加階)하는 법이 없어서 각대(角帶)를 띤 이는 은대(銀帶)를 바랄 수 없고, 은대를 띤 이는 기화대(起花帶)를 바랄 수 없습니다. 그래서 사람들이 천(賤)하게 여겨서 혼인을 할 때에는 사람마다 좋아하지 아니하므로 종부시(宗簿寺)에 하소연을 하게 되니, 신 등은 민망하게 여깁니다"

하니, 임금이 전교(傳敎)하기를

"『대전』(大典)은 만세(萬世)에 모범이 되어야 하는 것이므로 고칠 수가 없는 것이며, 재상(宰相)들도 고칠 수 없다고 하니, 지금 문·무관(文武官)의 예(例)로서 가계(加階)할 수는 없다. 문·무관은 육시(六寺)·칠감(七監)에서부터 근로(勤勞)를 쌓았으므로 계사(計仕)하여 가자(加資)를 하지만 종친(宗親)인 경우는 근사(勤仕)한 곳이 없으니, 어떻게 계사하여 가자를 하겠는가? 그렇지만 내가 마땅히 가계하고 승품(陞品)하도록 주선하겠노라"

하였다.[25]

5월 25일에는 효령대군(孝寧大君)의 여섯째 아들 원천군(原川君) 이의(李宜)가 타계하니, 철조(輟朝)하고 조제(弔祭)와 예장(禮葬)을 전례(前例)대로 하였다. 이의가 처음에는 중의대부(中義大夫) 원천윤(原川尹)에 제수되었고, 천순(天順;明 英宗 年號) 기묘(己卯, 세조 5, 1459)년에 승헌대부(承憲大夫)에 초수(超授)되었으며, 경진(庚辰;세조 6, 1460)년에는 가덕대부(嘉德大夫) 원천경(原川卿)에 초승(超陞)되었다. 그리고 성화(成化;明 憲宗의 年號) 병술(丙戌, 세조 12, 1466)년에 원천군에 다시 제수되었다가 이 때에 이르러 졸(卒)하니, 나이가 44세이다. 시호(諡號)는 '안도'(安悼)인데, 화합을 좋아하여 다투지 않음[好和

25 『성종실록』 권67, 성종 7년 5월 癸亥(21일).

不爭]을 '안'(安), 중년에 일찍 죽은 것[年中早夭]를 '도'(悼)라고 했다. 적실(嫡室)에서는 아들이 없고, 얼자(孽子)로서 열산정(列山正) 이해(李偕), 기성수(岐城守) 이정(李偵), 가은군(加恩君) 이빈(李份)이 있다. 성령대군(誠寧大君) 이종(李種)에게 출계(出系)하였다.[26]

6월 8일에는 월산대군 이정(李婷)·밀성군 이침(李琛)·덕원군 이서(李曙)·창원군 이성(李晟)·의성군 이채(李寀)·보성군 이갑(李合)·옥산군 이제(李躋)·은천군 이찬(李禶) 등이 '종실(宗室) 출신은 혼인(婚姻) 할 때에 적첩(嫡妾)의 구분을 두지 말도록' 하는 데 대해 의논하기를,

"종실(宗室)에 있어서는 적첩(嫡妾)을 구분하지 아니하니, 이는 대개 왕파(王派)이기 때문입니다. 혼인(婚姻)하기에 이르러 한결같이 정원(情願)에 따른다면 간혹 혼인하지 못하고 죽는 자도 있을 것입니다. 비록 친소(親疎)의 구분이 있다 하더라도 선정(先正)에 있어서는 균등한 일파(一派)이며, 세종(世宗)께서 법(法)을 세운 것도 바로 이것을 위한 것이었으니, 옛날과 다름없이 하는 것이 어떠합니까? 또한 종실에 있어서는 첩자(妾子)의 양천(良賤)은 구별(區別)할 수가 없습니다. 만약 구별한다면 이는 어미의 미천(微賤)으로 인하여 아비의 고귀(高貴)함을 잃게 되는 것입니다. 비록 당대(當代)에서 멀다 하더라도 이 또한 선왕(先王)의 자손입니다. 반드시 사대부(士大夫)의 첩자와 혼인하고자 한다면 죽을 때까지 혼인조차 하지 못하는 자도 있을 것입니다."

하니, 임금이 전교(傳敎)하기를

"근래에 종실의 자녀들이 혼인할 때 거족(巨族)을 모점(冒占)하여 혼인하려 하니, 저들이 문득 응낙하지 아니하고 도리어 서로 소송(訴訟)하기에 이른다. 그래서 내가 의논하게 하였을 뿐이다. 지금 의논이 모두 이와 같으니, 옛날과 다름없이 시행하도록 하라"

---

26 『성종실록』 권67, 성종 7년 5월 丁卯(25일), '原川君 李宜의 卒記'

하였다.[27]

6월 13일에는 호조(戶曹)에 전지하기를,

"지금 경혜공주(敬惠公主)의 딸이 결혼을 하니, 쌀·콩 아울러 50석, 기름 1석, 청밀(淸蜜) 1석, 백수주(白水紬) 6필(疋), 정주(鼎紬) 6필, 백면포(白綿布) 6필, 단목(丹木) 10근(斤), 면자(棉子) 10근, 면화(棉花) 30근, 면포(綿布) 60필을 내려 주도록 하라"

하였다.[28] 경혜공주는 문종(文宗)/현덕왕후(顯德王后, 權氏)의 소생으로 세종 32(1450)년에 영양위(寧陽尉) 정종(鄭悰)에게 하가(下嫁)하였으나, 정종이 단종 3(1455)년에 수양대군(首陽大君;世祖)의 제거를 도모한 금성대군(錦城大君)과 친교가 있었다 하여 영월(寧越)에 유배되고, 그 후 사육신사건(死六臣事件;世祖 2년)으로 죄(罪)가 가중되어 수원(水原)을 거쳐 광주(光州)에 유배되었다가 1461년에 승려 성탄(性坦) 등과 모반을 꾀했다 하여 배소(配所)에서 사사(賜死)되었던 바, 그와 함께 유배되어 관비(官婢)가 된 경혜공주가 적소(謫所)에서 아들을 낳자 세조비 정희왕후(貞熹王后)가 친히 양육하며 세조는 미수(眉壽)라고 이름까지 지었는데, 그 경혜공주가 낳은 딸이 결혼하게 된 것이다.

효령대군(孝寧大君)의 여섯째, 막내 아들로서 지난 5월에 타계한 원천군(原川君) 이의(李宜)가 실은 이미 오래전에 후사(後嗣)없이 요서(夭逝)한 성령대군(誠寧大君)에 계대(繼代) 출계(出系)했던 것인데, 그가 죽자 제사(祭祀) 받들 일에 문제가 생겼다. 이에 효령대군(孝寧大君)께서 일전에 상언(上言)하시기를

"신(臣)의 아들 원천군 이의가 그동안 성녕대군의 제사를 받들었는데 지금은 그가 죽었습니다. 의(宜)에게는 비록 적자(嫡子)는 없지만 첩(妾) 소생이 셋이 있으니, 청컨대 장자(長子)인 열산수(列山守) 이해(李偕)에게 그 아비의 제사를 받들게 하고, 셋째 아들인 가은도정

27 『성종실록』 권68, 성종 7년 6월 己卯(8일).

28 『성종실록』 권68, 성종 7년 6월 甲申(13일).

(加恩都正) 이빈(李份)으로 하여금 성녕대군의 제사를 받들게 해주소서"

라고 하였던 바, 7월 11일에는 이를 참고하여 예조(禮曹)에서 아뢰기를,

"신(臣) 등이 효령대군(孝寧大君)이 상언(上言)한 것을 근거로 자세히 참고하여 보니, 예(禮)에 남의 후사(後嗣)가 된 사람은 자식이 된 것이니, 이의(李宜)가 성녕대군(誠寧大君)의 후사(後嗣)가 되었다면 그의 장자(長子)인 이해(李偕)가 성녕대군의 장손(長孫)으로서 부(父)와 조(祖)를 봉사(奉祀)하는 것이 예에 당연한 것인데, 지금 해(偕;列山正)로써 원천군(原川君) 의(宜)를 봉사하게 하고, 빈(份)으로 성녕대군을 봉사하게 한다면 이것은 성녕대군과 원천군이 별도로 이종(二宗)이 되므로 예(禮)에 근거가 없습니다. 그러하니 성녕대군과 원천군의 봉사(奉祀)는 『대전』(大典)에 의거하여 장자인 이해(李偕)가 받들도록 함이 어떠하겠습니까?"

하니, 대신(大臣)들로 하여금 의논하도록 명하였다. 이에 서거정(徐居正)이 의논드리기를,

"예(禮)에 남의 후사(後嗣)가 된 자는 곧 자식인 것이니, 원천군(原川君)이 이미 성녕대군(誠寧大君)의 후계자가 되었고, 열산수(列山守)가 원천군의 장자가 되었다면 원천군으로 예(醴;祠堂에 모신 아버지)를 삼고 성녕대군으로 조(祖)를 삼는 것이 예(禮)에 합당한 것입니다. 만약 열산수를 원천군에 잇게 하고, 가은도정(加恩都正)으로 성녕대군을 잇게 한다면 이것은 각각 종(宗)을 세우는 것이 되니, 신이 생각하건대 열산수로 제사(祭祀)를 주장하게 하여 원천군을 예(醴)로 삼고, 성녕대군을 조(祖)로 삼아야 예(禮)에 합당함을 얻을 것입니다"

하니, 그대로 따랐다.[29]

7월 12일에는 임금이 이조(吏曹)에 전지하여 이르기를,

---

29 『성종실록』 권69, 성종 7년 7월 壬子(11일).

"종친(宗親)에게 벼슬을 제수(除授)하는 법(法)은 『경국대전』(經國大典)에 이미 구비되어 있지만, 처음 제수한 뒤로는 다시 승진하는 예가 없어서 비록 재주가 있고 현명한 자라도 한품(限品)으로 일생을 마치게 되니 실로 미안하다. 그러니 이제부터는 보신대부(保信大夫) 이하는 전강(殿講)할 때에 사서(四書)[30] 중 한 책을 추첨하고, 오경(五經)[31] 중 한 경(經)을 자원(自願)케 하여 '약'(略)[32] 이상은 급분(給分)[33]하고, 관사(觀射)할 때에 맞힌 자에게도 급분하여 장부에 적어 두었다가 세초(歲抄)[34] 때에 통계(通計)하여 수위(首位)를 차지한 자는 창선대부(彰善大夫)까지 가자(加資)하여 권장(勸奬)하는 것이 마땅하겠다"

하였으니,[35] 이는 지난 5월 21일에 효령대군이 '종친(宗親)의 가계(加階)'에 대해 상언(上言)하였던 바, 그 때 임금이 '종친의 가계와 승품(陞品)에 대해 특별히 주선하겠노라'고 했던 약속을 지킨 것이었다.

이 해 12월 10일에는 백관이 인정전(仁政殿) 뜰에 나아가 진하(陳賀)를 하니, 중궁(中宮)이 고명(誥命)과 관복(冠服)을 주청(奏請)하여 명(明)으로부터 준가(准可)를 받았기 때문이었다. 그리고 17일에는 영돈녕부사 노사신(盧思愼)과 우찬성 서거정(徐居正)·이조참판 이파(李坡)가 『삼국사절요』(三國史節要)를 완성하니, 도승지 현석규(玄碩圭;瑞原君 李寀의 사위)에게 명하여 공궤하게 하고, 이어서 노사신 등에게 우리 나라 문사(文士)들의 시문(詩文)을 모아 양성지(梁誠之)가 지은 『지리지』(地理誌)에 첨가해서 실으라고 명하였다.[36] 한편 29일에는 임금이 선정전에 나아가 나례(儺禮)를 구경하였는데, 종친(宗親)·의

---

30 『論語』·『孟子』·『中庸』·『大學』

31 『詩經』·『書經』·『易經』·『春秋』·『禮記』

32 講書시험의 성적 등급에서 中等을 말함. 여기에는 通·略·粗·不의 네 가지가 있음.

33 文科 初試에서 합격 점수에는 미달하였으나, 성적이 양호한 자에게 分數를 주었다가 다음 시험성적과 합산하여 합격 점수에 달하면 초시 합격자와 같은 자격으로 覆試에 응하게 하던 것.

34 매년 6월과 12월에 吏曹·兵曹에서 官員들의 功過를 抄錄, 上奏하여 임금의 재가를 받아 승진시키거나 罷黜시키던 일.

35 『성종실록』 권69, 성종 7년 7월 癸丑(12일).

36 『성종실록』 권74, 성종 7년 12월 丙戌(17일).

빈(儀賓;왕의 사위)과 재추(宰樞)들이 입시하였다.

정유(丁酉, 1477)년 새해가 밝았다. 성종(成宗) 즉위 8년째에 효령대군(孝寧大君)께서는 보령(寶齡)이 82세가 되셨다. 초하룻날, 임금이 백관을 거느리고 망궐례를 행한 다음, 세 대비전(大妃殿)에 표리(表裏)를 바치었다. 이어서 인정전에 나아가 조하(朝賀)를 받았는데, 일본국 일기주(一岐洲) 상송포(上松浦)의 원경(源經)이 보낸 사절과 올량합(兀良哈)의 부만호 아합(阿哈) 등 10인이 반열(班列)에 따라 토산물을 바쳤다. 중궁 윤비(尹妃)도 선정전에 나아가 회례연을 베풀었는데, 내명부(內命婦)와 외명부(外命婦)들이 잔치에 입시하였다.

2월 11일에는 정의공주(貞懿公主)가 타계하였다. 공주는 세종(世宗)의 딸로서 문종(文宗)과 수양대군(首陽大君;世祖)의 중간에 태어나 연창위(延昌尉) 안맹담(安孟聃)에게 하가(下嫁)하였었는데, 성품이 총명하고 지혜로웠으며 특히 역산(曆算)을 잘하여 세종(世宗)의 사랑을 많이 받았다.[37]

각설(却說)하고, 3월 29일에는 불행하게도 다음 '연산군시대의 폭정'(燕山君 暴政)을 잉태하는 사건이 발생하고 말았으니, 연산군의 생모(生母)인 중궁(中宮) 윤씨(尹氏)의 '폐비(廢妃)사건'의 발단이 그것이다. 3년 전인 성종 5(1474)년 4월에 공혜왕후 한씨(恭惠王后 韓氏;韓明澮의 次女)가 19세로 요서(夭逝)한데다, 작년(성종 7, 1476) 1월부터는 국왕 친정(親政)체제로 된 터에, 주상(主上)이 주적(主嫡;正室 王妃)이 없으니 중궁(中宮)은 반드시 있어야 했으므로, 작년 8월 9일에 숙의(淑儀)로 있던 윤씨(尹氏;尹起畎의 딸)를 중궁으로 책봉한지 불과 7개월만에 대왕대비(大王大妃;貞熹王后)의 명으로 중궁을 폐하는 문제가 논의되게 된 것이었다. 폐비의 이유는 윤씨의 '투기'(妬忌) 행위가 전부였는데, 그러나 폐비시킴으로써 더 큰 문제는 윤씨가 이미 원자(元子;성종 7 丙申生, 당시 2살)를 낳은 후라고 하는 점이었다. 이에 예조판서(禮曹判書) 허종(許琮)이

"원자(元子)가 지금은 비록 어리다 하더라도 장차 장성한다면 어떻게 처리하겠습니까? 그

37 『성종실록』 권76, 성종 8년 2월 庚辰(11일).

때는 후회해도 미칠 수 없을 것입니다. 신은 청컨대 이런 일을 조정(朝廷)이나 민간에 반포하지 마시고 별도로 하나의 방에 거처하게 하여 2,3년 동안 천선 개과(遷善 改過)함을 기다린 연후에 다시 복위(復位)시킴이 옳을 것 같습니다. 만일 그렇지 못하면 그 때 가서 폐하는 것도 무엇이 어렵겠습니까?"

하니, 임금은 전교하기를

"판서(判書)의 말은 잘못이다. 판서의 생각은 다른 날에 만일 다른 아들을 낳는다면 원자(元子)를 어느 곳에 두느냐는 생각일 것이다. 그러나 큰 일을 당했는데 어찌 뒷날을 생각하겠는가? 뒷날에도 대신(大臣)은 있을 것이다. 오늘의 일은 종묘(宗廟)와 사직(社稷)을 위한 것이지 사정(私情)에 인한 것이 아니다"

하였다.[38]

그러나 이튿날 이른 아침에 재상(宰相)들을 모두 모아 놓고 다시 전교하기를,

"내가 반복해서 생각해 보니 이 문제는 투기만이 아니다. 가지고 있는 주머니에 비상(砒霜)이 있었으니, 비록 나를 해치려고 하지는 않았다 하더라도 그 국모(國母)의 의범(儀範)을 잃은 것이 심하다. 별궁(別宮)에 두는 것으로는 징계하는 뜻이 없다. 백방으로 생각해 보아도 별궁에 거처하게 하는 것은 옳지 못하다"

하니, 정창손(鄭昌孫) 등이 대답하기를,

"옛부터 폐하여 서인(庶人)을 만드는 법은 없습니다. 지금 낮추어서 빈(嬪)으로 삼으면 마땅히 시종(侍從)이 있어야 할 것이니, 사제(私第)에 거처하게 할 수도 없습니다. 중궁을 빈

---

38 『성종실록』 권78, 성종 8년 3월 丙申(29일).

으로 강등한다면 어찌 징계함이 아니겠습니까? 사제 같은 데는 누추하여 거처할 수도 없습니다. 신의 생각으로는 별궁에 두었다가 만일 뉘우쳐 고치지 않을 경우 별궁으로부터 사제에 돌아가게 해야지 애당초 사제에 두면 뒤에 비록 뉘우쳐 깨달음이 있다 하더라도 그때는 다시 별궁에 거처하게 할 수가 없을 것입니다"

하니, 임금이 전교하기를 "그렇다면 나는 자수궁(慈壽宮)에 두고 싶다. 그 강봉(降封)할 위호(位號)를 상의하여 아뢰어라" 하였다. 이에 정창손 등이 다시 의논하여, 수빈(壽嬪)·귀인(貴人)·소의(昭儀)로 아뢰니, 그 중에 빈(嬪)으로 낙점, 마침내 강등 책봉하여 일단 자수궁에 따로 거처하게 조처하였다.[39] 그 해, 6월 1일은 중궁(中宮)의 탄일(誕日)이었지만, 명하여 하례(賀禮)를 정지하게 하니, 다만 백관이 표리만 올리었다.

8월 9일에는 임금이 서교(西郊)에 거둥하여 농사짓는 것을 구경하고, 농부와 시골 노인들에게 모두 술을 내려 주도록 명하였는데, 효령대군(孝寧大君)의 별서(別墅)인 희우정(喜雨亭)에 이르러서는 거둥을 멈추고, 주서(注書) 김심(金諶)을 근처의 양천(陽川)에 보내어 형옥(刑獄)을 심찰(審察)하여 불법을 규적(糾摘)하게 하였다.[40] 8월 22일에는 임금이 광릉(光陵)에 나아가서 친히 제사를 지내고, 또 봉선전(奉先殿)에 나아가서 다례(茶禮)를 행한 후, 풍양궁(豊壤宮)의 북산에 거둥하여 사냥하는 것을 구경하고 돌아오다가 주정(晝停)하게 되었는데, 수종(隨從)하던 종친(宗親)과 재추(宰樞)에게 음식을 먹이도록 명하였다. 그리고 봉선사(奉先寺)에 쌀·콩 아울러 70석을 하사하였다.[41]

9월 9일에는 임금이 상참(常參)을 받고 정사를 보았는데, 이 자리에서 주계부정(朱溪副正) 이심원(李深源)이 아뢰기를,

"음사(淫祀)를 금하는 것은 『대전』(大典)에 실려 있으나 법을 폐하고 행하지 않으므로 습

39 『성종실록』 권78, 성종 8년 3월 丁酉(30일).

40 『성종실록』 권83, 성종 8년 8월 癸卯(9일).

41 『성종실록』 권83, 성종 8년 8월 丙辰(22일).

속이 변하지 않습니다. 지금 듣건대 성수청(星宿廳)의 수리를 명하셨다 하니, 전하께서 비록 높이고 믿지 않더라도 바깥 사람이 어찌 다 알겠습니까?"

하니, 임금이 말하기를

"경(卿)의 말은 대단히 옳으나 성수청은 내가 처음으로 세운 것이 아니라 조종조(祖宗朝) 때에 시작한 것이다"

하였다. 심원이 또 말하기를

"축수재(祝壽齋)는 위[上]을 위하여 실시하는 것입니다. 그러므로 신하가 감히 말할 수는 없지만, 그러나 옛말에 '복(福)을 구하기를 간사한 데 하지 말라' 하였고, '제 귀신이 아닌데 제사하는 것은 아첨하는 것이다' 하였습니다. 임금이 능히 어진 정사를 행하면 근본이 굳어지고 나라가 편안하여 한없이 수고(壽考)할 것인데, 어찌 사도(邪道)에서 복을 구하겠습니까? 큰 덕은 반드시 그 지위를 얻고 반드시 그 수(壽)를 얻는다는 것이 이것입니다"

하니 임금이 말하기를, "내가 상량(商量)하겠다" 하였다.[42]

10월 7일은 임금이 헌릉(獻陵)의 남쪽 산에 이르러 사냥하는 것을 구경하였는데, 지응사(支應使) 이조판서 강희맹(姜希孟)이 아뢰기를 "근일에 타위에서 화살에 맞은 짐승들이 많이 도망했으니 청컨대 수색(搜索)하도록 하소서" 하니, 임금이 말하기를 "백성들이 찾아서 이를 먹는다면 이 또한 임금이 내려 주는 셈이 된다" 하였다.[43]

다시 이튿날 8일에는 임금이 낙생 행궁(樂生 行宮)에 이르니, 육조의 당상(堂上)이 살곶이[箭串] 들로 나와서 맞이하고 백관들은 흥인문(興仁門) 밖에서 지영(祗迎;신하들이 임

---

42 『성종실록』 권84, 성종 8년 9월 癸酉(9일).

43 『성종실록』 권85, 성종 8년 10월 辛丑(7일).

금을 맞이함)하였다. 10월 23일에는 소규모의 인사(人事) 이동이 있었는데, 이훈(李塤)을 숭정대부(崇政大夫) 한성군(韓城君)에 제수하니, 이훈(李塤;牧隱 李穡의 玄孫)은 하나 밖에 없는 효령대군(孝寧大君)의 사위이다.

[illegible]

[illegible]젹이 名명言언 맛ᄉ긔 얻으샤시니

覺路는 則解脫이 返流ㅣ라 位當速涉이시며 因이

窮ᄒ야 趣果ㅣ라 義說證登이시니라 跡晦는 則寶行이

已立ᄒ샤 不藉名言이시니 止觀애 云ᄒ샤ᄃᆡ 自證

은 不可說이라ᄒ시니라 跡은 行이오 晦는 泯也ㅣ라 然

答四句는 說有多途ᄒ니 學者ㅣ 審而詳之니라 ○

각路롱ᄂᆞᆫ 解행脫탈이 흘루메 두르혀산 位윙ㅣ 며리건나매 當당ᄒᆞ시며 因인이 다

27

朱溪副正 李深源의 上書와 사위 李塤의 逝去

효령대군 82세, 11월 ~ 87세, 12월

11월 26일에는 효령대군(孝寧大君)의 증손(曾孫;寶城君의 제4남 枰城君 偉의 長男)인 주계부정(朱溪副正) 이심원(李深源)이 「유자(儒者)의 의관(衣冠) 문제」 및 「축수재(祝壽齋)의 혁파(革罷)」 등을 주제(主題)로 하여, 1만3천여 자에 달하는 장문(長文)의 상서(上書)를 올렸더니, 임금이 승정원(承政院)에 전교(傳敎)하기를,

"상소(上疏) 중에 따로 전각(殿閣) 하나를 더 지어서 사대부(士大夫)를 만나라고 하였는데, 내가 이미 하루에도 세 차례씩이나 경연(經筵)을 열고, 또 밤에는 편전(便殿)에 나아가 사대부들을 접견하는데 어찌 반드시 별전(別殿)을 다시 지어야 하는가? 또 축수재와 성신청(星辰廳)은 조종(祖宗)께서 행하신 지 이미 오래 되었는데 갑자기 혁파할 수가 없다. 그래도 내가 옛 전장(典章)을 한 것이 많은데, 경(卿)들의 뜻에는 어떠하다고 생각하는가?"

하니, 손비장(孫比長)이 대답하기를

"전일의 조계(朝啓)에서도 심원(深源)이 이 일을 아뢰었는데, 그 말이 비록 적절하게 쓰여지지는 못하였으나 감히 말하기를 그치지 아니하니 진실로 훌륭하다고 하겠습니다. 만약 그

말의 옳고 그른 것이라면 오로지 성상(聖上)께서 취(取)하시거나 버릴 일입니다. 그리고 대저 사(邪)와 정(正)은 양립(兩立)하지 못합니다. 이단(異端;佛敎)의 나쁜 점을 신(臣)도 대간(臺諫)이었을 때에 또한 논하였지만, 심원의 이러한 말은 불가(不可)한 점이 없습니다"

하니, 임금이 한참 있다가 명하여 심원을 불러서 이르기를,

"경이 일찍이 조계(朝啓)에서도 이를 말하였는데, 지금 또 이를 말하니 내가 심히 가상하게 여긴다. 그러나 선정전(宣政殿) 뒤에는 이미 전(殿)을 더 지을 장소도 없으며, 또 날마다 경연(經筵)에 나아가니 아랫 사람의 정(情)이 또한 상달(上達)되지 못한다고 말할 수도 없을 것이다. 축수재(祝壽齋)는 아랫 사람들이 임금을 지목(指目)하여 하는 일이요, 내가 명(命)한 것이 아니며 더구나 조종(祖宗) 이래 이를 행한지 이미 오랜 것 아닌가? 이 같은 일은 뒤에는 다시 말하지 말라"[1]

하고, 이어서 임금이 표피(豹皮) 1장을 내려 주었다. 주계군(朱溪君)[2] 24세 때의 일이다.

12월 2일에도 주계부정(朱溪副正) 이심원(李深源)이 또다시,

"신이 근자에 상서(上書)하여 말한 일에 대해 하교(下敎)하시기를, '축수재는 선왕(先王)께서 개설하신 것이기 때문에 감히 혁파할 수 없다. 세조(世祖)께서는 선왕이 아니신가? 네가 나로 하여금 세종(世宗)을 본받게 하려고 하느냐? 너의 말은 들어줄 수가 없으니 금후로는 들어줄 수 있는 말이 아니면 아뢰지 말라'고 하시며, 표피(豹皮) 한 장을 내려 주셨습니다(下略)"

---

1 『성종실록』 권86, 성종 8년 11월 己丑(26일).

2 端宗 2(1454)년~燕山君 10(1504)년, 字 伯淵, 號 醒狂·默齋, 孝寧大君의 曾孫으로 枰城君 偉의 長男. 점필재 金宗直의 門人이다. 成宗 9(1478)년 朱溪副正에 제수되어 成宗의 신임을 받았다. 성종 18년 宗親科試 講經史에서 壯元, 正義大夫에 除授되었으나, 燕山君 10(1504)년 甲子士禍에 연루되어 두 아들(幼寧 幼槃)과 함께 禍를 입었다. 中宗 12(1517)년 趙光祖 등 儒林들의 啓에 의해 伸寃되고, 興祿大夫 朱溪君으로 贈職되었다. 忠景祠에 配享, 著書 『醒狂遺稿』가 있고, 諡號 文忠. 3권(26장) 132쪽의 주4)를 아울러 참조.

라는 말로 시작되는 장문의 차자(箚子)를 다시 올려, 「축수재(祝壽齋)의 혁파(革罷)」에 대해 아뢰었던 바, 이에 대해 임금도 차자에 쓰기를,

"내가 너의 말을 채용하지 않은 것은 간언(諫言)을 거절하고자 한 것이 아니고, 부문(浮文)이라고 해서도 아니다. 만약에 선왕(先王)의 법도를 허물어뜨리면, 여러 신하가 다투어 천견(淺見)을 가지고 고명(高名)을 낚으려고 하여 분분하게 국법[國典]을 고치려고 함이 한이 없게 될 것이므로, 이와 같이 하였을 뿐이었다. 지금 경(卿)이 '정이(程頤)의 손익(損益)에 대한 말'을 인용하고, 또 세조의 '변통(變通)에 대한 교훈'을 인용하면서 겸하여 송(宋)나라 조보(趙普)의 보철(補綴)한 정성에 비교하여 힘써 중도(中道)를 진술하고 이단(異端)을 배척하여, 나로 하여금 요(堯)·순(舜)과 같은 성군(聖君)으로 만들려고 하니, 내가 비록 과문하고 몽매하지만, 실로 경의 정성을 가상히 여겨 이제 말한 바를 좇아 곧 축수재를 혁파하겠노라"

고 함으로써, 12월 4일에 마침내 '명하여 탄일(誕日) 축수재를 파하도록' 하였고, 이 처럼 도덕심 강한 심원의 자세에 대해 사신(史臣)도 논평(論評)하기를,

"심원(深源)은 독서(讀書)를 좋아하고 옛 성현(聖賢)의 도(道)를 흠모하여 유자(儒者)를 만나면 반드시 성리(性理)의 연원(淵源)을 담론하고, 이단(異端)의 책을 찢어서 버리며, 지절(志節)을 숭상하고 말을 위태롭게 하여서, 사람들이 간혹 미친 사람으로 보기도 하였다"

고 하였다.[3]

새해 무술(戊戌, 1478)년이 밝았다. 성종 임금이 즉위한지 9년 째에, 효령대군(孝寧大君)께서는 보령(寶齡) 83세가 되셨다. 설날 아침, 임금이 백관을 거느리고 인정전(仁政殿) 뜰 위에 나아가 망궐례(望闕禮)를 행하고 이어 세 대비전(大妃殿)에 하례(賀禮)한 후, 임

3 『성종실록』 권87, 성종 8년 12월 乙未(2일).

금은 다시 인정전에 나아가 하례받았다. 그러나 중궁(中宮)이 편찮으므로 전교하여 신년 회례연(會禮宴)은 정지케 하였다.[4]

지금처럼, 그 시절에도 학문하는 사람들에게 있어 비싼 책 값은 문제가 되었던 것 같다. 1월 25일에는 임금이 책값이 비싸다고 하여 서적(書籍)을 더 많이 인쇄할 것을 예조에 전지(傳旨)한 바,

> "근래에 책값이 너무 비싸서 사는 사람들이 괴로워하니, 이는 여러 서적을 널리 찍어서 유생(儒生)들에게 혜택을 주는 뜻에도 어그러진다. 그러니 호조(戶曹)로 하여금 어전(漁箭) 세포(稅布)를 매년 넉넉히 전교서(典校署)에 주어 팔아서 종이를 사서 서적(書籍)을 더 많이 인쇄(印刷)하고 값을 줄여서 사람마다 쉽게 사서 읽을 수 있게 하라"

하였다.[5] 세종(世宗) 다음으로 책 읽기를 좋아하고 학문도 수준급이었다고 알려지고 있는 성종(成宗) 임금다운 일면을 보여주는 대목인데, 그러고보면 이 해(성종 9년)에 대제학(大提學) 서거정(徐居正)에게 명하여 편찬된 『동문선』(東文選)[6] 도 성종의 업적(業績) 중의 하나로 손꼽을만하다고 하겠다.

3월 12일에는 임금이 효령대군(孝寧大君) 이보(李補)의 집에 거둥하여 연회(宴會)를 베풀었는데, 이보에게 먼저 자리에 나아가 앉으시라 말씀드리고, 임금 자신은 다리 없는 평상(平床)에 앉았다. 이 날 잔치에는 월산대군(月山大君) 이정(李婷)과 덕원군(德源君) 이서(李曙;世祖 後宮 謹嬪朴氏 所生)·오산군 이주(李澍;臨瀛大君 璆의 2남)·의성군(誼城君) 이채(李寀;長男)·보성군(寶城君) 이갑(李舍;3남)·은천군 이찬(李穳;敬寧君 裶의 子)·영천군(永川君) 이정(李定;제5남)·사산군 이호(李灝;義昌君 玒의 아들)·정양군 이순(李淳;임영대군의 3남)·옥산군 이제(李躋;謹寧君 襛의 아들)·팔계군 이정(李淨;臨瀛大君의 제4남)·운산군

---

4 『성종실록』 권88, 성종 9년 1월 甲子(1일).

5 『성종실록』 권88, 성종 9년 1월 戊子(25일).

6 成宗의 명으로 성종 9(戊戌, 1478)년에 편찬된 역대 詩文 選集. 130권. 大提學 徐居正이 중심이 되어 盧思愼 梁誠之 등이 참여하였음. 이 『東文選』에 卞季良의 「喜雨亭記」가 실려 있다(본 책 1권(7장) 225쪽의 주34)).

이계(李誡;密城君 李琛의 아들)·환성군 이징(李澄;임영대군의 5남)·영원군 이례(李澧;桂陽君 璔의 長男)·수안군 이당(李讜)·부림군 이식(李湜)·안강정 이량(李宸;孝寧大君의 제7남, 平海孫氏 所生)·신풍도정(新豊都正) 이순(李循;寶城君의 長男)·운림도정(雲林都正) 이핍(李愊;誼城君의 셋째 아들)·평성도정(枰城都正) 이위(李偉;寶城君의 제4남)가 입시(入侍)하였다. 그리고 임금의 어가(御駕)를 수행한 재추(宰樞)와 병조의 당상관(堂上官) 및 승지(承旨)·주서(注書)·사관(史官) 등에게 따로 보성군(寶城君)의 집 정자(亭子)에서 음식을 대접하도록 명하였는데, 여기서 보면 셋째 보성군의 집은 효령대군의 사저(私邸)에 이웃하였던 것 같다.[7]

3월 20일에는 임금이 인정전(仁政殿)에 나아가니, 여러 공신(功臣)들이 진연(進宴)하였다. 하동부원군(河東府院君) 정인지(鄭麟趾)가 이 때에 나이 83세였는데, 칠언사운(七言四韻) 한 편을 지어 올리니, 자리에 있던 문신(文臣)들이 모두 화답(和答)하여 올렸다. 4월 5일에는 임금이 사헌부(司憲府)에 전지하기를 "석탄일(釋誕日) 4월 8일에는 여리(閭里)의 가로(街路)에 등(燈)을 다는 것을 일체 금하고, 민가와 사사(寺社)는 금하지 말라"고 하였다.[8]

4월 8일(己亥)에는 주계부정(朱溪副正) 이심원(李深源)이, 「국가(國家)의 정황(情況)」에 대하여 장문(長文)의 상소(上疏)를 또 올렸는데,[9] 그 상소문 내용 중에, '세조조(世祖朝)의 훈신(勳臣)을 쓰지 말라'고 한 구절(句節)이 있었으므로, 이튿날 임금이 심원(深源)을 불러서 묻기를,

> "상소(上疏) 중의 말은 모두 현재 이미 행하고 있는 것들인데, 그 가운데 '세조조(世祖朝)의 훈신(勳臣)을 쓰지 말라'고 한 것은 내가 이해하지 못하겠다. 네가 무슨 마음을 가지고 이를 말한 것인가?"

7 『성종실록』 권90, 성종 9년 3월 甲戌(12일).

8 『성종실록』 권91, 성종 9년 4월 丙申(5일).

9 『성종실록』 권91, 성종 9년 4월 己亥(8일).

물으니 심원이 대답하기를, "전하께서 신(臣)의 말을 듣고자 하시면 빌건대 친대(親對)를 허락하소서" 하므로 임금이 선정전(宣政殿)으로 나아가서 인견(引見)하였다. 심원이 아뢰기를,

"대저 창업(創業)하는 임금은 뜻이 성공하는 데에 있으므로 비록 한 가지의 재예(才藝)를 가진 자라도 모두 거두어 쓰지만, 수성(守成)하는 임금은 이와 달라서 모름지기 재주와 덕(德)이 겸비(兼備)된 뒤에야 쓰는 것입니다. 세조조에는 한 가지 재주와 한 가지에 능(能)하다고 이름하는 자는 단점(短點)이 나타나도 장점(長點)을 더 헤아려서 임용(任用)하지 아니함이 없었으며, 인연(因緣)으로 공(功)을 얻어서 드디어 훈신(勳臣)이 되었습니다. 그런데 이제 전하께서 옛 훈신이라고 하여 모두 녹용(錄用)하였으니, 그 녹용된 자들이 필시 다 어질지는 아니할 것입니다. 만약 어질지 못한 자가 있어서 죄를 범한다고 벌을 주면 은혜가 상할 것이고, 벌을 주지 아니하면 법을 폐하게 되는 것이니 이것이 한(漢)나라 광무제(光武帝)가 공신에게 일을 맡기지 아니한 까닭이며, 송(宋)나라 태조(太祖)가 병권(兵權)을 거둔 까닭입니다. 또 『서경』(書經)에 이르기를, '신하가 총애와 이익으로 이루어 놓은 공(功)에 머물러 있지 아니하면 영구히 나라가 아름다움을 보전할 것이다'라고 하였으니, 어찌 뜻이 없는 것이겠습니까? 원하건대 전하께서 전대(前代)의 일을 거울 삼아서 훈구(勳舊)를 임용하지 않으면 공신을 보호할 수 있고, 은혜를 상하게 함이 없을 것이며, 법을 폐하게 함도 없을 것입니다"

하니, 임금이 말하기를 "지금의 대신들은 모두 세조조의 훈구인데, 이들을 버리고 장차 누구를 쓸 것인가?" 하니, 심원이 다시 말하기를,

"신은 옛 신하들을 모두 쓸 수 없다는 것이 아닙니다. 그 가운데 재주와 덕이 겸전(兼全)한 자는 쓰고, 어질지 못한 자는 쓰지 말자는 것입니다. 또한 영웅 호걸(英雄 豪傑)로 숨어 있는 자가 무궁무진하니, 비록 옛 신하는 아닐지라도 어찌 쓸 만한 사람이 없겠습니까?"

하니, 임금이 "이는 작은 일이 아니므로 내가 마땅히 참작해서 헤아리겠다" 하였다.[10]

그런데 심원(深源)이 임금을 친대(親對)하고 나가자 도승지(都承旨) 임사홍(任士洪;李深源의 姑母夫)이 아뢰기를,

> "신의 생각으로는 조정에서 사람을 쓰는 데에는 모름지기 기구(耆舊;耆老와 舊臣)를 써야 한다고 여겨집니다. 만약 조종조(祖宗朝)의 신하를 쓰는 것이 부당(不當)하다고 한다면, 주공(周公)은 무왕(武王)을 도왔으니 성왕(成王)·강왕(康王)대에 이르러서는 버려야 하는 것입니까? 비록 작은 허물이 있을지라도 마땅히 너그러이 용납하여 한가로운 자리에 두고 국정(國政)에 참여하게 함이 가하며, 만약 큰 허물이 있으면 비록 법으로 다스릴지라도 또한 가합니다. 심원(深源)은 다만 옛 글을 읽었을 뿐이고 시의(時宜)에 맞추어 조처(措處)함을 알지 못하니, 이는 진실로 어리석고 망령된 사람입니다."

하였는데, 이에 대하여 사신(史臣)이 논평하기를 "인신(人臣)은 마땅히 간(諫)하는 말을 받아들이도록 임금에게 경계하는 말을 올려야 하는데, 임사홍의 말하는 바가 이와 같으니, 실언(失言)한 죄를 피할 바가 없다"고 하였다.

그런데 사실은 임사홍(任士洪)은 보성군(寶城君) 이갑(李衉)의 셋째 사위로서,[11] 평성군(枰城君) 이위(李偉)에게는 매부(妹夫)이며, 그 아들 주계부정 심원(深源)에게는 고모부(姑母夫)가 되나니, 임금 앞에서 처조카와 고모부가 논전(論戰)을 벌인 셈이었다. 한편 임사홍은 그의 큰아들 임광재(任光載, 豊川尉)가 예종(睿宗)의 딸 현숙공주(顯肅公主;齊安大君의 누이)와 결혼하고, 셋째 임숭재(任崇載, 豊原尉)는 성종(成宗)의 후궁 소생 혜신옹주(惠愼翁主)와 혼인(婚姻)함으로써 둘이 다 부마(駙馬)인데다, 임사홍 자신까지 보성군(寶城君)의 사위이고 보니, 온집안이 왕실과 중첩되는 인척(姻戚)을 맺고 있는 셈이었다.

8월 6일에는 사복시(司僕寺)에 전지하여, 효령대군(孝寧大君) 이보(李補)와 제안대군

---

10 『성종실록』 권91, 성종 9년 4월 庚子(9일).

11 孝寧大君의 3남 寶城君 李衉은 所生이 7男 6女(1尹之混, 2金克鍊, 3任士洪, 4申萬年, 5柳榮源, 6宋麒孫)로서 그 중 任士洪은 셋째 사위이다.

(齊安大君) 이현(李琄)·밀성군(密城君) 이침(李琛)·덕원군(德源君) 이서(李曙)·오산군(烏山君) 이주(李澍)·의성군(誼城君) 이채(李寀)·보성군(寶城君) 이갑(李舍)·사산군(蛇山君) 이호(李灝)·은천군(銀川君) 이찬(李穳)·운산군(雲山君) 이계(李誡)·옥산군(玉山君) 이제(李躋)·영천군(永川君) 이정(李定)·정양군(定陽君) 이순(李淳)·팔계군(八溪君) 이정(李淨)·춘성군(春城君) 이당(李瑺)·화성군 이심(李諶)·아림군(娥林君) 이정(李楨)·제천군(堤川君) 이온(李薀)과 의빈(儀賓) 정현조(鄭顯祖)·홍상(洪常)·임광재(任光載)·정인지(鄭麟趾)·정창손(鄭昌孫)·한명회(韓明澮)·심회(沈澮)·김수온(金守溫)·노사신(盧思愼)·서거정(徐居正) 등 모두 133인에게 각각 아마(兒馬) 한 필씩을 하사(下賜)하였다.[12]

그런데 8월 말경에는, 주계부정(朱溪副正) 이심원(李深源)이 조부(祖父;李舍)에게 방자하게 말을 했다 하여 결국 의금부(義禁府)에 회부되고 말았으니, 9월 5일에 종부시(宗簿寺)에서 보성군(寶城君) 이갑(李舍)의 고장(告狀)에 의거하여 아뢰기를, "주계부정 이심원이 친족(親族)이 모인 자리에서, 그 할아버지 이갑에게 방자하고 도리에 어긋나는 언사(言辭)를 하였다고 하니, 청컨대 율(律)에 의하여 죄(罪)를 과(科)하소서" 하니, 명하여 의금부에 회부하게 한 것이었다.[13]

그래서 이튿날은 임금이 명하여 증경(曾經) 정승(政丞)들과, 의정부(議政府)의 당상(堂上), 종친부(宗親府)의 2품 이상, 충훈부(忠勳府)의 1품, 한성부(漢城府)·육조(六曹)의 당상관(堂上官), 대간(臺諫)·홍문관·예문관의 관원 등을 불러서 주계부정 이심원(李深源)이 조부(祖父;寶城君)에게 불손(不遜)하게 한 일에 대해 의논하게 하였다.

10월 18일에는 이조(吏曹)에서 아뢰기를,

"대개 전국 각도 여러 고을의 경재소(京在所)[14]의 당상관(堂上官)과 낭청(郎廳)은 각기 그 고을의 내외 조부모(內外 祖父母;친조부모 외조부모)나 처부모(妻父母)의 세계(世系)가 있는 자를

12 『성종실록』 권95, 성종 9년 8월 乙未(6일).

13 『성종실록』 권96, 성종 9년 9월 癸亥(5일).

14 지방의 유력자를 서울에 滯留시켜 그 지방에 관한 업무를 의논하고 중앙과 지방 관청과의 연락 사무를 맡아 보게 하는 곳. 京所.

임명하여 그 지방의 풍속(風俗)을 단속하는 것이 고래(古來)부터의 떳떳한 일이었는데, 영안도(永安道;나중의 咸鏡道)의 20여 고을만은 당상관·낭청 두어 사람만이 다스리니 예(例)에 어긋남이 있으며, 또한 도(道)의 권세가 모두 이 두어 사람에게 달려 있으니 대체로 적당치 못합니다. 그런데 세종조(世宗朝)에 효령대군(孝寧大君) 이보(李補)가 본도(本道, 곧 永安道)의 여러 고을의 경재소의 공사(公事)를 전적으로 관장(管掌)하였고, 또 파계(派系)가 관련된 종실(宗室)의 당상관 두어 사람으로 하여금 따라가서 참여하게 하여 이제까지 행하였으니, 과연 다른 예와는 다릅니다. 따라서 어향(御鄕;임금의 本鄕)이 있는 함흥군(咸興郡)은 효령대군(孝寧大君) 이보(李補)로 하여금 예전대로 전담하여 다스리게 하고, 그 나머지 여러 고을은 일체 다른 도의 예에 의하여 시행하게 하소서"

하니 그대로 따랐다.[15] 고 하였는 바, 세조(世祖) 4년(戊寅, 1458)에, 태조(太祖)께서 지으신 「함흥선향헌목」(咸興璿鄕憲目)(태조 7, 1398년)에 대한 서문(序文)을 쓰신 후, 다시 예종(睿宗) 원년(己丑, 1469)에는 직접 함흥(咸興)에 가시어 「향헌」(鄕憲)을 지으시고 시행(施行)케 하신 효령대군(孝寧大君)이신지라, 당시에 함경도 지방에서 대군(大君)의 영향력이 얼마 만큼 컸었는가를 단적으로 보여주는 대목이라고 하겠다.[16]

12월 26일에는 임금이 세 대비전[三殿]에 잔치를 바치고, 한 글귀를 내리니 예조판서(禮曹判書) 이승소(李承召;孝寧大君의 둘째 妻男 鄭忠碩의 사위)가 시(詩)를 완성시켜 바쳤다. 이 날, 임금이 삼전에 잔치를 베풀고, 월산대군(月山大君) 이정(李婷)·덕원군 이서(李曙)·의성군(誼城君) 이채(李寀)·보성군(寶城君) 이갑(李合)·은천군 이찬(李穳)·영천군(永川君) 이정(李定)·옥산군 이제(李躋)와 영의정 정창손(鄭昌孫)·상당군 한명회(韓明澮)·좌의정 심회(沈澮)·우의정 윤필상(尹弼商) 및 육조판서와 입직한 도총관(都摠管)·내금위장·겸사복장·병조 당상 등을 명소(命召)하여, 인정전(仁政殿) 앞에서 주악(酒樂)을 내려 주면서, 어서(御書)로서 '태평한 오늘 날엔 취한들 무방하리'[昇平今日醉無妨]라는 한

15 『성종실록』 권97, 성종 9년 10월 丙午(18일).

16 본 책 2권(16장) 152쪽의 주30)와 동 (19장) 221쪽의 주25), 3권(25장) 107쪽의 주6)를 아울러 참조.

글귀를 써서 재상들에게 내어 보이니, 예조판서 이승소가 글귀를 채워서 바쳤는데, 그 시(詩)는 이러하였다.

"태평한 오늘 날엔 취한들 무방하리 昇平今日醉無妨
군신이 서로 즐겨 한 전당에 모이었네 魚水相歡聚一堂
평안할 때 위망을 잊지 말아야 하리 安不忘危古所戒
왕업을 튼튼하게 매어 두어야 하겠네 更思王業繫苞桑

임금이 또 한 절구(絶句)를 지어 보이니, 종친과 재상들이 머리를 조아리며 사례하였다.[17]

새해가 밝으니 기해(己亥, 1479)년, 성종(成宗) 즉위 10년째가 되는 해이며, 효령대군(孝寧大君)께서는 보령(寶齡) 84세가 되셨다. 하지만, 새해를 경사스럽지 못한 일로 시작하게 되었으니, 세종(世宗)의 마지막 남은 왕자(王子) 밀성군(密城君) 이침(李琛)이 설날 아침에 타계를 한 것이다. 향년(享年)이 이제 50을 막 넘긴 나이이다.

1월 28일에는 **경상도 영해(寧海)에 안치(安置)되어 있던 귀성군(龜城君) 이준(李浚)이 별세하니**, 부의로 쌀·콩 각 10석, 종이 40권을 내려 주게 하였다.[18] 세종(世宗)의 넷째 왕자 임영대군(臨瀛大君) 구(璆)의 둘째 아들로서, 세조(世祖) 즉위 초에는 영순군(永順君) 이부(李溥;廣平大君 아들)·하성위(河城尉) 정현조(鄭顯祖;世祖 駙馬(懿淑公主), 鄭麟趾 아들)·은산부정(銀山副正) 이철(李徹;寶城君 제5남)과 더불어 이른바 '아종'(兒宗)의 일원으로 세조의 최측근으로 신임을 받다가 세조 13년에는 4도(道) 병마도총사(兵馬都摠使)로서 이시애난(李施愛亂)을 평정, 적개공신(敵愾功臣) 일등에 책록(策錄)된 후 영의정(領議政)에까지 올랐으나, 성종(成宗)이 즉위하던 해 1월에 모함(謀陷)을 당하여 그동안 영해(寧海)에 안치되어 있었다.

---

17 『성종실록』 권 99, 성종 9년 12월 癸丑(26일).

18 『성종실록』 권100, 성종 10년 1월 乙酉(28일).

각설(却說)하고, 옛날부터 우리 민족이 식용(食用)으로 이용해오는 농작물(農作物)이나 식제료(食材料) 중, 그 대부분은 외부로부터 유입된 품종(品種)들이다. 쌀·배추·보리·면화·호박·고구마 등등, 물론 벼[稻]도 그 중의 하나인데 이 시절에도 명(明)나라에 사신으로 갔던 정조사(正朝使)가 가져온 중국의 새 볍씨를 경기 연안(沿岸)에서 시험 재배하도록 한 바, 3월 13일에는 호조(戶曹)에서 아뢰기를,

> "정조사(正朝사)가 무역해 온 중국 벼[唐稻] 20두(斗)는, 청컨대 경기(京畿) 연해(沿海)의 여러 고을에서 때맞추어 씨뿌리게 하였다가 그것이 농사짓기에 적당한지를 살펴서 다른 도(道)에 옮겨 심도록 하소서"

하니, 그대로 따랐다.[19]

3월 19일에는 임금이 효령대군(孝寧大君) 이보(李補)의 집에 친히 거둥하여 위안(慰安)하는 잔치를 베풀었는데, 오산군 이주(李澍;臨瀛大君의 長男)·의성군(誼城君) 이채(李寀;孝寧大君의 長男)·보성군(寶城君) 이갑(李㝓;孝寧大君 제3남)·은천군 이찬(李穳;敬寧君 李裶의 아들)·영천군(永川君) 이정(李定;孝寧大君 제5남)·안강정(安康正) 이량(李㝗;孝寧大君 제7남)·신풍도정(新豊都正) 이순(李循;寶城君 李㝓의 長男)·회의도정(懷義都正) 이추(李菆;瑞原君의 長男)·월산대군 이정(李婷)·덕원군 이서(李曙)·사산군 이호(李灝;義昌君 李玒의 아들)·정양군 이순(李淳;臨瀛大君 3남)·옥산군 이제(李躋;謹寧君 李襛의 아들)·팔계군 이정(李淨;臨瀛大君 4남)·강양군 이융(李瀜;桂陽君 李璔의 次男)·환성군 이징(李澄;臨瀛大君 제5남)·영원군 이례(李澧;桂陽君 李璔의 長男)·제천군(堤川君) 이온(李薀;瑞原君 제3남)·부림군 이식(李湜)·운림도정(雲林都正) 이픱(李愊;誼城君의 제3남)·평성도정(枰城都正) 이위(李偉;寶城君 제4남)·가은도정(加恩都正) 이빈(李份;原川君의 제3남) 등이 입시(入侍)하였다. 어가(御駕)를 따른 종친(宗親)·재추(宰樞)와 시위(侍衛)한 여러 장수에게 풍악(風樂)을 내려 주도록 명하였다. 효령대군(孝寧大君)이 술과 떡과 생선을 바치니 호종(扈從)한

---

19 『성종실록』 권102, 성종 10년 3월 己巳(13일).

군사들에게 먹이도록 명하고, 이보(李補)에게는 특별히 면포(綿布) 1백 필(疋)을 내려 주었다.[20]

5월 21일에는 임금이 서교(西郊)에 나아가 농사(農事) 작황(作況)을 둘러본 후, 효령대군(孝寧大君)의 별서(別墅)인 희우정(喜雨정)에 거둥하여 군사들의 수전(水戰) 훈련하는 것을 관람하였다.[21] 6월 5일에는 명빈 김씨(明嬪 金氏)가 타계하니, 태종(太宗)의 후궁(後宮)으로서는 마지막 후궁이었다. 명빈은 태종의 총애를 많이 받았으나 소생은 없이 장수(長壽)하였는데, 묘(墓)가 아차산(峨嵯山) 너머에 현존한다.[22] 6월 12일에는 폐비 윤씨의 소생인 다른 왕자가 죽었다. 7월 29일은 성종(成宗) 임금의 탄일(誕日)이므로 백관이 권정례(權停例)로 진하(陳賀)하였다.

9월 17일에는 임금이 인정전(仁政殿)에 나아가 양로연(養老宴)을 행하였는데, 영의정 정창손(鄭昌孫)·청송부원군 심회(沈澮)·파천부원군 윤사흔(尹士昕)·영산부원군 김수온(金守溫)·판중추부사 황치신(黃致身)·행사직(行司直) 김세민(金世敏)·조지경(曺智敬)과 검참판(檢參判) 변상회(邊尙會) 등에게 친히 술잔을 내리고, 또 승지(承旨)에게 명하여 3품 이하 노인에게 술잔을 내리게 하였다. 술이 반쯤 돌아가자 시객(侍客)과 노인들에게 명하여 춤추게 하고 아홉 차례나 술잔을 돌린 뒤에 파하였다. 한편 이 날, 효령대군(孝寧大君) 이보(李補)의 집에는 따로 주악(酒樂)을 보내 드리고, 시연(侍宴)하는 종친들로 하여금 나아가게 하였는 바, 이는 대군께서 연로(年老)하시므로 양로연 잔치에 나오지 못하셨기 때문에 따로 잔치를 내려드린 것이었다.[23]

경자(庚子, 1480)년 새해가 밝으니, 성종(成宗) 즉위 11년째이며, 효령대군(孝寧大君)께서는 보령(寶齡) 85세가 되셨다. 설날 아침, 임금이 백관을 거느리고 정조(正朝)의 망궐례(望闕禮)를 행하고 또 대왕대비전·인수(仁粹)왕대비전·인혜(仁惠)왕대비전에 하례(賀禮)하고 표리(表裏)를 올렸다. 이어 임금이 인정전(仁政殿)에 나아가 하례를 받고, 다시 삼

---

20 『성종실록』 권102, 성종 10년 3월 乙亥(19일).

21 『성종실록』 권104, 성종 10년 5월 丙子(21일).

22 『성종실록』 권105, 성종 10년 6월 庚寅(5일), 본 3권(25장) 124쪽의 주50)을 아울러 참조.

23 『성종실록』 권108, 성종 10년 9월 庚午(17일).

대비(三大妃)에게 진연(進宴)하였다. 그리고 다시 인정전에서 회례연(會禮宴)을 행하였는데, 왜인과 야인들도 참여하고, 물품을 차등있게 하사하였다.[24]

설날 아침에는, 효령대군(孝寧大君)께서 이미 연로(年老)하셨으므로 임금이 효령대군의 사제(私第)에 가서 잔치를 내려드리도록 명하고, 종친(宗親)과 재추(宰樞)에게 따로 명하여 잔치에 나아가도록 하였다. 그리고 도승지 김승경(金升卿) · 우승지 채수(蔡壽;枰城君 李偉의 妻男, 朱溪君의 外叔), 우부승지 노공필(盧公弼) 등을 보내어 별도로 선온(宣醞)을 하사하였다.[25]

1월 5일에는 임금이 선정전(宣政殿)에 나아가서 친림(親臨)하여 전주(銓注)하였는데, 작년 서정(西征)에 공(功)을 세운 이숙기(李淑琦;資憲大夫 延安君) 등 50인에게 관작(官爵)을 제수(除授)하였다. 그리고 모든 제수는 이조(吏曹) · 병조(兵曹)의 당상관이 계품(啓稟)하는대로 시행하였다. 그리고 13일에는 임금이 경복궁(景福宮)에 거둥하여 서정(西征)에 참가했던 장수(將帥)와 군사들을 경회루(慶會樓) 아래에서 연회(宴會)하니, 종친(宗親)과 재추(宰樞) 등이 입시하였다. 임금이 윤필상(尹弼商) 이하의 장수와 군사들에게 명하여 모두 일어나 춤을 추게 하였는데, 해가 저물어서야 파하였다.[26]

그런데 이번의 연회(宴會)에도 연로하신 효령대군(孝寧大君)께서는 참석치 못하셨으므로 27일에는 임금이 대군의 사제(私第)에 친히 거둥하여 따로 연회를 베풀어 위로(慰勞)하니 종친(宗親) 1품 이상과 의빈(儀賓) 등이 입시(入侍)하고, 임영대군(臨瀛大君)의 제5남 환성군(歡城君) 이징(李澄) 등 10인이 또한 참석하였다. 연회에 술[酒]과 음악(音樂)도 하사하여 어가(御駕)를 따라온 종친(宗親) · 재추(宰樞)와 여러 장수(將帥), 그리고 대간(臺諫)과 경연관(經筵官) 모두를 대접하도록 하였다.[27]

2월 11일에는 지중추부사 권총(權聰)이 졸(卒)하였다. 권총은 길천군(吉川君) 권규(權跬)의 아들로서, 권규는 태종(太宗)의 셋째 부마(駙馬;慶安公主)이니 효령대군에게는 생질

---

24 『성종실록』 권113, 성종 11년 1월 壬午(1일).

25 위와 같음.

26 『성종실록』 권113, 성종 11년 1월 甲午(13일).

27 『성종실록』 권113, 성종 11년 1월 戊申(27일).

(甥姪)이 된다. 일찍 부모를 여의였으므로[早孤] 공주와 늘 궁중(宮中)에 들어가 살았다. 향년이 68세. 철조(輟朝)하고 부의(賻儀)와 조제(弔祭)하기를 예(例)와 같이 하였다.[28]

4월 17일에는 임금이 효령대군(孝寧大君)의 별서(別墅)인 희우정(喜雨亭)에 거둥하여 수전(水戰) 훈련하는 것을 관람하였다. 임금이 말하기를 "이 강을 헤엄쳐 건널 수 있는 자는 상(賞)을 주리라" 하니, 옥산군(玉山君) 이제(李躋;謹寧君의 아들)의 반인(伴人;功臣이나 높은 관료의 경호 수행원, 伴倘이라고도함) 강소산(姜小山)이 명에 응하였다. 그가 힘을 다하여 헤엄쳐 가매 빠져 죽지나 않을까 염려해서 작은 배로 하여금 따라 가게 하였는데, 마침내 헤엄쳐서 건넜으므로 명하여 술을 하사하고, 옷 2령(領)을 내려 주게 하였다.[29]

9월 19일에는 임금이 인정전(仁政殿)에 나아가 양로연(養老宴)을 베풀었는데, 월산대군(月山大君) 이정(李婷)·제안대군(齊安大君) 이현(李琄)·덕원군 이서(李曙)·창원군 이성(李晟)·오산군 이주(李澍;臨瀛大君 璆의 長男)·의성군(誼城君) 이채(李寀;孝寧大君의 長男)·보성군(寶城君) 이갑(李㝓;孝寧大君의 3남)·영천군(永川君) 이정(李定;孝寧大君 제5남)·팔계군 이정(李淨;임영대군의 4남)과 의빈(儀賓) 홍상(洪常)·임광재(任光載;任士洪의 장남), 승빈(承賓) 강자순(姜子順), 영의정 정창손(鄭昌孫)·상당부원군 한명회(韓明澮)·영돈녕 노사신(盧思愼)·좌찬성 한계희(韓繼禧)·이조판서 서거정(徐居正) 등과 승지(承旨)들이 입시하였다.[30] 당시 의성군(誼城君) 이채(李寀)의 춘추(春秋)가 70세, 보성군(寶城君) 이갑(李㝓)은 65세(歲)이었다.

11월 13일에는 종부시(宗簿寺)에서 아뢰기를,

> "태강수(泰江守) 이동(李仝)이 버린 처(妻) 어을우동(於乙宇同)은 음행(淫行)한 죄로 극형(極刑)을 받았으니, 청컨대 『선원록』(璿源錄)에서 그 여자의 이름을 지우도록 하소서"

28 『성종실록』 권114, 성종 11년 2월 辛酉(11일).

29 『성종실록』 권116, 성종 11년 4월 丁卯(17일).

30 『성종실록』 권121, 성종 11년 9월 丙申(19일).

하니, 그대로 따랐다.[31] 한편, 같은 날 종부시에서 또 아뢰기를,

"종친(宗親)은 양첩(良妾)·천첩(賤妾)의 자녀(子女)에 있어서 그 어미의 계파(系派)를 상고하지 아니하고 모두 『선원록』(璿源錄)에 기록하는 것은 불가하니, 청컨대 그 어미의 족계(族系)를 핵실(覈實)한 후에 기록하도록 하소서"

하니, 그대로 따랐다.[32]

12월 16일에는 결국 불효죄를 범한 이심원(李深源)을 강원도 이천현(伊川縣)에 부처(付處)[33]하였다. 이 날, 평성정(枰城正) 이위(李偉)가 와서 아뢰기를,

"심원(深源)이 신(臣)에게 불효(不孝)하기 때문에 신이 상언(上言)하여 둘째(셋째?) 아들 이혼원(李混源)으로 봉사(奉祀)하도록 청하였는데, 심원은 그 죄를 면하고자 처(妻)를 시켜 상언하게 해서 신이 상언한 것을 신의 아비 이갑(李砎)이 한 것으로 하였으니, 심원의 간사함이 이와 같습니다. 청컨대 죄를 주소서"

하니, 전교하기를,

"부자(父子) 사이인데, 어떻게 한번 불러서 오지 않는다고 경솔하게 적자(嫡子)를 폐하려는가? 만약 죄가 있다면 그것을 모두 말하도록 하라"

하였다. 이에 평성정 이위가 대답하기를,

---

31 『성종실록』 권123, 성종 11년 11월 己丑(13일).

32 『성종실록』 권123, 성종 11년 11월 己丑(13일).

33 벼슬아치에게 일정한 곳을 지정하여 그곳에만 머물러 있게 하던 형벌. 중도부처(中途付處).

"축수재(祝壽齋)는 조종조(祖宗朝)로부터 행하여 온 것인데 심원이 파할 것을 청하였으니, 이는 신자(臣子)로서 차마 할 바가 아닙니다. 또 의성군(誼城君) 집에 갔을 때, 신의 아비에게 무례(無禮)하였으니 이는 불순(不順)한 것입니다"

하였다.

12월 28일에는 소폭(小幅)의 관직 이동(移動)이 있었는데, 이훈(李塤;孝寧大君의 사위)을 숭정대부(崇政大夫) 행(行)의정부 좌참찬(左參贊)에, 이철견(李鐵堅)을 숭정대부 행 평안도관찰사에, 이승소(李承召;孝寧大君의 둘째 처남 鄭忠碩의 사위)를 자헌대부(資憲大夫) 의정부 우참찬(右參贊)에, 박처륜(朴處綸)을 수(守)사헌부 지평(持平)에 각각 제수하였다.[34] 한 해가 저무는 12월 29일 그믐날은 임금이 선정전(宣政殿)에 나아가 나례(儺禮)를 구경하였는데, 종친(宗親)과 재추(宰樞)·승지(承旨)·사관(史官) 등이 입시(入侍)하였다.

신축(辛丑, 1481)년 새해가 밝았다. 성종(成宗) 즉위 12년째이며, 효령대군(孝寧大君)께서는 보령(寶齡) 86가 되셨다. 설날 아침, 임금이 백관을 거느리고 예년(例年)과 같이, 정조(正朝) 망궐례(望闕禮)를 의식대로 행하였다. 그리고 인정전에 나아가 하례(賀禮)를 받고 올량합(兀良哈)의 중추 아이다개(阿伊多介) 등이 토산물을 바쳤다. 이내 회례연(會禮宴)을 행하니 왜인(倭人)과 야인(野人)도 참석하였는데, 이들에게 선물을 차등있게 내려주었다.[35]

5월 15일에는 효령대군(孝寧大君)의 사위인 의정부(議政府) 좌참찬(左參贊) 이훈(李塤)이 타계(他界)하니, 철조(輟朝)하고 조제(弔祭)·예장(禮葬)하기를 예(例)와 같이 하였다. 이훈은 자(字)가 화백(和白)이고 초명(初名)은 이서(李墅)였는데, 여말(麗末)의 대유(大儒) 목은(牧隱) 이색(李穡)의 증손인 감사(監司) 이축(李蓄)의 아들이었다. 『성종실록』(成宗實錄)에 적힌 '졸기'(卒記)를 그대로 옮겨본다.

---

34 『성종실록』 권124, 성종 11년 12월 癸酉(28일).

35 『성종실록』 권125, 성종 12년 1월 丙子(1일).

「이훈의 자(字)는 화백(和白), 처음 이름은 이서(李墅)였는데, 한산 이씨(韓山 李氏)로서 관찰사(觀察使) 이축(李蓄)의 아들이었다. 효령대군(孝寧大君) 이보(李補)의 사위이다. 처음에 사직(司直)에 제수(除授)되었다가 정통(正統;明 英宗의 年號) 정묘(丁卯, 세종 29, 1447)년에 세자우위솔(世子右衛率)에 임명되었고, 무진(戊辰, 세종 30)년에 호군(護軍) 겸 전첨(典籤)에 승진되어 세자 좌익찬(左翼贊)이 되었다. 경태(景泰;明 景帝 年號) 계유(癸酉, 1453)년에 동부지돈녕부사(同副知敦寧府事)에 승진하였고, 갑술(甲戌, 端宗 2)년에 예빈시윤(禮賓寺尹)으로 전임되었다가 한참 만에 동첨지돈녕부사로 전직되었고, 또 대호군으로 천전(遷轉)되어 내직 사준원(內直 司樽院)의 일을 간판(幹辦)하다가 제용감(濟用監)·군자감(軍資監)·전농시(典農寺)의 판사(判事)를 역임하고, 천순(天順;明 英宗(重祚) 年號) 기묘(己卯, 세조 5, 1459)년에 첨지중추부사에 승진되어 공조참의(工曹參議)로 천전된 후, 신사(辛巳, 1461)년에 가선대부(嘉善大夫) 인수부윤(仁壽府尹)을 거쳐 형조참판(刑曹參判)에 전직되었다. 정해(丁亥, 세조 13, 1467)년 이시애난(李施愛亂) 때에는 토벌군으로 공을 세워 자헌대부(資獻大夫) 한성부좌윤(漢城府左尹)에 승진되고, 무자(戊子, 세조 14)년 경기관찰사(京畿觀察使)에 제수되었다. 기축(己丑, 예종 원년, 1469)년 정헌대부(正憲大夫) 중추부지사(中樞府知事)에 승진된 후, 이어 경인(庚寅, 성종 원년, 1470)년 한성부판윤(漢城府判尹)에 전직되었다가 신묘(辛卯, 1471)년에 순성좌리공신(純誠佐理功臣)에 녹권(錄券)되어 한성군(韓城君)에 봉해졌다. 임진(壬辰, 1472)년에 숭정대부(崇政大夫)로 승진되고, 경자(庚子, 성종 11, 1480)년에 의정부 우참찬(右參贊)에 임명되었다가 한참 만에 좌참찬(左參贊)으로 옮겼는데, 이 때에 이르러 졸(卒)하니 향년(享年)이 53세이었다. 시호(諡號)를 '안소'(安昭)라고 하였는데, 화평(和平)하기를 좋아하고 다투지 아니한 것을 '안'(安), 용의(容儀)가 공손하고 아름다운 것을 '소'(昭)라고 하였다. 이훈(李塤)은 성질이 총명하고 지혜로우며 행실(行實)이 단정(端正)·방정(方正)하였다. 생장(生長)하여 부귀(富貴)하였으나 화려한 옷을 입는 습성(習性)이 없었고, 글읽기를 좋아하여 서사(書史)를 많이 섭렵하였다. 문사(文士)들과 더불어 교유(交遊)하기를 좋아하고, 산업(產業)을 경영하지 아니하고 사치(奢侈)를 좋아하지 아니하였다. 아들 이유청(李惟淸)이 있다」[36]

36 『성종실록』 권129, 성종 12년 5월 己丑(15일). '李塤의 卒記'. 3권(25장) 113쪽의 주14)를 아울러 참조.

이튿날 16일에는, 명(明)으로부터 새로 중궁(中宮)이 된 계비(繼妃) 윤씨(尹氏:貞顯王后, 尹壕의 딸)의 고명과 칙서(勅書)가 이미 도착되었으므로, 임금이 모화관(慕華館)에 거둥하여 면복(冕服)을 갖추고 고명(誥命)맞이 하기를 끝마친 후 사신과 더불어 서로 읍(揖)하고, 먼저 경복궁에 나아가 근정전(勤政殿)에서 고명과 칙서 받기를 의식(儀式)과 같이 하였다.[37]

6월 7일에는 영산부원군(永山府院君) 김수온(金守溫)이 졸(卒)하였다. 김수온은 본관이 영동(永同), 나면서부터 영리하고 뛰어나 세종 20년에 진사시(進士試)에 급제하고, 23년에는 문과(文科)에 급제하였는데, 세종이 그 재주를 듣고 특별히 명하여 집현전(集賢殿)에 사진(仕進)하게 하여 『치평요람』(治平要覽)수찬(修撰)에 참여하였다. 세조(世祖) 때에는 발영시(拔英試)·등준시(登俊試)에 모두 으뜸으로 입격, 특별히 숭정대부(崇政大夫) 가자(加資)에 이어 판중추부사에 올랐으며, 성종 2년에 순성좌리공신(順成佐理功臣)에 올라 영산부원군에 봉해졌는데 이 때에 졸하니 향년이 73세였다. 김수온은 고승 신미(信眉)의 아우로서 불경(佛經)에도 달통하고, 한 때는 회암사(檜巖寺)에 들어가 머리를 깎고 중이 되려고도 하였는데, 특히 세조의 총애를 많이 받았다. 효령대군(孝寧大君)과의 교유(交遊)도 많아 「원각사비명」(圓覺寺碑銘)·「유점사신종명」(楡岾寺新鐘銘)을 찬하기도 하였다. 괴애(乖崖)라 자호(自號)했는데, 문집으로 『식우집』(拭疣集)이 있다.[38]

12월 11일에는 임금이 삼대비전(三大妃殿)에게 진연(進宴)하고, 이어서 영돈녕(領敦寧) 이상과 입직(入直)하는 제장(諸將), 그리고 승지(承旨) 등을 대궐(大闕) 뜰에 불러 술과 음악(音樂)을 내려 주어 대접하게 하였는데, 마침 이 날은 효령대군(孝寧大君)의 86회 생신일(生辰日)이었다.[39]

12월 20일, 이 날 저녁은 '경신(庚申)의 밤'[40] 이었으므로 임금이 선정전(宣政殿)에 나

---

37 『성종실록』 권129, 성종 12년 5월 庚寅(16일).

38 『성종실록』 권130, 성종 12년 6월 庚戌(7일) '金守溫의 卒記' 참조.

39 『성종실록』 권136, 성종 12년 12월 辛亥(11일).

40 연말 그믐께 '庚申日'이라 하여, 이 날은 자지 않고 다음 날을 기다리며 밤을 새운다. 곧 낮의 申時에서 밤 申刻까지, 이 날은 三尸蟲이 사람이 안심하고 있는 틈을 엿보아 惡事를 天帝에게 밀고한다고 하여, 그런 빈틈

아갔는데, 월산대군 이정(李婷)·제안대군 이현(李琄)·덕원군 이서(李曙)·창원군 이성(李晟)·오산군 이주(李澍)·정양군 이순(李淳)·옥산군 이제(李躋)·운산군 이계(李誡)·의성군(誼城君) 이채(李寀)·보성군(寶城君) 이갑(李偺)·영천군(永川君) 이정(李定)과 하성군(河城君) 정현조(鄭顯祖;世祖 딸 懿淑公主), 그리고 의빈(儀賓) 임광재(任光載;睿宗 딸 顯肅公主)·홍상(洪常;德宗 딸 明淑公主) 등이 입시(入侍)하고, 기생(妓生)과 악공(樂工)들도 들어왔다. 승정원에서는 전원이 입직(入直)하고, 홍문관에서도 숙직(宿直)하는 사람들을 불러 모았는데, 활 2장(張)과 녹비(鹿皮) 2령(領)을 내어다 내기를 시켰다.[41] 12월 28일에는 임금이 선정전에 나아가 나례(儺禮)를 관람하였다.

임인(壬寅, 1482)년 새해가 밝았다. 성종(成宗) 즉위 13년째에, 효령대군(孝寧大君)께서는 보령(寶齡) 87세가 되셨다. 초하룻날 아침, 대왕대비(大王大妃)가 전교하기를,

> "오늘은 곧 세수(歲首)이므로 군신(君臣)이 함께 잔치하는 것이 예(禮)이다. 그러나 주상(主上)은 흉년(凶年)이라는 이유로 중지하라고 명하였고, 나도 잔치를 받고 싶지 않았으나 주상이 간곡히 청하기 때문에 억지로 따랐다. 옛날 세종(世宗) 때에 이만주(李滿住)가 난(亂)을 일으키자 세종이 매우 근심하였어도 대례(大禮)는 폐하지 아니하였으니, 오늘 풍정(豊呈)을 받음도 명일(名日)인 때문이다. 또 주상이 나에게 준 시(詩)가 있는데 여러 재상(宰相)은 보도록 하라"

하고는 임금이 올린 시(詩)를 내어 보이자 주상이 전교하기를,

> "내가 스스로 가작(佳作)이라고 여긴 것이 아니다. 오늘 아침 하례를 드린 후에 우연히 나의 뜻을 삼대비전에 바친 것이다. 옛말에 '시는 뜻을 말함이다'고 하였으니, 각각 뜻을 말하는 것이 좋을 것이다. 영의정은 마땅히 서(序)를 지어야 할 것이고, 좌중(座中)의 문신(文

을 주지 않기 위해 밤샘을 한다.

41 『성종실록』 권136, 성종 12년 12월 庚申(20일).

臣)들은 모두 화답하여 올리라"

하였다.[42]

지금은 사라져서 볼 수 없는 풍속으로 되고 말았지만, 한자문화권에서 '입춘'(立春)을 써붙이는 풍속은 꽤 오래전부터인 것 같다. 성종 임금 당시 만해도 입춘 써붙이는 것이 매우 유행했던 것 같은 바, 단지 '입춘대길'(立春大吉) '건양다경(建陽多慶)'이 아니라 한 수(首)의 시(詩)를 써서 붙이는 것이었는데, 입춘 때가 된 1월 9일에 임금이 전교(傳敎)하기를,

"입춘(立春) 때 붙이는 글은 매양 한 수의 시(詩)로써 문에다 붙이는 것은 옳지가 않다. 문(門)은 하나가 아니며, 또 시를 지을 수 있는 자도 많으니 지금 이후로는 문신(文臣)들로 하여금 각각 시(詩)를 지어서 붙이게 하라"

하였다.[43]

효령대군(孝寧大君)의 증손(曾孫), 그러니까 율원군(栗元君) 이종(李倧)의 외아들 여양군(呂陽君) 이자겸(李子謙)이 일찍이 상처(喪妻)해서 재혼(再婚)하게 되었는데, 그 과정에서 법적(法的)으로 약간의 문제가 있었던 것 같다. 6월 28일에는 종부시(宗簿寺)에서 아뢰기를,

"여양부정(呂陽副正) 이자겸(李子謙)이 김향산(金香山)의 집안과 예(禮)를 올리고 성혼(成婚)을 했는데, 비록 향손(鄕孫)이라 이르더라도 첩(妾)으로써 논하는 것은 옳지 못합니다. 다만, 『대명률』(大明律)에 '아내가 있으면서 아내를 취(娶)한 자는 장(杖) 90대에 이이(離異;離婚)하게 한다'고 되어 있는데, 자겸은 전처(前妻)가 살아 있을 때에 혼서(婚書)를 보냈

42 『성종실록』 권137, 성종 13년 1월 庚午(1일).

43 『성종실록』 권137, 성종 13년 1월 戊寅(9일).

다가 아내가 죽은 지 다섯 달 만에 성혼을 하였으니, 어찌 아내가 있으면서 장가를 든 것과 다르겠습니까? 비록 사유(赦宥) 전에 있었던 것이기는 합니다만, 청컨대 율(律)에 의하여 이혼(離婚)하게 하소서"

하니, 임금이 영돈녕(領敦寧) 이상에게 보이도록 명하였다. 이에 정창손(鄭昌孫)·심회(沈澮)·홍응(洪應)·노사신(盧思愼)이 의논하기를,

"자겸(子謙)이 비록 아내가 살아 있을 때에 혼서를 보냈다고 하더라도 성혼(成婚)을 한 것은 곧 아내가 죽은 뒤에 있었다고 하면, 아내를 두고서 장가들었다는 율(律)로써 논하는 것은 옳지 못합니다. 또 여자의 집안에서는 아내의 생시(生時)에 혼인을 도모한 것을 알지 못하고 예(禮)를 올려 성혼을 한 것이니, 법(法)을 어김이 없습니다. 만약 이것으로써 허물을 돌리어 이혼하게 한다면, 정리(情理)로도 가긍(可矜)합니다. 그러니 김씨(金氏)[44]를 후처(後妻)로서 논하는 것이 어떠하겠습니까?"

하니, 임금도 동의하고 그대로 따랐다.[45]

7월 26일에는 의금부(義禁府)에 전지(傳旨)하여, 성종(成宗) 11(庚子)년 12월 16일 이후(以後)로 강원도(江原道) 이천(伊川)에 부처(付處)되어 있는 주계부정(朱溪副正) 이심원(李深源)을 석방하게 하였다.[46]

한편 7월 20일에는, 효령대군(孝寧大君)께서 당일 날짜로,

「전라도 강진(康津)에 있는 밭과 논 아울러 10결(結)은 이 고을에 있는 만덕사(萬德寺)[47]에

---

44 光山 金氏 金著의 따님, 大興縣夫人.

45 『성종실록』 권142, 성종 13년 6월 乙丑(28일).

46 『성종실록』 권143, 성종 13년 7월 癸巳(26일), 朱溪君은 성종 9년 9월 6일~10월 29일까지 長湍에 1차 付處된 바 있었고, 두 번째 伊川(成宗 11년 12월 16일~13년 7월 26일)에 부처된 것이었다.

47 지금의 全南 康津郡 道岩面 萬德山 白蓮峰 아래에 있는 절, 지금의 白蓮寺.

다가 조종영세(祖宗永世)토록 수륙재(水陸齋)를 받들기 위해 내내 절에 시주(施主)한 것인데, 세대가 오래되어 장차 수륙보(水陸寶)[48]가 폐지되어 나의 본 뜻을 잃거들랑 나의 사물을 헛되이 버릴 수는 없는 것이니, 이것을 곤자손(昆子孫;六代孫 즉 遠孫을 이름) 중에서 찾아내어 경작케 함으로써 나의 뜻에 맞게 하면 매우 다행이겠다」

는 요지(要旨)의 「만덕사 시승문」(萬德寺 施僧文)을 작성하여 두셨던 바,[49] 먼 훗날 시대가 변화할 것을 예측하고 미리 재산 관리까지 해 두신 셈인데, 대군(大君) 87세 때의 일이다. 그런데 사실 만덕산(萬德山) 백련사(白蓮寺;萬德寺라고도 함)의 중창(重創)은, 세종 12년(庚戌, 1430) 가을에 착수하여 6년 만인 세종 18년(丙辰, 1436) 봄에 준공(竣工)한 것으로서, 그 당시 천태종(天台宗)의 도대선사(都大禪師) 호공(乎公;行乎) 스님이 중창한 것이며, 이 때 효령대군(孝寧大君)께서는 대공덕주(大功德主)가 되어 크게 시주(施主)하셨던 것이다.[50]

다른 한편, 이미 3년 전에 중궁(中宮) 윤씨(尹氏)를 폐비(廢妃)하여 사가(私家)에 유폐한 것은 다 아는 바이지만, 그 소생의 원자(元子)는 벌써 많이 성장해서 7세나 된데다 여러 사람이 그 집에 출입하니 윤비를 동정하는 말도 점차 퍼지게 되고, 성종 임금도 점차 마음 편안치 못하여, 급기야는 8월 16일 좌승지 이세좌(李世佐)를 보내어 윤씨를 그 집에서 사사(賜死)하기에 이른다. 이 날, 임금이 모화관에 거둥하여 열무(閱武)한 후 경복궁에 나아가 삼전(三殿)에 문안하고 다시 궁으로 돌아와서는 영돈녕(領敦寧) 이상 의정부(議政府)와 육조·대간(臺諫)을 명소(命召)하여 선정전(宣政殿)에서 인견하고 말하기를,

"윤씨가 흉험(凶險)하고 악역(惡逆)한 것은 이루 다 말할 수 없다. 당초에 마땅히 죄를 주어야 했지만, 우선 참으면서 개과 천선(遷善)하기를 기다렸다. 기해(己亥, 성종 10)년에 이르

---

48 契와 같은 것의 일종, 水陸齋를 위한 재원 방법이었음. 『청권집유』 72면의 설명은 잘못되었음.

49 『청권집유』 原篇 「萬德寺 施僧文」과 동 施僧文의 그 이후의 처리 결과는 『청권집유』 續1의 11. 「萬德寺 施僧事實」(286면)을 참조. 본책 3권의 권말 부록1 「효령대군과 강진 백련사, 그리고 행호 큰 스님」을 아울러 참조.

50 본 책 1권(9장) 255쪽의 주1)과 2권(11장) 50쪽의 주24·25) 「萬德山 白蓮寺 重創記」도 아울러 참조.

러 그의 죄악이 매우 커진 뒤에야 폐비(廢妃)하여 서인(庶人)으로 삼았지만, 그래도 차마 법대로 처리하지는 않았다. 이제 원자(元子)가 점차 장성하는데 사람들의 마음이 이처럼 안정되지 아니하니, 오늘날에 있어서는 비록 염려할 것이 없다고 하지만, 후일의 근심을 이루 다 말할 수 있겠는가? 경들이 각기 사직(社稷)을 위하는 계책을 진술하라. 내가 만일 큰 계책을 정하지 아니하면 원자가 어떻게 하겠는가? 후일 종묘와 사직이 혹 기울어지고 위태한 데에 이르면, 그 죄는 나에게 있다"

하니, 정창손·심회·윤필상 등이 말하는 중에 이파(李坡)가 말하기를,

"대저 신첩(臣妾)으로서 독약을 가지고 시기하는 자를 제거하고 어린 임금을 세워 자기 마음대로 전횡(專橫)하려고 한 죄는 하늘과 땅 사이에 용납할 수 없습니다. 옛날 구익부인(鉤弋夫人)은 죄가 없는데도 한무제(漢武帝)가 그를 죽인 것은 만세(萬世)를 위하는 큰 계책에서였습니다. 그러니 이제 마땅히 큰 계책을 빨리 정하여야 합니다. 신은 이러한 마음이 있은지 오래 됩니다만, 단지 연유가 없어서 아뢰지 못하였습니다"

하니, 임금이 말하기를

"후일에 그가 발호(跋扈)하게 되면 그 후환이 어찌 크지 않겠느냐? 측천무후(則天武后)가 조정의 신하들을 많이 죽였던 것은, 자기 죄가 커서 천하(天下)가 복종하지 않을 것을 알았기 때문에 자기의 위엄을 보이려고 한 것이다"

하고, 이에 곧 좌승지 이세좌(李世佐)에게 명하여 윤씨를 그 집에서 사사(賜死)하게 하고, 우승지 성준(成俊)에게는 이 뜻을 삼대비전에 아뢰게 하였다.[51] 그리고 곧이어 윤씨의 사사 사실을 서울과 지방에 포고(布告)하라고 의정부에 전지하였다.

---

51 『성종실록』 권144, 성종 13년 8월 壬子(16일).

한편 윤8월 11일에는, 성종(成宗) 임금 즉위 초, 정희왕후(貞熹王后)가 수렴청정(垂簾聽政) 할 때에 행정 문서를 수발하여 신임 받았던 사비(私婢) 조두대(曹豆大)[52]가 양인(良人)으로 신분 상승됨을 허락한 바, 교지(敎旨)를 내리기를,

"사비(私婢) 조두대는 세조조(世祖朝) 때부터 지금에 이르기까지 내정(內庭)에서 시중[給事]하여, 부지런하고 삼가서 그 공(功)이 있으니, 영구히 양인(良人)이 되는 것을 허락한다"

고 하였다.[53] 당시 사관(史官)이 기록한 조두대에 대한 '사평'(史評)을 들어보기로 하자.

「두대(豆大)는 성(姓)이 조가(曹哥)이고, 광평대군(廣平大君)의 가비(家婢)였는데, 성품이 총명하고 슬기로우며 문자(文字)를 해득(解得)하였고, 누조(累朝;여러 朝廷)에 내정(內庭)에서 시중하여 궁중(宮中)의 고사(故事)를 많이 알고 있었으며, 정희왕후(貞熹王后)가 수렴청정(垂簾聽政) 할 때에는 기무(機務)를 출납(出納)하여 기세(氣勢)가 대단하였으므로, 그 아우[妹]가 대관(臺官;司憲府 官員)과 더불어 길[道]을 다투는 데까지 이르러 큰 옥사(獄事)를 이루었으니, 그가 조정(朝廷)을 유린[凌轢]함이 이와 같았다. 문을 열어 놓고 뇌물을 받아 들이니 부끄러움이 없는 무리들이 뒤질세라 분주히 다녔다. 왕왕 그것을 인연하여 갑자기 고관(高官)에 이르기도 하였는데, 이철견(李鐵堅)과 민영견(閔永肩)·변처녕(邊處寧)과 같은 이가 더욱 심한 자(者)였다」[54]

9월 16일에는 오천부정(烏川副正) 이사종(李嗣宗)이 조부(祖父) 양녕대군(讓寧大君)의 제사(祭祀) 받들기를 청하여 어전(御前)에서 의논하게 되었다. 이보다 앞서 순성군(順城君) 이개(李諻)의 첩자(妾子)인 오천부정 이사종이 상서(上書)하여 그 조부의 제사를

52 본 책 3권(25장) 111쪽의 주9)를 아울러 참조.

53 『성종실록』 권145, 성종 13년 윤8월 丁丑(11일).

54 『성종실록』 권145, 성종 13년 윤8월 丁丑(11일).

받들기를 청하였는데, 이 때에 와서 임금이 이를 의논하도록 명한 것이다. 정창손·윤사흔·윤필상·홍응·노사신·이극배가 의논하기를,

"적자(嫡子;順城君을 말함)가 후사(後嗣)는 없고 첩자(妾子)만 있으면 대종(大宗)을 계승할 수가 없으며, 차자(次子)가 양자(養子)로 들어가는 것은 국가에서 이미 정한 제도가 있습니다. 원천군(原川君;孝寧大君의 제6남)이 마땅히 성녕대군(誠寧大君)의 후사로 계승해야 할 것인데, 적실(嫡室)에서 아들이 없이 졸(卒)하였으므로, 천첩(賤妾)의 아들인 열산정(列山正) 이해(李偕)로써 성녕대군의 후사로 계승했는데, 이는 적실에서 아들이 없고 열산(列山)은 첩의 장자(長子)이므로, 그가 후사로서 계승하는 것은 마땅한 일입니다. 그런데 이번은 이미 함양군(咸陽君) 이포(李誧)가 있고 이포도 또한 적자가 있는데, 지금 사종(嗣宗)으로써 양녕대군의 후사로 계승한다면 차자가 비록 적자가 있더라도, 장자의 첩자로써 대종을 계승하는 셈이니, 다시 법제(法制)를 정한다면 되겠지마는 그렇지 않다면 장자가 비록 첩자가 있더라도 차자가 적자가 있을 경우 대종을 계승하는 것은 국가의 통례(通例)입니다"

하였다. 임금이 예조(禮曹)에 명하여 옛날의 제도를 상고하도록 하니, 예조에서 아뢰기를,

"『대전』(大典)에 '장자(長子)가 후사(後嗣)가 없으면 중자(衆子)가 봉사(奉祀)하고, 중자가 후사가 없으면 첩자(妾子)가 봉사한다' 하였고, 주(註)에 이르기를 '적장자(嫡長子)가 다만 첩자(妾子)만 있어 아우의 아들로써 후사를 삼기를 원하는 사람은 들어주고, 스스로 첩자와 더불어 따로 일지(一支)로 삼기를 원하는 사람도 또한 들어준다'고 했으니, 적장자가 비록 첩자가 있더라도 만약 중자(衆子)가 있으면 첩손(妾孫)이 대종(大宗)을 계승할 수가 없음은 명백합니다. 지금 순성군(順城君) 이개(李譿)는 비록 그가 양녕대군의 적장(嫡長)이지만 다만 첩자만 있을 뿐이니, 함양군(咸陽君) 이포(李誧)가 차자(次子)로서 봉사(奉祀)하는 것이 『대전』(大典)의 본 뜻에 매우 적합하니, 다시 옛날의 제도를 상고할 필요가 없으며, 『대전』(經國大典)에 의거하여 시행하는 것이 매우 적당하겠습니다"

하였다. 이에 임금이 예조와 승정원(承政院)에 전교하기를, "그런데 순성군이 죄가 없는데

도 양녕대군의 묘(廟)에 부제(祔祭)하지 못하게 됨은, 적당하지 못한 것이 아니겠는가?" 하니, 예조에서 아뢰기를,

"이개(李譺)가 생전(生前)에 만약 종가(宗家)를 따로 세우려고 했다면 『대전』에 의거하여 그의 하려고 하는 바를 들어 주겠지마는, 만약 종가를 따로 세우려는 소원이 없었다면 사종(嗣宗)은 곧 첩자(妾子)이기 때문에 진실로 대종을 계승할 수가 없으며, 이개는 곧 양녕대군(讓寧大君)의 적장(嫡長)이므로 마땅히 양녕대군의 묘(廟)에 들어가서 이포(李誧)와 더불어 같은 반열(班列)에 부제(祔祭)될 것입니다"

하였다. 그리고 승정원(承政院)에서 아뢴 바도 또한 이와 같으니, 임금은 사종의 상서(上書)를 보류하도록 명하였다.[55]

10월 4일에는 명숙공주(明淑公主)가 졸(卒)하였다. 덕종(德宗)/인수대비(仁粹大妃)의 외동딸이니 금상(今上;成宗)의 누이인데, 홍상(洪常)에게 하가(下嫁)하였다. 임금이 "공주(公主)의 죽음에 조회(朝會)를 폐한 일이 있는가?" 물으니, 예조에서 아뢰기를 "신구(新舊)의 『대전』(大典)에 모두 기재된 바는 없습니다" 하고, "그러나 공주(公主)는 대군(大君)과 동등(同等)하니 조회를 3일 동안만 폐하면 좋겠습니다" 하니, 임금이 그대로 따랐다.[56] 그리고 호조에 전교하기를, "명숙공주에게 부의(賻儀)로 쌀 60석, 콩 20석, 밀[小麥] 3석, 석회 50석, 청밀(淸蜜) 10두(斗), 기름 15두를 특별히 하사(下賜)하라" 하였다.

한편, 12월 17일에는 임금이 선정전(宣政殿)에 나아가니, 사역원(司譯院) 제조(提調) 윤필상(尹弼商)·이극배(李克培)·임원준(任元濬)과 행사직(行司直) 장유성(張有誠)·황중(黃中)이 입시(入侍)하였는데, 통사(通事)에게 한(漢)·왜(倭)·여진(女眞)의 글을 강(講)하게 하였더니, 장유성이 아뢰기를, "지금 한어(漢語)를 잘하는 이는 임사홍(任士洪;任元濬

55 『성종실록』 권146, 성종 13년 9월 辛亥(16일).

56 『성종실록』 권147, 성종 13년 10월 己巳(4일).

의 장남) 보다 나은 이가 없습니다" 하였으나, 임금은 대답하지 아니하였다.[57] 당대에는 중국어(中國語)인 한어(漢語)가 현대에 비유하면 제1외국어이고, 왜어(倭語)와 여진어가 제2외국어에 해당, 사역원은 그 외국어 전담(專擔) 기구였는데, 이로보면 보성군(寶城君) 이갑(李岔)의 사위이자 주계군(朱溪君) 이심원(李深源)의 고모부(姑母夫)인 임사홍(任士洪)이 한어(漢語)에는 당대 제1인자였던가 보다. 12월 19일에는 "공경히 의지(懿旨)를 받들어 회암사(檜巖寺)에 속한 땅은 세(稅) 외의 여러 가지 부역(賦役)은 모두 면제(免除)한다"는 교지(敎旨)가 내려졌다.

---

57 『성종실록』 권149, 성종 13년 12월 辛巳(17일).

28

향년 91세로 考終命하시다

효령대군 88세, 1월 ~ 91세, 5월

계묘(癸卯, 1483)년 새해가 시작되었다. 금상(今上;成宗)이 즉위한 지 14년째에, 효령대군(孝寧大君)께서는 보령(寶齡) 88세(歲)로서 미수(米壽)에 이르셨다. 초하룻날은 임금이 백관을 거느리고 망궐례(望闕禮)를 행한 후, 대왕대비[貞熹王后 世祖妃]와 인수대비(仁粹大妃 德宗妃)·인혜왕대비(仁惠王大妃 睿宗 繼妃)에게 하례하고 표리(表裏)를 올렸다. 낮에는 삼전(三殿)[1]에 잔치를 드리고, 종친(宗親) 1품과 육조판서를 불러 술과 풍악을 내렸다. 또 무신(武臣) 정2품 이상과 입직한 제장(諸將)·겸사복(兼司僕)·내금위(內禁衛) 등에게 명하여 사후(射侯)하게 하였다.[2] 해가 바뀌고 원자(元子;廢妃 尹氏의 所生, 훗날의 燕山君)의 나이도 한 살 더하여 여덟 살이 되었다. 6일에는 상의원(尙衣院) 제조 이극배(李克培)가 세자(世子) 관복(冠服)에 대하여 아뢰니, 전교하기를

"비록 성인(聖人)이라도 권도(權道)를 쓰는 것인데, 여덟 살 난 아이에게 관복(冠服)을 갖추

---

1 貞熹王后 尹氏(世祖妃)·昭惠王后 韓氏(仁粹大妃, 德宗妃)·仁惠王后 韓氏(安順王后, 睿宗 繼妃)

2 『성종실록』 권150, 성종 14년 1월 甲午(1일).

> 고 예(禮)를 행하게 하는 것은 온당치 못할 듯하다. 나는 내전(內殿)에서 책봉(冊封)하고 정전(正殿)에는 나오지 못하게 하려고 하니, 관복은 바꾸지 말고 예전대로 하도록 하라"

하였다.[3]

새 봄이 되면서 왕세자 책봉(冊封) 행사도 무사히 마치고 임금이 사뭇 여유로워지매, 2월 16일에는 삼대비(三大妃)가 모처럼 온양(溫陽) 온정(溫井)에 나들이를 하게 되었다. 한 분만의 행차도 큰 일인데 세 분이 함께 나들이를 떠나니 젊은 임금은 여간 마음 쓰이는 것이 아니었다. 배웅을 위해 임금이 백관을 거느리고 먼저 주정소(晝停所:임금이 行幸하는 도중 잠간 머물러 낮수라를 들던 곳)에 이르러 예조 당상을 불러 전교하기를,

> "당초에는 주정소에서 지송(祗送)하려고 했는데, 여기 와서 다시 생각해 보니 마음이 편치 못하구나. 내가 백관을 거느리고 친히 강변까지 나가 지송하겠다. 그래서 삼대비전께서 강을 건너는 것을 보고 돌아오려고 하는데, 경들의 생각은 어떠한가?"

하고 삼대비가 주정소에 이르니, 임금이 도승지에게 분부하여 삼전(三殿)의 수레를 따르는 재추(宰樞) 등을 불러 술을 내린 후, 백관에게 명하여 먼저 강변에 나아가 길 왼쪽에 차례로 서 있게 하였다.

잠시 뒤에 임금이 강변에 거둥하여 말에서 내리며, 차례로 입시(立侍)하는 것은 생략한 채, 삼전이 당도하니 임금이 무릎을 꿇고 백관들은 부복(俯伏)하였다. 얼마 뒤에 삼전이 배에 오르니 임금이 일어섰다. 이윽고 삼전이 강을 건너 연(輦)에 올라 수십 보쯤 갈 때까지 임금은 한참 동안 서 있다가 멀어져 간 다음에 환궁(還宮)하였다.[4] 그런데 이번의 온양(溫陽) 행차(行次) 중에 삼전 중에도 당시 왕실의 제일 어른이신 대왕대비(大王大妃) 정희왕후(貞熹王后;世祖妃)가 현지에서의 별세(別世)로 불귀(不歸)의 객이 되고만 것을 생

---

3 『성종실록』 권150, 성종 14년 1월 己亥(6일).

4 『성종실록』 권151, 성종 14년 2월 己卯(16일).

각하면, 강변까지 나와 전송할 때에 임금도 어떤 예감이 있었지 않았나싶기도 하다.

한편 당시에, 책봉된 이후의 세자(世子)는 어떻게 공부하였을까? 삼대비전이 온양 행차를 떠난 이튿날, 「세자사(世子師) 정창손(鄭昌孫)이 세자의 서연(書筵)에 대하여 아뢰었는데,

> "세자의 서연(書筵)에는 매일 빈객(賓客) 한 사람, 낭청(郎廳) 두 사람, 대간(臺諫) 각각 한 사람이 진강(進講)하되, 아침에는 빈객이 진강하고 낮에는 낭청이 입시(入侍)하여 아침에 읽은 것과 전에 사흘 동안 배운 것을 복습(復習)하며, 매달 15일에는 사부(師傅)와 빈객이 모여서 강(講)하는 것이 어떻겠습니까?"

하니, 그대로 따랐다」[5] 한 것을 보면, 장차 유능한 국왕(國王)으로 만들기 위해 세자에게 부과된 '제왕학'(帝王學)이 매우 철저하였던 것 같다. 2월 20일에는 왕세자가 처음으로 서연(書筵)에서 강(講)을 마치니, 경연(經筵)·서연관(書筵官)에게 술을 내리게 하였다.

2월 24일에는 도성(都城) 안 중부(中部)의 장통방(長通坊) 여염 집에서 불이 나서 3백여 호를 연소(延燒)시켰다. 이에 이튿날 25일에는 호조(戶曹)에 전교하기를 "어제 화재를 당한 백성들은 그 호수(戶數)를 계산하여 면포(綿布)를 내려 주라"고 하였다.

삼전(三殿)이 온양(溫陽)으로 행차를 떠난지 달포가 지난 4월 1일 묘시(卯時;아침 5~7시), 날이 밝자마자 비보(悲報)가 전달되는데, 내관(內官) 박인손(朴仁孫)이 온양으로부터 달려와 아뢰기를 "대왕대비(大王大妃)께서 3월 30일 술시(戌時;오후 7~9시)에 승하(昇遐)하셨다"는 것이었다.[6] 온양 현지로부터 대왕대비의 비보가 전해지던 날, 사신(史臣)이 평한 정희왕후(貞熹王后)에 대한 논평(論評)을 들어보자.

「사신(史臣)은 논한다. "삼대(三代;중국의 堯·舜·禹시대를 말함) 이후로 후비(后妃)의 어진이를

---

5 『성종실록』 권151, 성종 14년 2월 庚辰(17일).

6 『성종실록』 권153, 성종 14년 4월 癸亥(1일).

한(漢)나라에서는 '명덕'(明德)이라 하고, 당(唐)나라에서는 '문덕'(文德)이라 하며, 송(宋)나라 때에는 '선인'(宣人)이라 일컬었으나 이 중 선인이 큰 것이 된다. 우리 정희왕후(貞熹王后)께서는 힘써 대신의 청함을 따라 만기(萬機)를 참결(參決)하시되 제일 먼저 경연(經筵)을 열어 현사(賢士)를 접(接)하도록 명(命)하시고, 부지런히 덕성(德性)을 훈도(薰陶)함에 힘쓰시며, 폐정(弊政)으로 백성을 병들게 한 자를 강구(講求)하여 모두 다 파(罷)하게 하셨다. 간경도감(刊經都監)에 이르러서는 비록 차마 세조(世祖)의 뜻을 어기지 못하였으나 끝내는 또한 혁파하여 제거하셨고, 감사(監司)·수령(守令)으로 배사(拜辭)하는 자는 반드시 인견(引見)하여 순순(循循)히 힘쓰도록 유시(諭示)하셨다. 또 명하여 사목(事目)을 지어 계칙(戒勅)하게 하고, 풍속의 사치(奢侈)함을 근심하여 몸소 절검(節儉)을 행하고 인도하시며, 훈구(勳舊)를 위임하고 대간(臺諫)을 포상(褒賞)하셨다. 예종(睿宗)의 초상은 기년(期年)으로 결단하시고, 많은 무리의 의논을 물리치고 정종(鄭悰)의 아들 미수(眉壽)를 독단하여 등용하신 것은 또한 의논할 만하지만, 그러나 후사(後嗣)를 계승하는 중대함을 근심하여 그 허물을 몸소 떠맡으며 세조의 유교(遺教)를 받들고 문종(文宗)의 영령을 위로하여, 먼 장래의 계책[長遠之慮]과 인후(仁厚)의 뜻을 베풀지 않음이 없으셨으니, 그 공덕(功德)의 넉넉함이 또한 어찌 선인(宣仁)을 사양하겠는가?" 하였다」[7]

어쨌든 이제는 대왕대비의 상례(喪禮)를 잘 모시는 것이 큰 일이었다. 우선 행궁(行宮)과 조정(朝廷)에세 제6일로써 성복(成服)하는 일부터 정하고, 임금의 명(命)대로 대행대비(大行大妃)[8]의 상례는 소헌왕후(昭憲王后)와 공혜왕후(恭惠王后:成宗妃 韓氏, 韓明澮次女)의 의궤(儀軌)를 참고하여 넉넉함을 따라서 시행하도록 하였다. 또한 예조에서는 대행대비의 각재(各齋)를 올릴 사찰(寺刹)을 정하여 고하니, 초재(初齋)는 장의사(莊義寺)에서, 이재(二齋)는 진관사(津寬寺), 삼재는 봉선사(奉先寺), 4재는 정인사(正因寺), 5재는 장의사(莊義寺), 6재는 회암사(檜巖寺), 7재는 봉선사(奉先寺), 그리고 백재(百齋)는 정인사

7 『성종실록』 권153, 성종 14년 4월 癸亥(1일).

8 임금이나 后妃가 돌아간 뒤 諡號를 올리기 전의 尊稱.

(正因사)에서 올리되, 내자시(內資寺) · 내섬시(內贍寺) · 예빈시(禮賓寺)에서 윤차(輪次)로 공판(供辦)하게 하였다.[9] 한편, 온양(溫陽) 현지에서의 발인일(發靷日)을 17일로 정하고 20일에 입경(入京)토록 하는 한편, 윤호(尹壕) 등이 답사하여 산릉(山陵)의 길지(吉地)는 광릉(光陵)의 동쪽으로 잡았다.

그런데 대행대비(大行大妃)가 온양 출타 중에 훙서(薨逝)하셨으므로 이를테면 객사(客死)하신 셈이니, 본궁(本宮)에 빈전(殯殿)을 설치함은 불가하고 또 신료들도 아직 온양에 머물고 있는 양전(兩殿)의 교지를 받들어 빈전을 궐(闕) 밖에 두기를 청하였다. 한편 동대문 밖에 있는 효령대군(孝寧大君)의 사저(私邸)나 영순군(永順君) 이부(李溥;廣平大君의 아들)의 집이 광릉(光陵) 가는 길에도 편하니 두 곳 중에다 빈전을 설치하자는 의논이 있는 중에, 임금이 하서(下書)하기를, "이제 내교(內教)를 받고 빈전(殯殿)을 영순군 집에 설치하고, 혼전(魂殿)은 옛 동궁(東宮)에 설치하겠으니, 그것을 양대비(兩大妃)께 아뢰어라" 하였다.[10] 그리고 장일(葬日)을 의논한 끝에, "6월 초3일에 발인(發靷)하고, 12일에 현궁(玄宮)을 하관(下棺)하는 것이 마땅하겠습니다" 하니, 그대로 따랐다.

효령대군(孝寧大君)의 별서(別墅)인 희우정(喜雨亭)이 서교(西郊)의 한강변에 있어, 세종(世宗) 때부터 역대 왕이 가끔 이곳을 찾은 것은 널리 알려진 일이지만, 지난날 문종(文宗)은 세자(世子) 시절에도 이곳을 찾았었던가 보다. 11월 28일(丁巳)에는 임금이 사관(史官)을 보내어 서거정(徐居正)에게 묻기를,

"내가 경(卿)의 초고(草藁)를 보니, 거기에 이르기를 '문종(文宗)께서 세자(世子)로 계실 때에 희우정(喜雨亭)에 거둥하여 근신(近臣)에게 동정귤(洞庭橘) 한 쟁반[盤]을 하사하고는 인하여 시(詩)를 써서 보이셨는데, 신(臣)이 보배로 삼아 아껴서 이를 간직한다'라고 하였는데, 아직 어서(御書)가 그대로 있는가? 아니면, 그 때 귤 쟁반[橘盤]에 우연히 쓴 것을 모사(模寫)해서 간직하였는지 알지 못하겠다"

---

9 『성종실록』 권153, 성종 14년 4월 癸亥(1일).

10 『성종실록』 권153, 성종 14년 4월 丙子(14일).

하니, 서거정(徐居正)이 아뢰기를,

"그 때 과연 동정귤 한 쟁반이 집현전(集賢殿)의 여러 유신(儒臣)들에게 내려졌는데, 반면(盤面)에 어서(御書)로 쓰기를,

'향(香)나무는 코에만 마땅하고	栴檀偏宜於鼻
기름진 음식은 입에만 마땅한데	脂膏偏宜於口
제일 좋아하는 동정귤은	最愛洞庭橘
코에 향기롭고 입에도 달도다	香鼻又甘口'

라고 하였습니다. 그런데 신(臣) 등이 이 신한(宸翰;임금의 글)을 보고 납지(蠟紙)에 모사(模寫)하여 장차 화폭(畵幅)으로 만들어 후세(後世)에 길이 전하려고 하였었는데, 신은 그 때 계급이 낮아서 응제(應製;詩에 和韻하는 것)만 하였을 뿐이며, 마침내 어느 곳에 두었는지 알지를 못하겠습니다. 당시에 응제한 자는 모두 죽고 오직 신만 홀로 남아 있습니다"

하니, 전교하기를 "이 시(詩)는 초고(草稿)에 실려 있다. 내가 필적(筆跡)을 보고자 하여 물은 것이다" 하였다.[11] 12월 4일에는 남대문(南大門;崇禮門)안 행랑(行廊)에 불이 나서 10여 간(間)이 연소되었다.

12월 29일에는 중[僧] 학조(學祖)가 금산군 직지사(直指寺)에 있는데, 신병(身病)이 중하다고 하므로 특별히 내의원(內醫員)을 보내어 병을 진찰해 주게 하였다. 당시 사관(史官)이 학조대사에 대해 논평(論評)한 것을 들어보자.

"학조(學祖)는 세조조(世祖朝)에 신미(信眉)·학열(學悅)과 더불어 삼화상(三和尙)이라고 일컬어 세조가 매우 존경하였는데, 신미와 학열은 모두 죽고 학조만 직지사에 물러가 살았

---

11 『성종실록』 권160, 성종 14년 11월 丁巳(28일), 임금은 전날 徐居正의 詩稿(30권)를 들여오게 하였다.

다. 널리 산업(産業)을 경영하여 백성에게 폐단을 끼침이 작지 아니하였으며, 때때로 서울에 이르면 척리(戚里;임금의 親戚)와 호가(豪家)들이 그가 왔다는 것을 듣고서 앞다투어 문안(問安)하고 물품을 선사하는 것이 길에 연달아 이었다"

하였다.[12]

갑진(甲辰, 1484)년 새해가 밝았다. 금상(今上)이 즉위한 지 15년째이고, 효령대군(孝寧大君)께서는 보령(寶齡) 89세가 되셨다. 새해가 되면서 국가적(國家的) 시책(施策)으로서 서북(西北)지방으로의 사민(徙民)정책부터 시행해야 할 것이었다. 조선은 세종대(世宗代)에 육진(六鎭)개척과 사군(四郡) 설치를 통하여 북쪽 국경선을 두만강(豆滿江)과 압록강(鴨綠江)으로 확정할 수 있게 되었지만, 그 후속으로 시행해야 했던 시책이 새로 편입된 지역에의 사민정책(徙民政策), 즉 삼남(三南)의 백성들을 이곳으로 옮기는 일이었고, 세조(世祖)대 이후 꾸준히 이행되어 왔다. 1월 5일에는 사민종사관(徙民從事官) 김선(金瑄)에게 평안(平安)·황해(黃海) 두 도(道)의 사민 호수(戶數)를 정해 주었는 바, 임금이 전교하기를, "우선 6백 호로 정하라" 하니, 승정원에서 의논해 아뢰기를,

"사민(徙民)은 큰 일이므로 때때로 거행할 수가 없는데, 이제 만약 6백 호만 정한다면 백성들이 분명 다시 정할 것이라 생각하여 인심이 동요해서 혹시 흩어질 염려가 있으니, 많은 수를 뽑아 정하였다가 때에 다다라 감할 만하면 감하는 것만 같지 못합니다. 신사(辛巳, 세조 7)년에는 사민의 원수(元數) 1천80여 호 가운데 먼저 3백 호를 들여보냈습니다"

하니, 전교하기를

"나의 뜻은 그렇지 아니하다. 이제 만약 많은 수를 뽑아 정하면 일이 반드시 이루어지지 못할 것이니, 우선 6백 호만 뽑아서 먼저 들여보내는 것이 가하다. 이제 만약 도망쳐 흩어

---

12 『성종실록』 권161, 성종 14년 12월 戊子(29일).

> 질 것을 염려한다면, 사민에 관한 일을 삼도(三道)의 백성들이 안지가 오래인데, 어찌 오늘을 기다리겠는가? 옛 땅을 버리고 새로운 곳에 나아가는 것이 비록 괴롭고 어려운 일이라 하더라도 우리 나라 경내를 벗어나는 것이 아니며, 큰 일을 위해서는 작은 폐단을 돌보지 않는 것이니 부득이 한 일이다"

하였다.[13] 그리고 7일에는, "평안·황해도에 옮기는 백성은 1천5백 호(戶)인데, 경상도에서 6백 호, 전라도에서 6백 호, 충청도에서 3백 호로써 뽑아 정하라"고 전교하였다.

10월 15일에는, 임금이 월산대군 이정(李婷)의 청으로 망원정 시(望遠亭 詩)와 아울러 서(序)를 써서 내렸다. 이 보다 앞서 월산대군이 임금께 글을 올리기를,

> "효령대군(孝寧大君)께서 희우정(喜雨亭)을 신(臣)에게 주셨는데[14], 신이 이내 고쳐 짓고 이름을 망원정(望遠亭)이라 하고서 여러 번 어제(御製)를 청하였으나 아직 윤허(允許)를 얻지 못하였습니다. 옛 제왕(帝王)이 혹은 시(詩), 혹은 부(賦), 혹은 기(記), 혹은 서(書)를 후세에 전하는 것이 또한 많습니다. 신이 어제를 감히 청하는 것은 여리(閭里;마을)에 자랑해 보이려는 것이 아니라 바로 후세(後世)에 전하고자 하는 것입니다"

하였는데, 임금이 이 글을 승지(承旨)들에게 보이면서 의견(意見)을 물으니, 도승지(都承旨) 김종직(金宗直) 등이 아뢰기를, "이는 지친(至親) 사이의 일이니, 비록 어제(御製)를 내릴지라도 무엇이 방해롭겠습니까?" 하자, 임금이 망원정 시(望遠亭 詩)와 아울러 서(序)를 지어 내린 것이었다.[15]

---

13 『성종실록』 권162, 성종 15년 1월 癸巳(5일).

14 喜雨亭은 대군29세 때인 世宗 6(甲辰)에 合江亭이라 했다가 이듬해 희우정이라 고쳤는데, 60여년 세월 동안 老朽하고 낡아 성종 14년(癸卯)에 저절로 무너지매, 이듬해에 月山大君에게 주었음. 아울러 희우정을 성종 15년(甲辰)에 朱溪君 深源에게 주었다는, 『청권집유』 續1과 『蓮江先生集』(李起澤, 1934)의 '大君親筆傳文'은 史料로서의 信憑性이 희박하다. 續1 '傳文' 말미의 勝宇公·定宰公의 末註 考證을 참조.

15 『성종실록』 권171, 성종 15년 10월 己巳(15일).

하지만, 이는 곧 말썽을 일으키고 말았다. 대행대비의 국상(國喪)을 치른지도 얼마 되지 않았는데 시문(詩文)을 주고 받은 것이 잘못되었다는 것, 이튿날 홍문관 부제학 안처량(安處良)이 아뢰기를,

"신 등이 듣건대, 월산대군(月山大君) 이정(李婷)이 망원정(望遠亭) 시(詩)를 청했더니 성상(聖上)께서 시를 지어서 내렸다고 하는데, 신 등의 생각에는 지금 국상[國恤]을 당하였는데, 월산대군이 시를 청한 것도 옳지 못하지만, 성상께서 허락하시는 것 또한 옳지 못한 것이라 여겨집니다"

한 것이다. 이에 임금이 전교하기를,

"그대들 말한 바가 옳다. 내가 재주를 자랑하고자 함이 아니었다. 대군(大君)은 지친(至親)으로서 여러 번 시(詩)를 지어 주기를 청하기에 내가 사양하였는데, 이제 또 글을 올려 청하므로 승지(承旨)에게 물어봤더니 승지들도 무방하다고 하기에 시를 짓게 된 것이다"

하니, 안처량 등이 다시 아뢰기를,

"신 등은 전하께서 재주를 자랑하려고 하신 것이라 이르는 것이 아닙니다. 다만 사조(詞藻)란 희롱하는 일인데, 하물며 3년상(三年喪) 안에 시를 짓는 것은 그 때가 아니란 것입니다"

했더니, 임금이 다시 승정원에 전교하기를,

"내가 전날 승지에게 물으니 무방하다고 하기 때문에 지었는데, 이제 홍문관에서는 옳지 못하다고 하니, 경(卿)들의 말이 옳으면 홍문관이 그르고, 홍문관이 옳으면 경 등의 아뢴 바가 그르다. 그것을 자세히 다 말하라"

하니, 승지들이 아뢰기를,

"신 등의 생각으로는 만약 군신(君臣) 사이에 창화(唱和)하는 것이라면 잘못이지만, 대군은 지친 이므로 비록 시(詩)를 지어서 내릴지라도 무방할 듯합니다"

하였다. 이 때, 전한(典翰) 정성근(鄭誠謹)이 또 아뢰기를,

"옛 사람이 이르기를 '상중(喪中)에는 『예경』(禮經)만 본다'고 하였는데, 지금 시(詩)를 지어 내리시기까지 하였으니, 이는 성덕(聖德)에 누(累)가 될까 두렵습니다. 청컨대 빨리 도로 거두소서"

하니, 다시 전교하기를

"그대들이 이를 말하는 것은 진실로 마땅하다. 그러나 내가 대군(大君)·의빈(儀賓)과 더불어 상시(常時)로 수창(酬唱)한 것이 많은데, 그것도 다 거두어 들일 것인가?"

하고, 이내 승정원에 전교하기를

"내가 일찍이 도승지(都承旨)에게 문장 정사(文章 政事)를 허락하였더니, 당초 하문(下問)할 때에 만약 그만두게 하였으면 내가 마땅히 하지 아니하였을 것이다. 그러나 무방하다고 하기에 지었더니, 이제 홍문관에서는 잘못이라고 한다. 승지들이 진실로 나를 속인 것이다"

하면서도,[16] 그러나 임금도 개운찮은 기분이었던지, 잠시 후 전교하기를, "망원정(望遠亭) 시(詩)를 모두 짓지 말도록 하라"고 하였다.

그러나 어찌했던, 세종 6년(甲辰, 1424)에 지어 60여 년을 존속하다가 새 주인을 만나

16 『성종실록』 권171, 성종 15년 10월 庚午(16일).

다시 지어진 희우정(喜雨亭=望遠亭)이고보니,[17] 어느덧 일갑자(一甲子)가 돌아온 셈, 당시 도승지(都承旨) 김종직(金宗直)이 희우정의 환갑(還甲)을 기념하는 망원어제(望遠御製) 시(詩)에 화답(和答)하는 시 한 수(首)를 남긴 것이 전한다.

자라 머리에 정자지어 먼 경치 당기니	結構鰲頭控遠形
창에 들어 둘렀어라 새 병풍 펴놓았네	入窓透迤展新屛
난간 앞은 바다로 흘러 양화가 하얗고	檻前朝海楊花白
도성 밖은 하늘을 찔러 무악이 푸르네	郭外攙天母嶽靑
소시(小市) 사람들이 화방타고 저어가니.	小市人歸撑畫舫
먼 하늘 학(鶴) 내려 물가 도니 물결 이네	遙空鶴下颭回汀
예전 임금님이 관가성농(觀稼省農)하시던 곳	翠華昔日曾觀稼
여기가 이 서쪽 들의 희우정인가 하노라	此是西郊喜雨亭
	(佔畢齋 金宗直 記)

새해 을사(乙巳, 1485)년이 밝았다. 성종(成宗) 즉위 16년째이며, 효령대군(孝寧大君)께서는 보령(寶齡) 90세, 구순(九旬)을 맞으신 해이다. 초하룻날 대궐에서는 백관이 반으로 나뉘어 권정례(權停例)로써 하정(賀正)을 의식대로 행하고, 나머지 반(半)은 경복궁(景福宮)에 나아가 두 대비전(大妃殿)에 하례하였다. 임금은 또 도승지 권건(權健)에게 명하여 두 대비전에 표리(表裏)를 올리게 하였다.[18]

1월 27일에는 전(前) 무령군(武靈君) 유자광(柳子光)과 주계부정(朱溪副正) 이심원(李深源)의 서용(敍用) 문제에 대해 대신들과 의논한 바, 정창손·한명회·심회·윤필상·이극배·서거정·허종·한치례·김겸광·이숭원 등은 대체로 서용에 찬동하지 않는 중에, 홍응(洪應)은 의논하기를,

---

17 喜雨亭과 望遠亭·月山亭, 또 二水亭과의 관계에 대하여는 敦榮公의 推論(『청권집유』 50쪽)을 참조할 것.

18 『성종실록』 권174, 성종 16년 1월 甲申(1일).

"심원(深源)이 그 조부(祖父;寶城君 吝)와 말로서 항변하던 날에 신(臣)이 그 일을 직접 보았는데, 죄는 용서할 수 없으나, 조부 때문에 서로 꾸짖은 것이 아니라 단지 임사홍(任士洪)을 공격하다가 자신도 모르게 도리에 어긋남을 범하였던 것입니다. 8년을 버려두었으니, 어찌 징계되지 아니하였겠습니까? 서용(敍用)하는 것이 어떻겠습니까?"

하고, 김종직(金宗直)과 이칙(李則)은 의논하기를,

"일찍이 듣건대, 심원은 학문을 좋아하여 게으르지 아니하고 유자(儒者)의 도(道)로 몸을 다스린다고 하니, 만약 그렇다면 반드시 조부를 능욕할 이치가 없습니다. 신 등은 심원이 죄를 얻은 것은 '광장'(匡章)[19]과 비슷함이 있거나 혹은 애매(曖昧)함에서 나온 것 아닐까 의심스러우니, 청컨대 유사(攸司)로 하여금 그 때 추핵(推覈)한 문서를 다시 상고하게 하여 다시 의논하는 것이 어떻겠습니까?"

하였는데, 어서(御書)로 이르기를,

"과연 여러 의논과 같다. 주계(朱溪)의 일은 내가 반드시 그 불효(不孝)에 대해서 보증하겠다. 그 사이의 일은 내가 자세히 아는 바이니 서용(敍用)하는 것이 가(可)하다."

하였다.[20] 그리고 이 날로 윤말손(尹末孫) 등에게 관작(官爵)을 제수(除授)하였는 바, 이심원(李深源)을 명선대부(明善大夫) 주계부정(朱溪副正)으로 삼았다.

2월 2일에는 사헌부 지평(持平) 최세현(崔世賢)이 아뢰기를 "이심원은 조부에게 불효하다가 이미 큰 죄를 입어 외방(外方)으로 귀양갔는데, 지금 서용(敍用)하도록 명(命)하심은 옳지 않습니다" 하니, 임금이 전교하기를 "이심원의 일은 내가 잘 아는 바이고, 또한

19 중국 春秋시대 사람, 아버지에게 착한 일을 諫하다가 죄를 얻어 세상에서 不孝라고 하였음.

20 『성종실록』 권174, 성종 16년 1월 庚戌(27일).

그 사람은 학문(學問)의 실력이 있어 끝내 버릴 수가 없기 때문에 서용하는 것이다" 하였다.[21] 그러나 그래도 자꾸만 심원의 서용에 대해 이의를 제기하므로, 2월 4일에는 사간원(司諫院)에 차자(箚子)를 내려 이심원의 서용이 합당한지에 대해 다시 의논하게 명하니, 정창손·윤필상·노사신·서거정·윤호·김종직·이숭원 등이 의논한 바, 이 중 윤호가 의논하기를,

"이심원이 있지 않았다면 김언신(金彦辛)의 일은 성상(聖上)에게 진달(陳達)될 길이 없었을 것입니다. 이리하여 임사홍(任士洪)에게도 파급하게 된 것인데, 임사홍은 보성군(寶城君)의 사위이므로, 이로써 그 조부에게 죄를 지은 것이지 참으로 불효한 짓을 한 것이 아닙니다."

하고, 유순(柳洵)·김종직(金宗直)·이칙(李則)·임수창(林壽昌) 등은 의논하기를,

"이심원의 일은 만일 죄명(罪名)대로 말한다면 마땅히 내쫓아 버려야 할 사람입니다마는, 만일 실정이 그렇지 않다면 종신토록 내버리는 것이 어찌 사리에 맞겠습니까? 이심원은 종실(宗室) 중에서 학식(學識)이 있다고 칭하는 사람이니, 성상께서 재량하소서"

하니, 어서(御書)를 승정원에 내리기를,

"이심원의 일은 진실로 상례(常例)와는 다른 것을 내가 자세히 아는 바이니, 승정원에서는 은휘(隱諱)하지 말고 모두 진달하라. 이심원이 참으로 인륜을 거역하고 친족에게 거슬리는 사람이겠는가? 임사홍(任士洪)이 죄를 지은 실정도 내가 자세히 아는 바이고, 김언신이 중상(中傷)한 간계도 내가 자세히 아는 바이다. 예전부터 지금까지 학문의 힘이 있는 사람은 패역(悖逆)하려는 마음이 없는 것이고, 국가에 충성을 다하는 사람은 대개 효도하는 가문에서 나오는 것이므로, 친족에게는 거슬리면서 국가에 충성하였다는 사람을 들어 보

21 『성종실록』 권175, 성종 16년 2월 甲寅(2일).

지 못하였다. 보성군(寶城君)의 고발이 어찌 사리에 마땅한 것이겠는가? 공론은 드러내었으나 사정(私情)은 버리게 되었고, 임금에게는 옳게 하였으나 조부에게는 그르게 되어버렸으니, 이로써 이심원이 오늘날 논평을 받게 된 소이(所以)이다. 만일 국가에 충성하려다가 친족에게 낭패를 당하게 되고, 조정에서 또한 명교(名教)에 죄를 지은 것으로 논한다면, 통곡하면서 눈물을 흘리는 것이 어찌 유독 가의(賈誼)[22] 뿐이겠는가?"

하였다.[23] 이튿날 5일에도 장령(掌令) 박안부(朴安阜) 등이 차자(箚子)를 올려 이심원의 파직을 청하였으나, 임금은 이 날도 전교(傳教)하기를,

"그대들이 비록 이심원을 불효하다고 하나, 심원은 나이가 이미 장성하였고, 세상 일을 겪은 지도 오래되었는데, 평소에 한 가지도 불효한 일이 없다가 임사홍(任士洪)의 일을 당하여 갑자기 불효한 사람이 되었겠는가? 나는 당초부터 그에게 죄를 과하고 싶지 않았으나, 다만 보성군(寶城君)이 박절하게 죄주기를 청하므로 따르지 않을 수 없었던 것이다. 충신(忠臣)은 효자(孝子)의 가문에서 나는 법인데, 이심원이 아비에게 불효하고 조부에게 공손하지 못하였겠는가? 만일 이심원의 평소의 소행을 널리 물어본다면 알게 될 것이기 때문에 대신들에게 의논하자, 더러는 서용(敍用)해도 된다고 하였고, 더러는 서용해서는 안된다고 하였었으니, 서용해도 된다고 하는 사람은 곧 나의 뜻과 합치된 사람이고, 서용할 수 없다고 한 사람은 곧 그대들의 뜻과 합치된 사람이다. 이심원은 폐기(廢棄)된 지 이미 오래되었는 데다가 죄가 없기 때문에 서용하는 것이니, 말하지 말라"

하며,[24] 주계부정(朱溪副正)을 일관되게 옹호(擁護)하며 두둔하고 있다.

그리고 위와 같은 이심원(李深源)의 상서(上書)에 대한 장시간의 재론(再論)을 끝낸

---

22 중국 前漢 文帝 때의 文臣. 「治安策」으로 유명함.

23 『성종실록』 권175, 성종 16년 2월 丙辰(4일).

24 『성종실록』 권175, 성종 16년 2월 丁巳(5일).

후에 마지막으로 성종(成宗) 임금은 주계군(朱溪君)의 조부(祖父) 이갑(李岔, 寶城君)과 부(父) 이위(李偉, 枰城都正)을 불러 이르기를,

> "이심원이 어찌 과오(過誤)를 고치게 될 리가 없겠는가? 훗날 경(卿)들이 과오를 고쳤다고 고(告)하면, 내가 마땅히 서용(敍用)하겠다"

하니, 이갑(李岔)은 다만 '삼가 성상(聖上)의 분부를 받겠습니다'고 할 뿐이었고, 심원(深源)의 부(父) 평성도정(枰城都正) 이위(李偉)는 이틀 동안의 대문(對問)에 말 한마디 없이 묵묵히, 그렇지만 근심하는 기색이 얼굴에 가득했었다.[25]

7월 26일에는 문장가 서거정(徐居正) 등이 새로 편찬한 『동국통감』(東國通鑑)을 임금께 올리니 서거정을 비롯하여 이극돈(李克墩)·정효항(鄭孝恒)·손비장(孫比長)·이숙감(李淑瑊)에게 단자(段子) 각 1필을, 그리고 낭청(郎廳) 표연말(表沿沫) 등 10인에게는 녹비(鹿皮) 각 1장씩을 하사하였다.

9월 20일에는 임금이 효령대군(孝寧大君)의 사제(私第)에 거둥하여 위로연(慰勞宴)을 베풀었는데, 종친(宗親) 1품 이상과 의빈(儀賓)·대군(大君)의 자손으로서 당상관(堂上官) 이상들이 입시(入侍)하였다. 이 날, 임금이 먼저 환궁(還宮)하여 전교하기를,

> "대군(大君) 집의 잔치가 아직 파하지 아니하였으니, 면포(綿布) 50필(疋)을 보내어 기생(妓生)과 악공(樂工)들에게 내려 주도록 하라"

하였다.[26]

성종(成宗) 임금에게 월산대군(月山大君)은 하나 뿐인 친형(親兄)이었으므로, 대군의 요청을 여간해서는 거절치 못하고 대개는 들어주었던 것 같다. 9월 29일에는 임금이 승

---

25 『성종실록』 권175, 성종 16년 2월 辛酉(9일).

26 『성종실록』 권183, 성종 16년 9월 戊辰(20일).

정원에 전교하기를,

> "월산대군(月山大君)이 지금 다시 망원정(望遠亭)의 시(詩)를 청하였기에, 내가 부득이해서 지었으니, 문신(文臣) 가운데 글 재주가 있는 자로 하여금 차운(次韻)하여 현판(懸板)하도록 하라"[27]

고 하였던 바, 사실은 작년 10월 보름 경에도 대군의 요청으로 망원정에 대한 시를 지어주었었으나, 대행대비(代行大妃)의 국상(國喪) 중이라는 이유로 신하들의 반대가 있어 취소한 일이 있었기 때문에 이르는 말이다.

새해 병오(丙午, 1486)년이 밝았다. 성종(成宗) 임금이 즉위(卽位)한 지 17년 째이며, 효령대군(孝寧大君)께서는 보령(寶齡) 91세가 되셨다. 지난 해 섣달 그믐 즈음해서는 눈이 근래에 드물게 많이 내리더니, 새해 아침에는 모처럼 개인 날씨에 제법 따사롭기까지 하였으나, 임금은 "백관의 옷이 젖을까 염려되니, 망궐례와 정조(正朝) 하례(賀禮)를 정지하도록 하라"고 승정원(承政院)에 전교(傳敎)를 내렸다.[28] 하지만 임금이 양대비전에는, 궁중의 내원(內苑)에서 베푸는 조촐한 곡연(曲宴)은 올리었다. 그리고 인정전(仁政殿)에 나아가 공신(功臣)들에게 잔치를 베풀고, 잔치에 입시한 여러 신료(臣僚)들에게 명하여, 원일(元日:설날 아침)에 공신에게 잔치를 베푼 것에 대한 율시(律詩)를 짓게 하였다.

그러나 불과 3주쯤 지난 23일에는 임금이 예조에 전지하기를, "세자(世子) 이융(李㦕)이 나이가 이미 11세이니, 마땅히 납빈(納嬪)을 행해야 하겠다. 서울과 외방의 처녀로서 나이 8세로부터 15세에 이르는 자는 모두 혼인을 금하라" 하였다.[29] 이에 27일에는 세자시강원(世子侍講院)에서 아뢰기를 "세자의 나이가 이미 11세로 예도(禮度)도 충분히 익혀졌습니다. 예전에 문종(文宗)은 8세에 입학하였는데, 지금 세자의 나이는 더 지났으니,

---

27 『성종실록』 권183, 성종 16년 9월 丁丑(29일).

28 『성종실록』 권187, 성종 17년 1월 戊申(1일).

29 『성종실록』 권187, 성종 17년 1월 庚午(23일).

청컨대 해사(該司)로 하여금 입학의(入學儀)를 의논하게 하소서" 하니, 전교하기를 "세자는 임금의 다음인데, 한번의 거동도 착오되어서는 안된다. 내가 마땅한 때를 헤아려서 하겠다" 하였다.[30]

4월 29일, 임금이 망원정(望遠亭;옛 喜雨亭) 부근 한강에 거둥하여 군사들이 수전(水戰) 훈련하는 것을 보고, 드디어 월산대군(月山大君) 이정(李婷)의 별서(別墅)에도 들렀는데, 이정에게 내구마(內廐馬) 2필을 내려 주었다. 대가(大駕)가 돌아오다가 서교(西郊)에 이르러서는 농사(農事)의 작황(作況)을 둘러보고, 농민(農民)들에게 술과 고기를 내려 주었다.[31] 지금의 망원정이 희우정(喜雨亭)이었던 시절, 당대의 임금들이 가끔 찾았던 풍광(風光)을 회상하면, 정자(亭子)의 이름과 주인이 바뀌어간 변화의 흔적에서 세월이 많이 흘렀음을 느끼게 하는 장면이라 하겠다.

5월 11일(乙卯;鼎足山本「成宗實錄」에는 乙未로, 「舊庚子諶」에는 丁丑으로, 모두 잘못 記載되어 있음)에는 조선왕조(朝鮮王朝) 건국(建國) 초창기(草創期)에 태종공정대왕(太宗恭定大王)을 부왕(父王)으로, 세종(世宗)의 형(兄)님으로서 이 세상에 나시었던 효령대군(孝寧大君, 諱補)께서 마침내 서세(逝世)하시었다.

효령대군은 태조(太祖) 5년(丙子; 1396), 개경(開京) 정안군 궁(靖安君 宮)에서 태종(太宗)대왕과 원경왕후(元敬王后) 사이에 4남(男)4녀(女)의 8남매(男妹) 중 둘째 왕자(王子)로 탄생하시어, 태조(太祖, 1歲~3歲)로부터 정종(定宗, 4세~5세) · 태종(太宗, 6세~23세) · 세종(世宗, 24세~55세) · 문종(文宗, 56세~57세) · 단종(端宗, 58세~60세) · 세조(世祖, 61세~73세) · 예종(睿宗, 74세) · 성종(成宗, 75세~91세)에 이르기까지 근1세기(世紀) 간의 생평(生平) 동안 아홉 조정(朝廷)을 섬겼다.

아버지와 동생이 다 제왕(帝王)인 데다가 대광보국(大匡輔國, 太宗 17년 22세 당시)의 최고 품계(品階)에까지 올라 90세(歲)를 넘도록 향수(享壽)하였으니, 이 세상(世上)에 태어나 어찌 더 이상의 복락(福樂)을 누릴 수 있을 것인가? 『성종실록』(成宗實錄)에 수재(收

30 『성종실록』 권187, 성종 17년 1월 甲戌(27일).

31 『성종실록』 권190, 성종 17년 4월 甲辰(29일).

載)되어 있는 사관(史官)의 '졸기'(卒記)를 들어보자.

「효령대군(孝寧大君) 이보(李補)가 졸(卒)하니, 철조(輟朝)하고 조제(弔祭)와 예장(禮葬)하기를 예(例)와 같이 하였다. 이보는 태종(太宗)의 둘째 아들로 태어났는데 총명(聰明)하고 민첩(敏捷)하였으며, 일찍이 관례(冠禮)하고 효령대군(孝寧大君)에 봉(封)해졌다. 어려서부터 독서(讀書)하기를 좋아하고 활쏘기를 잘하였는데, 일찍이 부왕(父王)을 따라 평강(平康) 등지에서 사냥하면서 다섯 번을 쏘아 다섯 번 다 맞추니 위사(衛士)들이 모두 감탄하였다. 태종이 일찍이 편ㅎ치 않았으므로 이보가 몸소 탕약(湯藥)을 쓰는데 조금도 게을리 하지 않으니, 태종이 가상히 여겨 특별히 노비[臧獲]를 내려 주었다. 아우 세종(世宗)께서는 우애(友愛)가 지극히 도타와서 늘 그 집에 거둥하여 함께 이야기하였는데, 만나면 저녁이 되어서야 파(罷)하곤 하였다. 이보는 부처[佛]를 좋아해서 중들을 많이 모아 자주 불경(佛經)을 강(講)하였는데, 세조(世祖)가 이를 돌보아 줌이 지극히 융숭하여서 상뢰(賞賚) 또한 헤아릴 수 없을 정도로 많았다. 궁중(宮中)에서 곡연(曲宴)을 할 때면 이보가 의례히 참여하지 않은 적이 없어, 혹 밤중에 파해서 물러가기도 하였는데, 이럴 때면 세조가 손수 촛불[燭]을 잡고 배웅하였다. 원각사(圓覺寺)를 창건(創建)함에 미쳐서는 그 일을 맡아 보시도록 명하기도 하였다. 임금[今上;成宗]이 즉위(卽位)하여서는 이보가 나이가 많고 종실(宗室)의 웃어른[屬尊]이라 하여 예우(禮遇)함이 더욱 융숭하였으며, 여러 번 그 집에 거둥하여 잔치를 베풀고는 그를 즐겁고 영화롭게 하였다. 이보가 만년(晩年)이 되어서는 따로 띳집[茅屋]을 지어 겨우 무릎이나 구부리지 않을 정도로 해 놓고 살았는데, 비록 한 추위나 한 더위라 할지라도 늘 거기에서 거처하였다. 아들 일곱이 있어 (생존자 중)가장 젊은 사람의 나이가 이미 60을 넘었는데, 매양 좋은 날 아름다운 절기에는 술잔을 들어 축수(祝壽)하고 창안백발(蒼顔白髮)로 슬하(膝下)에서 춤을 추니, 진실로 한 시대의 성사(盛事)이었다. 이 때에 이르러 졸(卒)하니, 나이가 91세(歲)이었다. 시호(諡號)를 '정효'(靖孝)라 하였으니, 너그럽게 즐기며 고종명(考終命) 한 것을 '정'(靖)이라 하고, 지혜롭게 부모(父母)를 사랑하고 공경한 것을 '효'(孝)라 한다. 이보는 불교[釋敎]를 혹신(惑信)하여 그 집은 머리 깎은 사람들[緇髮]의 집합 장소가 되었으며, 무릇 중외(中外)의 사찰(寺刹)은 반드시 그가 수창(首唱)하여 이를 영건(營建)하였다. 세조 또한 불교를 숭신(崇信)하여 중들로 하여금 거리낌 없이 제멋대로 다닐 수 있도록 하였으니, 일마다 반드시 이보의 권유(勸誘)가 아닌 것이 없었다. 이보는 밖으로 청렴한 것 같으면서도 속으로는 사실 탐욕(貪慾)하여서 거짓 문계(文契)를 만들어 남의 노비[臧獲]를 빼앗은 것이 매우 많았는데(사실은 수하(手下)들이 대군은 알지도 못하게 저지른 것), 죽은 지 얼마 안되어서는 여러 아들들이 재산을 다투어 화목(和睦)하지 못하였다. 한번은 이보가 일찍이 절[寺]에 예불(禮佛)하러 나아갔더니, 양녕대군(讓寧大君) 이제(李禔)가 개[狗]를 이끌고 팔에는 매[鷹]를 받치고는 희첩(姬妾)을 태우고 와서 절의 뜰에다 여우와 토끼를 낭자하게 여기저기 흩어 놓으니, 이보가 마음에 언짢게 여기며 이에 말하기를 "형님은 지옥(地獄)이 두렵지도 않습니까?" 하니, 이제가 말하기를 "살아서는 국왕(國王)의 형(兄)이 되고, 죽어서는 보살(菩薩)의 형이 될 것이니, 내 어찌 지옥에 떨어질 이치가 있겠는가?" 하였다」[32]

이 날, 임금이 호조(戶曹)에 전지(傳旨)하여, 서거(逝去)한 효령대군(孝寧大君) 사제(私第)의 영전(靈前)에 부의(賻儀)로 쌀[米] 70석(碩)과 콩[豆] 30석, 보리[麥] 30석, 청밀(淸蜜) 10두(斗), 기름[油] 15두를 내려 주도록 하였다.[33]

모일(某日) 발인(發靷)하던 날, 당시의 행정 지명(行政 地名)으로 경기도(京畿道) 광주목(廣州牧) 과천현(果川縣) 동적리(同積里) 마장동(馬場洞) 계좌(癸坐)[34]의 언덕에 안장(安葬)하였는데, 성종(成宗) 경인(庚寅, 1470)년에 치장(治葬) 이후 17년간 양주(楊州;현 抱川) 수천동(壽泉洞) 구지(舊址)에 모셔져 있던 부부인(府夫人)을 옮겨와 합폄(合窆)으로 예장(禮葬)하였다. 조선(朝鮮)시대 후기(後期) 이래로 시흥군(始興郡) 신동면(新東面) 방배리(方背里) 입의동(立義洞)이 이곳이었는데, 지금의 서울 서초구(瑞草區) 효령로(孝寧路) 135, 바로 청권사(淸權祠)가 자리하고 있는 터이다.

효령대군(孝寧大君)께서는 태종(太宗) 7(丁亥, 1407)년 10월에 예성부부인(蘂城府夫

32 『성종실록』 권191, 성종 17(丙午)년 5월 乙卯(11일).

33 『성종실록』 권191, 성종 17년 5월 乙卯(11일).

34 李衡祥의 '大君墓誌'(『淸權輯遺』)에는 '壬坐'로 되어 있음.

人)과 결혼(結婚)하시어 슬하(膝下)에 6남(男) 1녀(女)를 두셨는 바, 의성군 채(誼城君 寀)·서원군 친(瑞原君 案)·보성군 갑(寶城君 㝓)·낙안군 영(樂安君 寍)·영천군 정(永川君 定)·원천군 의(原川君 宜)의 6형제(兄弟)와 한산 이씨(韓山 李氏) 한성군(韓城君) 이훈(李塤;初名 李墅, 世宗 11, 1429~成宗 12, 1481)[35]에게 출가(出嫁)한 따님 한 분인데, 외동 따님의 서차(序次)는 영천군 다음으로 원천군(原川君)에게는 누나[姉]이다. 그리고 평해 손씨(平海孫氏) 소생(所生)의 안강도정 랑(安康都正 㝗)과 딸이 하나 더 있다.

장남(長男) 의성군 채(誼城君 寀, 太宗 11, 辛卯, 1411~成宗 24, 癸丑, 1493, 8월 13일)는 성산 이씨(星山 李氏)에게 장가 가서 무송군 전(茂松君 佺)·잠성정 돈(岑城正 惇, 世宗 庚申, 1440~?)·운림도정 핍(雲林都正 愊, 世宗 壬戌, 1442~?)·서림도정 지(西林都正 忯, 世宗 丙寅, 1446~?)·봉성군 항(逢城君 恒, 世宗 己巳, 1449~成宗 甲辰, 1484)·영신군 이(永新君 怡, 端宗 甲戌, 1454~中宗 丙戌, 1526)·총곡수 신(葱谷守 愼) 등 아들 7형제와 6녀(姜子平·申永貞·尹淑·權慤과 金龜年·柳琬)을 낳았다.

둘째 서원군 친(瑞原君 案, 太宗 13, 癸巳, 1413~成宗 6, 乙未, 1475, 10월 2일)은 경주 이씨(慶州 李氏, 太宗 壬辰, 1412~世宗 丁卯, 1447, 12월 13일)와 결혼하여 회의도정 추(懷義都正 萩)·덕은도정 납(德恩都正 蒳, 世宗 丙辰, 1436~燕山 庚申, 1500)·제천군 온(堤川君 薀, 世宗 辛酉, 1441~中宗 丙寅, 1506)·예천군 천(蘂川君 蒨, 世宗 乙丑, 1445~?)·고림군 훈(高林君 薰, 世宗 丁卯, 1447~中宗 壬午, 1522), 그리고 청거수 혜(淸渠守 蕙, 世宗 甲子, 1444~成宗 丁未, 1487) 등 아들 6형제와 5녀(尹孝祥·玄錫圭·許宕·鄭有禮·許巖)를 두었다.

셋째 아들 보성군 갑(寶城君 㝓, 太宗 16, 丙申, 1416~燕山君 5, 己未, 1499, 9월 1일)은 합천 이씨(陜川 李氏)와 혼인하여 신풍도정 순(新豊都正 循)·율원군 종(栗元君 倧, 世宗 壬子, 1432~成宗 丙申, 1476)·춘양군 내(春陽君 徠, 世宗 甲寅, 1434~燕山 癸亥, 1503)·평성군 위(枰城君 偉, 世宗 丙辰, 1436~燕山 庚申, 1500)·물거군 철(勿巨君 徹, 世宗 ?~世祖 丁亥, 1467)·원산군 행(圓山君 行)·동양정 서(東陽正 徐) 등 7남과 6녀(尹之崑·金克鍊·任士洪·申萬年·柳榮源·宋揖孫)를 낳았다.

35 앞 3권, 113쪽의 주14) '李塤의 卒記'를 참조.

넷째 낙안군 영(樂安君 寧, 太宗 17, 丁酉, 1417, 12월 15일~成宗 5, 甲午, 1474, 5월 28일)은 언양 김씨(彦陽 金氏)에게 장가 들어, 1남 청원정 목(淸原正 霂, 世宗 壬子, 1432~中宗 10, 乙亥, 1515)과 1녀(申允宗)만을 낳았다. 그리고 제5남 영천군 정(永川君 定, 世宗 4, 壬寅, 1422~中宗 7, 壬申, 1512(?)[36] 11월 1일)은 예천 권씨(醴泉 權氏, ?~成宗 17, 丙午, 1486)와 결혼하여 딸만 셋(尹甫·尹純仁·李宣)을 낳아, 태강수 동(泰康守 仝)으로 하여금 적통(嫡統)을 잇게 했는데, 그 아래 양포수 전(良浦守 全)이 하나 더 있다.

아들 여섯 중 막내 원천군 의(原川君 宜, 世宗 5, 癸卯, 1423~成宗 7, 丙申, 1476, 5월 25일)는 태종(太宗)의 넷째 왕자 성녕대군 종(誠寧大君 褈)에게 출계(出系)하였는데, 적자(嫡子)는 없이 얼자(孽子) 셋을 두었다.

그리고 대군(大君)의 외동 따님 한 분은 한산이씨(韓山李氏) 한성군(韓城君) 이훈(李塤)[37]에게 출가하여 1남 3녀(壻郞은 韓堡·南忭·宋汝翼)를 낳았는 바, 한원군(韓原君) 이유청(李惟淸, 世祖 5, 1459~中宗 26, 1531)이[38] 그 외아들로서 효령대군(孝寧大君)께는 유일한 외손자(外孫子)이다.[39]

한편, 평해 손씨(平海 孫氏) 소생의 안강도정 량(安康都正 寔, 세종 12, 庚戌, 1430~)은 진주 유씨(晉州 柳氏)에게 장가 가서 영평부정 효인(永平副正 孝仁)·습계군 효의(習溪君 孝義)·회양부정 효례(懷陽副正 孝禮)와, 개산부수 효지(介山副守 孝智)·천령부수 효손(天嶺副守 孝孫)·자인부수 효근(慈仁副守 孝根, 成宗 丙申, 1476~?)·양량부정 효견(陽良副正 孝堅, 成宗 戊戌, 1478~?) 등 아들 7형제와 2녀(朴叔仝·成哲文)를 낳았다. 그 밖에 대군의 하나 더 있는 딸은 전진형(天安 全晉亨)에게 시집갔다.

---

36 『舊庚子譜』『璿源續譜』(甲子譜) 모두 永川君의 生年을 '永樂 壬寅'(世宗 4, 1422))이라 한 것은 옳지만, 卒年을 '景泰(明 景帝) 壬申'(文宗 2, 1452)이라 한 것은, 成宗 末까지의 生存 기록으로 보아 誤植인듯함.

37 李橋 牧隱의 曾孫 李蓄의 아들, 初名은 李墅, 字 和伯, 漢城判尹·左贊成 등을 역임하고, 淸白吏에 錄選됨, 諡號 安昭.

38 孝寧大君의 外孫子, 字 直哉, 成宗 17년 式年文科에 丙科급제, 師儒에 뽑히고 大司憲·관찰사 등을 거쳐 左議政을 지냄. 諡號 恭僖. 大司諫 李彦浩는 그 아들이다.

39 喜雨亭과 二水亭과의 관계에 대해서 敦榮公은, '李惟淸의 塩倉 二水亭이 외조부인 孝寧大君으로부터 물려받은 喜雨亭의 터일지도 모른다' 고 推論한 바 있다(『청권집유』 原篇 51쪽 참조).

90여세(餘歲)를 향수(享壽)하시는 동안 비록 둘째(瑞原君 寀)·넷째(樂安君 寍)·막내아들(原川君 宜)과 사위(韓城君 李堉), 그리고 손자 둘(逢城君 恒, 栗元君 徖)을 앞세우는 참척(慘慽)을 겪으시긴 했지만, 아들 7형제(兄弟)에서 낳은 손자(孫子)가 31명(의성군7. 서원군6, 보성군7, 낙안군1, 영천군0, 원천군3, 안강도정7)에, 손녀(孫女)는 23명(의성6, 서원5, 보성6, 낙안1, 영천3, 원천0, 안강2)인데, 여기서 다시 번성(繁盛)한 증손(曾孫)은 104명에 이른다. 장례(葬禮) 당시에 예성부부인(藥城府夫人)과 합폄(合窆)하여 유택(幽宅)에 안장(安葬)되시던 날, 치산(治山) 공역(功役)의 행사라든가 장의(葬儀) 행렬이 얼마 만큼 장엄(莊嚴)성대(盛大)하였던가를 짐작케 해주는 대목이라 하겠다.

장례(葬禮)가 진행 중이던 5월 14일에는 원천군 의(原川君 宜)의 아들 가은군(加恩君) 이빈(李份)이 임금께 아뢰기를, "신(臣)이 조부(祖父) 효령대군(孝寧大君) 이보(李補)의 집에서 자랐으므로 양육(養育)을 받은 은혜가 매우 지중(至重)합니다. 청컨대 최복(衰服) 백일(百日)을 입게 하여 주소서" 하므로, 예조(禮曹)에 명하여 이를 의논케 하니, 예조에서 아뢰기를, "은정(恩情)의 후(厚)하고 박(薄)한 것을 가지고 선왕(先王)의 제도를 가볍게 변경시킬 수는 없습니다" 하였다. 이에 임금이 다시 승정원(承政院)에 전교하기를 "예(禮)는 인정(人情)으로 인한 것이니, 최복 백일을 입는 것이 옳지 않겠는가?" 하니, 승지 성건(成健) 등이 아뢰기를,

> "상례(喪禮)는 정한 제도가 있으니, 사사(私事)로운 뜻으로서 높이기도 하고 내리기도 하는 것은 불가합니다. 예전에 자로(子路;공자의 弟子 仲由)가 누이[姉]의 상기(喪期)에 복(服)을 벗을 때가 되었는데도 벗지 아니하자, 공자(孔子)가 이를 그르게 여겼습니다. 이로써 보건대, 은애(恩愛)의 후하고 박한 것을 가지고 경중(輕重)을 둘 수 없는 것이 명백합니다"

하자, 임금이 말하기를 "옳다"고 하였다.[40] 원천군 의(原川君 宜)가 효령대군의 아들이지만, 성녕대군(誠寧大君)에게로 출계(出系)하였기 때문에 그 아들 가은군 빈(加恩君 份)이

40 『성종실록』 권191, 성종 17년 5월 戊午(14일).

임금께 청하게 된 것이었다.

성종(成宗) 17(丙午, 1486)년 5월에 대군(大君)의 장례(葬禮) 절차를 무사히 마치고 난 그 해 가을, 10월 13일에는 효령대군(孝寧大君)의 외손자(外孫子) 한산 이씨(韓山 李氏) 이유청(李惟淸)이 식년시(式年試)[41] 대과(大科)에 병과(丙科)로 급제(及第)하니,[42] 마치 평생(平生)을 불문(佛門)에 귀의(歸依), 수행(修行) 정진하며 불공(佛供)을 멈추지 않았던 외조부(外祖父)께서 마지막 가시는 길에서까지 사랑하는 외손자에게 음덕(陰德)을 베푸신 것만 같아, 주위(周圍) 사람들로 하여금 '자손(子孫)들을 위해 평생을 부처님께 기도하신 분'의 이미지를 뚜렷이 남기시었다. **(靖孝公 誕生 620周年 생신일(음12월 11일)에 글쓰기를 마침)**

---

41 3년 마다(子·卯·午·酉년) 전국적으로 施行하던 定期 科擧.

42 『國朝文科榜目』(1984년, 太學社 刊) 1, 291쪽, '丙午榜'(10월 13일行).

ᄶᅧᆨ이 名명言언

맛긔업스시니

覺路ᄂᆞᆫ 則解脫이 返流ㅣ라 位當邊涉이시며 因이

窮ᄒᆞ야 趣果ㅣ라 義說進登이시니라 擬躋ᄂᆞᆫ 則實行이

已立ᄒᆞ샤 不藉名言이시니 止觀애 云ᄒᆞ샤ᄃᆡ 自證

은 不可說이라ᄒᆞ시니라 蹤은 行이오 蹤ᄂᆞᆫ 泯也라 絶ᄒᆞ니

然四句ᄂᆞᆫ 說有多途ᄒᆞ니 學者審而詳之니라

각路롱ᄂᆞᆫ 解갱脫탏이 흘루메 두르혀산 ᄃᆡ

位윙ㅣ ᄆᆞᄀᆞᆫ ᄂᆞᆫ ᄆᆡ 當당ᄒᆞ시며 因힌ᄒᆞᆫ이 다

「효령대군과 강진 白蓮寺, 그리고 行乎 큰스님」

"… 절의 본래 이름은 萬德寺인데, 고려 말에는 倭寇가 세 차례나 침입, 심히 약탈하여 폐허 지경에 이르렀다. 이후 1430년(세종 12) 行乎대사가 孝寧大君의 후원을 받아 東苑에 20棟, 西苑에 4棟을 건립하고 倭寇의 재침에 대비해서 '行乎土城'도 쌓았다. 世宗대왕의 둘째 兄인 孝寧大君은 白蓮寺에 入山(절에 들어감)하여 8년간 큰 法會를 열고 佛·法·僧 三寶에 기원하는 水陸齋를 지내며 修行하였다 …"

위의 글은 인터넷 '백련사(전남 강진군 도암면 만덕리 246) 홈페이지'에 실려 있는 「白蓮寺의 역사」 안내문 중 일부이다. 효령대군 35세 되시던 해(세종 12년, 1430) 가을에 백련사 중창 공사를 시작해서 41세 되던 해(세종 18, 1436년) 4월에 준공하였으니 7년만에 마친 것이고 또 이 기간 백련사에 '입산' 하신 것은 아니고 한양(漢陽)~백련사 간을 말 타고 자주 왕래하신 것이었는데, 어쨌든 대공덕주(大功德主)에 추대되시어 백련사 중창 불사(佛事)를 크게 도우신 것만은 사실이다. 대군께서 대공덕주가 되신 전말은 이러하였다.

당대 조선 불교 천태종(天台宗)의 영수(領袖)였던 행호(行乎) 도대선사(都大禪師)가 백련사에 들렀다가 절이 너무 황폐한 것을 보고는 깊이 탄식하고 절의 옛 모습을 회복하여 국태민안할 마음에서 여러 선남선녀에게 시주(施主)를 권유하는 한편 효령대군께도 편지를 올려 대공덕주가 되어 주실 것을 청하매, 대군도 이에 흔쾌히 수락, 동의하여 재정을 시주하고 기력을 보태시니 사람들이 앞다투어 좇아서 멀다 아니하고 모여 들어 큰 중창 불사를 어렵지 않게 시작할 수 있었던 것이었다.

그러면 대군께서는 7년이나 걸려 마치게 된 큰 불사를, 그것도 머나먼 남해안 강진(康津)까지 가서 돕게 되신 연유는 무엇 때문이었을까? 그것은 효령대군과 행호 스님간의 깊은 인연 때문에 가능한 일이었다. 행호 큰 스님은 조선 초기의 선승(禪僧)으로 해주 최씨(海州 崔氏) 최충(崔沖)의 후손인데, 어려서 출가하여 계행(戒行)이 뛰어났고 효행으로도 이름이 높았다. 일찍이 『묘법연화경』(妙法蓮華經)의 이치를 깨달아 천태종의 영수가 되었는데, 효령대군의 부왕(父王) 태종대왕께서 왕위에 오른 후 한미한 각림사(覺林寺)를 다시 고쳐짓고 창건 대회를 베풀어 낙성할 때에, 선사의 명망을 듣고 불러서 그로 하여금 회석(會席)을 주장하게 한 바 있었으니, 행호 스님과 대군과의 인연은 여기서부터 시작된 것이었다.

강원도 원성군(原城郡) 치악산(雉岳山) 동쪽에 있었던 각림사는 그 창건 연대는 미상이지만, 태조 고황제의 젊은 시절부터 왕실과는 관계 깊은 절이었다. 「용비어천가」(龍飛御天歌)에도 보이지만,

> "고려말의 승려 신조(神照)가 일찍이 이 각림사에 있었는데 용력도 뛰어났었다고 한다. 그가 가끔 이 절에 들르시는 태조를 따르게 되자 태조께서 사냥하시는 데나 전진(戰陣)에나 항상 따라다니며 모셨다. 자기는 비록 고기를 먹지 않지만, 태조에게 음식을 드릴 때마다 손수 고기를 베어서 요리하였다. 이에 개국 후에 공을 봉리군(奉利君)에 봉하였다".[1]

각림사(覺林寺)는 특히 대군의 부왕이신 태종대왕과 더욱 깊은 인연이 있었던 바, 태종 임금께서 어린 시절에 이곳에서 글을 읽으셨던 것이며,[2] 그러던 중에 벼슬을 그만두

---

1 『燃藜室記述』 권1, 太祖朝 故事本末, 潛龍 때의 일, 41면.

2 『新增東國輿地勝覽』 권46, 原州牧 佛宇 覺林寺條. '在雉岳山東 我太宗 潛邸時 讀書于此'와 『태종실록』 권20, 태종 10년 12월 壬子(20일).

고 이곳 향리에 돌아와 은둔 중이던 당대의 석학 원천석(元天錫)[3]을 만나 사사하기도 했지만,[4] 어린 시절 처음 글을 읽던 당시에는 띳집 두어 칸의 작은 암자(庵子)로서 숲속에 황폐되어 있던 자그마한 사찰이었다. 이 시절에는 태종대왕께서 절에 들르실 때면 승려 석휴(釋休)가 보살펴 드렸다고 한다. 그 뒤 18세 때에 과거에 급제하신 후, 개국하고 이어 즉위하신 후로는 석휴도 가끔 궁중에 드나들었고, 임금도 이 절을 각별히 돌보시어 태종 10년 12월에는 석초(釋超)를 주지로 임명하고 향을 하사하였으며, 2년 후 10월에는 원주 목사와 승정원에, "이 절의 승려들이 전세(田稅)를 많이 거둬들인 일에 대해 문책하지 말 것과 이 절의 중수를 도와줄 것"[5]을 명하기도 하였다.

각림사는 그 뒤 태종 16년 4월부터 또다시 중창 불사를 하게 되었는데, 이 때에도 태종이 쇠 1천 근과 건축에 필요한 재목 1천 주(株)를 내리는 한편 충청도 제천(堤川) 창고의 쌀과 콩 1백석을 하사하였다.[6] 그리고 이듬해 17년 2월 27일에는 원주부근 지역에서 시행하는 강무(講武)행사에 참가하시는 길에 각림사에 직접 행행(行幸)하였고, 4월 2일(戊午)에는 중창 낙성에 즈음, 단청(丹靑)을 위해 화원 이원해(李原海) 등 15인을 각림사에 보냈으며, 7월 5일에는 승정원에 전지하기를, "각림사 중이 곡식 200석을 제천 창고의 쌀 1백석과 바꾸기를 청하니 허락하고, 곡식 2백석을 창고에 들이되 제천현의 쌀 1백석과 경원창(慶源倉)의 보리 20석을 각림사에 주도록 하라"고 한 바, 이는 장차 각림사의

---

3 1330년(忠肅王 17)~沒年 未詳, 麗末鮮初의 隱士. 본관 原州. 호 耘谷. 宗簿寺令을 지낸 元允迪의 아들로 原州 元氏의 中始祖이다. 어려서부터 才名이 있었으며, 문장이 여유있고 學問이 該博하여 일찍이 進士가 되었으나, 고려말 정치가 문란함을 보고 개탄, 雉岳山에 들어가 농사를 지으며 부모를 봉양하고 살았다. 일찍이 太宗을 王子시절에 가르친 바 있다. 남긴 詩文들은 『耘谷詩史』라는 문집으로 모아져 전해오며, 강원도 橫城의 七峰書院에 祭享.

4 태종은 일찍이 王子 시절에 元天錫에게 학문을 지도 받은 바 있어, 즉위하자 그를 起用하려고 자주 불렀으나 응하지 않자 그의 집으로 직접 찾아가기도 하였으나 소문을 미리 듣고는 산속으로 피해버렸다고 한다. 하는 수 없이 溪石에 올라 집을 지키고 있던 노파를 불러 선물이나 후히 주고 돌아갔고, 한편 그 아들 元泂을 基川(지금의 豊基)현감으로 임명하였는데, 후세인들은 태종이 운곡을 기다리던 그 바위를 '太宗臺'라고 하였고(麗史提綱/眉叟記言), 지금도 雉岳山 覺林寺 곁에 남아 있다.

5 『태종실록』 권24, 태종 12년 10월 己巳(17일).

6 『태종실록』 권32, 태종 16년 8월 壬午(23일).

낙성 법회(法會)를 도우려는 것이었다.[7] 그리하여 마침내 동년 9월 15일 각림사 중창 불사의 낙성 법회를 할 때에는, 옥천군 유창(劉敞)에게 향(香)과 소(疏)를 주어 대신 참석하게 했지만, 황고(皇考)·황비(皇妃)의 명복을 빌기 위해 만든 「화엄경」을 보내서 봉안토록 하고, 이미 행호(行乎)선사의 명망(名望)을 들은 임금이 그로 하여금 회석을 주재하도록 한 것이었다.[8]

한편, 이 무렵이 효령대군께서는 22,3세 되시던 때로서, 대군 주변의 크고 작은 영욕사(榮辱事)의 부침(浮沈)으로 매우 다사다난하던 그런 시절이었다. 태종 17년(22세) 섣달 보름날에 넷째 아들 낙안군(樂安君) 영(寍)이 출생, 대군께 경사가 났다싶더니 새해로 바뀌자마자 2월 초4일에는 아우 성녕대군(誠寧大君; 褈, 卞韓國昭頃公)이 14세로 요서(夭逝)하였다.[9] 그리고 이어 5월말에는 세자에 책봉된지 14년째에 접어드는 양녕(讓寧) 형님이 불경하게도 부왕께 '친서'(親書) 올린 일로 인하여, 6월 3일 마침내 폐세자(廢世子)되고 대신 아우 충녕(忠寧)이 세자에 책봉되었으며,[10] 곧이어 8월 10일에는 충녕이 부왕으로부터 내선(內禪)까지 받아 근정전에서 즉위식을 거행하였던 것이다.[11]

여기에 한창 감수성 예민했던 몇 년 전의 사춘기 때에, 외숙(外叔)들 네분 모두가 당하던 불상사를 목격한 터에, 이번에는 왕좌까지 오른 동생이 즉위하자마자 사은사(謝恩使)로 중국에 간 국구(國舅) 심온(沈溫)이 소위 '옥사(獄事)사건'에 연루되어 임금의 처가가 일순간에 멸문지화(滅門之禍)를 당하는 일까지 겪었던 바, 바야흐로 이제 막 철들 때의 대군의 당시 심경이 어떠했을까 가히 짐작되는 바이거니와, 그것은 대군께서 이 무렵에 "재덕(才德)과 학문(學問)을 숨기기로[潛心韜晦]"[12] 스스로 결심하셨다는 것에서도 짐작할 수가 있다.

---

7 『태종실록』 권34, 태종 17년 7월 戊午(5일).

8 『태종실록』 권34, 태종 17년 9월 丁卯(15일).

9 『태종실록』 권35, 태종 18년 2월 乙酉(4일).

10 『태종실록』 권35, 태종 18년 6월 壬午(3일).

11 『태종실록』 권35, 태종 18년 8월 丁亥(10일).

12 『淸權輯遺』(국역본),1991, 淸權祠, 부록 '孝寧大君 年譜' p.446.

그 시절 어느 날 아침에 '효령대군이 가부좌(跏趺坐)한 채 면벽하여 합장하고 있는 것을 궁인(宮人)이 보고 임금께 고하였다'고 전해오지만, 아무튼 대군이 불문(佛門)에 귀의(歸依)한 것이 바로 이 무렵이 아닌가 짐작되는 것이며,[13] 바로 이 때, 대군으로 하여금 불심(佛心)에 이르도록 이끈 인물이 행호 큰스님일 것이라 짐작되는 것이다.[14] 한편, 행호 대선사 입장에서 보면, 이 시기 유생(儒生)들의 강한 척불론(斥佛論) 속에, 효령대군이 불심에 귀의함으로써 그 귀의를 받아 왕실에의 불교 보급이 보다 수월하게 된 것 또한 사실이었다.[15]

대군께서 23세 되시던 태종 18년초 2월, 넷째 성령대군이 타계하자 묘를 고양현(高陽縣) 산이동(酸梨洞)에 마련한 후, 원경왕후와 부왕께서는 성녕(誠寧)의 넋을 빌기 위해 그 해 4월 초 묘소 곁에 대자암(大慈庵)을 건립하였는데, 이번에는 행호 스님을 그곳 주지로 임명하였다.[16] 그리고 2년 뒤 대군 25세 때에 모후 원경왕후께서 홍거(薨去)하시매, 이미 행호 스님의 인도를 받아 불심에 귀의한 효령대군께서 그 해 7월 22일에 흥복사(興福寺)[17]에서 태후(太后)의 명복을 비는 재를 주재하시게 되었고, 이어 7월 29일에는 대자암에서 태후의 삼재를 주관하실 수 있었으며,[18] 9월 중순에 원경왕태후를 헌릉에 장례 모신 것이었다.

불교에 입문하신지 몇 년이 경과하는 사이 대군의 불교에 대한 이해심도 점차 깊어

---

13 『姓苑叢錄』(任慶昌, 17세기 중엽)에, 「柏亭 鄭易(大君의 丈人)이 이르기를, "孝寧이 崇佛한 것은 원래 그 本意가 아니었다. 檜巖寺 別堂 序文에 '儒佛心法의 根源은 同一하다[儒釋心法 同一原之]'는 글이 있는데, 후세 사람들이 이 말씀을 많이 쓰고 있다"」고 한 것처럼, 學問적으로 이미 상당한 경지에 이른 대군께서 佛敎에 대해 이해하셔서 佛心에 歸依하시지 않았나 생각된다. 한편, 대군께서 '蓮江'이란 雅號를 가지신 것이 대개 이 무렵인데, 受戒받으실 때의 法名이란 說도 있다.

14 『청권사보』제98호(2015. 4. 20)에서 康植종현은, 大君과 기화선사(?)와의 관계에 대한 설명 하나 없이 다만, "효령대군은 불교 수업을 기화선사로부터 배웠다. 그래서 기화선사의 문인이라고 한다"고 단정한 바, 이는 어떤 문헌 자료에 근거한 것인지, 史料 제시나 검토·비판 등 객관성이 전혀 없으니 수긍하기가 어렵다.

15 高橋亨, 『李朝佛敎』(寶文館, 1929)를 참조.

16 『태종실록』 권35, 태종 18년 4월 甲申(4일).

17 효령대군이 監董하여 1467년에 완공한 圓覺寺는 이 흥복사 자리에 새로 지어진 寺刹이었음.

18 『세종실록』 권 8, 세종 2년 7월 乙未(29일).

감에 따라 이제는 불사에도 익숙해져서, 백련사 중수 불사시작 전 해인 세종 11년에 이미 관악산 연주암(戀主庵)의 삼창(三創)을 주도하시어 약사여래불·미륵존불과 3층 석탑을 조성하시었다.[19] 한편, 백련사 중수 불사를 착공하던 세종 12년(1430) 가을에 앞서 5월 25일에는 김수남(金守南) 등을 대동, 전라도 월출산 무위사(無爲寺;康津 成田面 月下里 1174) 극락전(국보 제13호)의 중수 불사에 먼저 들러서 시주, 서명하신 다음 강진 백련사 불사에 참여하시었고,[20] 37세 되시던 세종 14년 2월에는 한강에서 승려 1천여명과 함께 7일간에 걸쳐 수륙재(水陸齋)[21]를 총주관하시기도 하였으며,[22] 2년 뒤 39세 때에는 모후 원경왕후의 수불(繡佛)이 봉안되어 있는 회암사(檜岩寺) 재건을 위해 대규모 불법회를 개최하고 곧이어 회암사 중수 공사를 감독하는 한편 원각경(圓覺經)을 설법하기도 하였다.[23] 그리고 40세 되던 세종 17년 5월에는 임금이 흥천사(興天寺) 사리탑전의 중수 역사(役事)를 효령대군으로 하여금 주장(主掌)케 하였으니,[24] 대군께서는 사실 백련사 중창 불사 기간 동안 집중적으로 여러 곳에서 다양한 불사를 주관하신 것이었다.

대군께서 7년간에 걸쳐 백련사 중창 불사를 마치면서, 대공덕주로서 시주도 크게 하셨던만큼 「중창기」(重創記)를 맡아 쓰시게 되었는데, 여기서 대군은 중추원사 윤회(尹淮)가 마침 행호 선사와 친한 사이임을 아시고 그로하여금 대신 짓게 하셨던 바,[25] 윤회는 그 글 말미에서 "효령대군이 내가 선사와 친의가 있음을 아시고 나로 하여금 시종을 기록하게 하시니 감히 사양을 못하였다. 그런데 생각해보면 대군은 호공 선사와 더불어 시주하는 일에 힘을 다해, 미래의 세복(世福)을 미리 구한 셈이니, 함께 불토(佛土)에 올라 앉아 모든 쾌락을 받는 것은 장차 이로부터 비롯할 것이렸다?" 하고 끝맺고 있다. 어찌 되

---

19 『청권집유』(국역본, 1991년), '효령대군연보' 450면.

20 『청권집유』 續5輯, '月出山 無爲寺 極樂殿 墨書銘', 1983년 6월, 極樂殿 補修 공사 중 上樑文이 발견됨.

21 물과 육지에서 떠돌아 헤매는 영혼을 위로하기 위해 올리는 불교 의식의 하나.

22 『세종실록』 권55, 세종 14년 2월 癸卯(14일).

23 『세종실록』 권63, 세종 16년 4월 丁巳(10일).

24 『세종실록』 권68, 세종 17년 5월 辛卯(20일).

25 『청권집유』 續5 37면, '萬德山 白蓮寺 重創記'를 참조.

었건 대군께서 크게 후원하셔서 7년간의 백련사 중창 불사가 성공적으로 끝나게 되었고, 하지만 백련사에 대한 대군의 보시(布施) 정신은 나중까지 이어져 대군 87세 때인 성종 13년에는 전지 10결을 시주하고 「만덕사시승문」(萬德寺施僧文)을 작성, 또한번의 재정 지원을 하셨던 것이다.[26]

한편, 세종 즉위 초에 잠시 대자암(大慈庵) 주지를 맡았던 행호 큰 스님은, 그 뒤 세종이 판천태종사(判天台宗事)를 맡겼으나 그마저 사양하고 입산하여 두류산(頭流山) 금대(金帶)의 안국사(安國寺)와 천관산(天冠山) 수정사(修淨寺)를 짓고, 마지막 작품으로 백련사 중창 역사를 마치고는 경상도로 내려가 수도 정진하였는데, 그 사이 효령대군은 백련사 중창 2년 뒤 43세 되시던 세종 20년(戊午, 1438) 2월에 충청도 천안 광덕사(廣德寺;충남 천안시 광덕면 광덕리)에 머무시며 「부모은중 장수태골경」(父母恩重 長壽胎骨經) 합부(合部)를 정성을 다하여 사경해서 광덕사에 시주 봉안하였다. 현재까지 충청남도 유형문화재자료 제260호로 지정되어 있는 「사경부모은중경」이 그것이며, 곧이어 3월에는 또 3년전 대군께서 주장하여 시작된 흥천사(興天寺) 사리각 개수 공사가 완공되었는데,[27] 지난 몇 년 동안 쉴틈도 없이 여러 곳을 다니시며 불사에 너무 열심하여 과로하셨던지, 그 해 5월에는 대군께서 크게 병환이 나시어 위중한 지경에 이르자, 세종 임금은 동부승지 정충경(鄭忠敬 ;효령대군의 큰 妻男)에게 명하여 승려 33인을 흥덕사(興德寺)에 모아 구명의 불공을 베풀어 정성을 다하게 하고 친히 소문(疏文)에 서압(署押)까지 하였다.[28]

그러나 한 달이 넘도록 대군 병환에 차도가 없자 7월 2일에는 왕명으로 상림원(上林園)에서 기도(祈禱)·정근(精勤;중들이 병을 구원하기 위해 致誠드리는 일)케 하는 한편, 내시 배훤(裵萱)을 경상도 함양(咸陽)에 보내어 행호 큰스님을 불러오게 하였다.[29] 그리고 행호 큰 스님이 당도하자 7월 18일에는 명하여 스님을 흥천사에 머물면서 기도하게 하는 한편, 9월 5일에는 임금이 또 형님의 병환 치유와 위로를 위해 의성군(誼城君) 이채(李

---

26 본 책 2권(11장) 50쪽의 주24)·25) '萬德寺' 관련 기사 및 3권(27장) 176쪽의 주50)을 아울러 참조.

27 『세종실록』 권80, 세종 20년 3월 庚子(16일).

28 『세종실록』 권81, 세종 20년 5월 庚戌(27일).

29 『세종실록』 권82, 세종 20년 7월 甲申(2일).

宲)의 집에서 양녕대군·정순공주·경정공주 등이 모두 모인 자리에서 잔치를 베풀고 하니,[30] 10월 하순께부터는 차츰 치유 회복되시어 불경도 읽고 하신 바, 지난 5월말 발병 후 여름내 4개월여 동안 앓고 나신 후의 회복이셨다. 당시 대군께서 크게 편찮으신 기간에 부부인(府夫人)께서 지극 정성으로 간병하신데 대해서는, 이승소(李承召;大君의 둘째 妻男 鄭忠碩의 사위)가 자신의 처고모(妻姑母)를 위해서 지은 「부부인 묘지」(府夫人 墓誌)에 자세히 전해진다.

> 「세종 20년(戊午, 1438) 가을에 대군께서 병환이 대단하사 의성군(誼城君) 집에 피우(避寓)하셨는데, 약(藥) 드시는 곁에서 꼭 먼저 맛보시고 밤낮으로 단정히 앉으시어 잠시도 눈을 붙이지 아니하셨다. 병환이 다 나으시매 세종(世宗)께서 거둥하시어 위로의 말씀을 내리시며 왕세자(후일의 文宗)로 하여금 안에 들어가 부인께 술을 대접하게 하고 채폐(彩幣)와 의복 및 안마(鞍馬)를 주시며 즐겁게 시간 보내신 다음 자리를 파하셨다. 이후 대군(大君)의 건강은 비록 보통이시나, 일찍이 옷을 벗고 자리에 몸붙여 눕지 아니하신지가 무릇 삼십삼년 동안이었다. 침식과 기거(起居)하는 절차와 의복의 따뜻하고 서늘한 알맞음에 정성을 다해 조치하시어 안으로는 그 심지(心志)를 순적(順適)하게 하고 밖으로는 기체(氣體)를 보양(輔養)하셨음으로 대군께서 그로 하여 강녕(康寧)하시며 향수(享壽)하셨다」[31]

대군의 병환이 쾌유(快癒)해지매, 기도 정근을 위해 함양에서 상경하여 그동안 홍천사에 머물고 있던 행호 스님은 이듬해(세종 21년) 4월 21일에 대자암(大慈庵)으로 옮겨 머물게 하고, 5월 12일에는 다시 산사(山寺)로 돌아가도록 배려, 스님이 지나는 지역의 각 고을 수령과 역승(驛丞)들에게 편의를 제공하게 하는 한편, 전라도관찰사에게는 별도로 임금이 전지하여 쌀과 소금 각 10석씩을 보내주게 하였다. 한편, 그로부터 40년의 세월이 지난 성종 13년(임인, 1482) 7월 20일에 대군께서 강진 백련사(白蓮寺;萬德寺)에 수륙재

---

30 『세종실록』 권82, 세종 20년 9월 丙戌(5일).

31 抱川 舊墓의 墓誌는 府夫人 親庭의 둘째 동생 忠碩의 사위인 判書 李承召(字 胤甫, 號 三灘, 陽城人)가 撰하였음(『毓慶錄』 2권 所收).

(水陸齋) 설행을 위한 전답(田畓) 10결(結)을 시주하고 「만덕사 시승문」(萬德寺 施僧文)(大君의 最終 親筆 ?)을 작성해준 것이었다.

[illegible]

해젹이 名명言언

맛기올ᄉᆞ시니

覺路ᄂᆞᆫ 則解脫이 返流ㅣ라 位當逆流ㅣ시며 因이

窮ᄒᆞ야 趣果ㅣ라 義說證發이시니라 對辨ᄂᆞᆫ 則實行이

已立ᄒᆞ샤 不藉名言이시니 止觀애 云ᄒᆞ샤ᄃᆡ 自證

은 不可說이라ᄒᆞ시니라 跡은 行이오 晦ᄂᆞᆫ 法也ㅣ라 亦

總四句ᄂᆞᆫ 說有多途ᄒᆞ니 學者ㅣ 審而詳之니이

각路롱ᄂᆞᆫ 解해脫탈이 흘루메 두르혀샨디

位윙ㅣ 머ᄀᆞᆫ 간너ᄆᆡ 當당ᄒᆞ시며 因인이 다

「효령대군과 谷城 泰安寺」

호남(湖南)지방의 큰 사찰 가운데 효령대군께서 주로 찾으신 곳은 강진(康津)의 만덕사(萬德寺;현 白蓮寺)와 무위사(無爲寺), 곡성(谷城)의 태안사(泰安寺), 구례(求禮) 화엄사(華嚴寺)와 해남(海南)의 대흥사(大興寺), 영광(靈光)의 불갑사(佛甲寺), 화순(和順)의 쌍봉사(雙峰寺), 부안(扶安)의 실상사(實相寺), 천안(天安)의 광덕사(廣德寺) 등으로,[1] 그 중 태안사(泰安寺)는 특히 대군께서 원찰(願刹)로 정하고 다니셨던 가람(伽藍) 중의 하나였다.

대군과 태안사의 관계에 대해서는 「태안사 대군 영당」(泰安寺 大君 影堂)(『청권집유』 속2) · 「태안사 시승물」(泰安寺 施僧物)(『청권집유』 속3) · 「원당 완문」(願堂 完文)(『청권집유』 속3) 등의 문헌 자료와 보물 제956호로 지정된 '태안사 바라'(泰安寺 大鉢)를 통하여 이미 널리 알려졌고, 특히 이수택(李秀澤) 문화위원이 1992년부터 5회에 결쳐서 순례 답사한 후 안내 소개한 '유적지 탐방기' 「곡성 동리산 태안사를 다녀와서」(『청권사보』제50호)를 통해 알려지기도 하였다.

1 「泰安寺 大君 影堂」『국역증보 淸權輯遺』(續2), 1991, 324쪽의 '註'를 참조.

그럼에도 태안사(泰安寺)[2]에 대하여 한번더 살펴보려는 것은, 태안사가 대군의 원찰(願刹)[3] 중의 한 곳이었다는 점과 「만덕사 시승문」(施僧文)을 제외하고 유일하게 대군 친필의 유묵(遺墨)인[4] 「시승물목」(施僧物目)이 전해 올 뿐 아니라 시주 내용 또한 매우 다대하였다는 사실, 1879년의 화재(火災)[5]로 인해 애석하게도 소실되고 말았지만 과천(果川) 연주암(戀主庵) 효령각(孝寧閣)에 봉안되어 현전하는 '대군 영정'(影幀)과는 별도의 영정을 봉안하여 온 사찰이었다는 점 등등, 대군의 후예들로 하여금 여타의 사찰에 비해 특별히 기억될만한 요소들을 지닌 사찰이라 생각되기 때문이다. 이제 태안사의 대군 영정과 영당, 태안사 시승물목, 태안사 바라, 태안사 대군 수압(手押)·완문(完文)을 통해 본 대군 원찰의 의의 등에 대하여 정리해 보기로 한다.

태안사의 대군 영정(影幀)과 영당(影堂) ; 관악산 연주암의 것과는 별도의 대군(大君) 영정(影幀)이 태안사에도 봉안되어 있었다는 사실이 세상에 알려진 것은 이석의(李奭儀)가 1896년(고종 33) 봄에 그의 삼종(三從) 이동의(李凍儀)로부터 "태안사에 있는 대군의 영정이 '고종 기묘(己卯;1879)년 겨울에 화재를 당하였다'는 소문을 듣고 직접 가서 확인하였다"는 말을 듣고, '세월이 오래되면 이 사실마저 묻혀 숨겨질듯하여 적는다'고 한 기록[6]에 의해서이다. 그리고 '새로 영당을 지어 만년 숭봉하려 했지만 영정을 모사(模寫)할 데가 없어서 중단하고 말았고, 다만 두어 자 되는 토담만 남아 자손들이 보고 감모(感慕)하며, 길가는 사람들의 지점(指點)하는 곳으로 되어 태안사에도 대군 영당이 있었음을 증명하고만 있을 뿐이라'고 하였는 바, 과연 태안사의 대군 영정이 어느 시기에, 어떤 규

---

2 全南 谷城郡 竹谷面 元達里 20번지 桐裏山 소재. 신라 景德王 원년(742)에 창건되고, 847년(文聖王 9) 惠哲禪師가 重建, 불교의 九山禪門 중의 하나인 桐裏山派의 중심 寺刹이었음.

3 壽福 所願의 祈願을 위해서 정한 寺刹, 願堂이라고도 함. 檜岩寺·泰安寺·上院寺(龍門)·萬德寺 등이 대군의 원찰이었고, 福泉寺·廣德寺 등은 王室의 원찰이었음.

4 李勝宇, 1909, 「萬德寺 施僧 事實」 『국역증보 청권집유』(속1) 286쪽 참조.

5 『청권집유』(323쪽)에는 영당이 화재로 소실된 1879년(高宗 己卯)을 '고종 14년'이라고 하였으나, '고종 기묘'년은 고종 16년이 옳음.

6 李奭儀, 1896, 「泰安寺 大君의 影堂」 『국역증보 청권집유』(속2) 1991.

모로, 누구에 의해 제작되었는가에 대해서는 알 수가 없으니 안타깝기만 할 뿐이다.

태안사의 시승물목(施僧物目) ; 『청권집유』(속2) 「태안사 대군 영당」조에, "지금 절에서 귀중하게 여기는 물건으로 경쟁(警錚;바라) 한 쌍이 있는데, '대공덕주(大功德主) 효령대군 보(孝寧大君 補)' '예성부부인 정씨(蘂城府夫人 鄭氏)'라고 새겨진 자획이 완연하다"[7] 고 한 것으로 보아 대군께서 태안사에 크게 시주하셨음을 알 수 있지만, 아래에 정리한 '태안사 시승 물목'의 내용[8]은 그 규모가 얼마나 다대한 것이었는가를 잘 보여주고 있다. 즉,

> "福田(函)으로 法席[佛法會]을 헤아리는데, 현재 (태안사에)복전함이 40개가 있으니 평상시 신중 법회를 거행하는데 충당하는 것이다. (그런데)일정한 때에 행하는 본정법석(本定法席)이나 특별한 요청에 의해서 행하는 별정법석(別定法席)에 대한 예산은 없고, 다만 사찰에서의 일년 동안의 예산, 곧 본전식(本傳食)이 2,939석(石) 4두(斗) 2승(升) 5합(合)이고, 별식(別食)이나 보시[布施], 등유(燈油)는 없으므로(시승(施僧)하는 것이다)."[9]

라고 전문(前文) 처럼 밝힌 후 작성된 물목(物目)인데, 우선 항목에 있어 밭[田] · 논[畓] · 임야[柴] · 좌지(坐地;垈地) · 세대지(稅代地) · 곽전(藿田;미역밭) · 염분(鹽盆) · 노비(奴婢) 등 매우 다양할 뿐 아니라 수량 또한 상당하며, 지역적으로도 지금의 전남(全南)과 경남(慶南)지역에 분포되어 있을 정도로 지역 또한 매우 광범하였음을 알 수가 있다.

---

7 李爽儀, 1896, 「泰安寺 大君 影堂」『국역증보 청권집유』(속2) 323쪽.

8 『泰安寺誌』에 수록되어 있는 내용. 『청권집유』의 사진 참조.

9 「泰安寺 施僧物」(『泰安寺誌』) 『국역증보 청권집유』(속3) 356쪽.

태안사 시승물목

1. 전답지(田畓地)

소재지	전답 수량(면적)
晉州 任内 永善縣	94결(結) 30부(負) 7속(束)
同 任内 宜寧縣	110결 29부 3속
靈光 임내 森溪縣	18결 70부 2속
동 임내 牟平縣	29결 85부
羅州 임내 餘楻縣	97결 18부
寶城 임내 五果縣	61결 53부
昇州 임내 富有縣	22결 98부 8속
陜州 임내 加祚縣	60결 30부 2속
좌지(坐地 ; 垈地)	3결
합계	498결 13부 2속

2. 시지(柴地 ; 森林) - 143결

3. 곽전(藿田 ; 미역밭) ; 昇平縣內

阿千島·小猪島·用老島 등지 - 9결 99부 8속

4. 염분(鹽盆 ; 鹽田) ; 荳原地의 염분 1곳

5. 세대지(稅代地 ; 텃세를 받는 땅)

下院의 稅代地 - 4결 72부

6. 노비(奴婢)

노(奴 ; 남자 종) 10구(口)

비(婢 ; 여자 종) 13구

그런데 위의 시주 물목에서 특히 주목되는 것은 경작지와 별도의 곽전·염분·노비 등 시주 항목에 있어 다양한 점도 있지만, 전통시대 재산의 기본을 이루는 전답이 수량 면에서 우선 매우 광대하다는 점이다. 즉 전답지(田畓地) 합계 498결(結) 13부(負)와, 별도의 시지(柴地) 143결인 바, 이를 '결부법'(結負法)에 따라 이해할 때 매우 광대한 수량이기 때문이다. '결부법'이란 곡식의 수확량으로서 전지(田地)의 면적을 파악하고 이를 과세(課稅)의 표준으로 삼았던 한국 전통시대 특유의 토지제도로서 일명 '결부제'(結負制)라고도 한다. 이는 결(結)·부(負)·속(束)·파(把)를 단위로 하여 벼[禾穀] 한 줌인 1악(握)을 1파(把)로 쳐서, 10파를 1속(束), 10속을 1부(負), 100부를 1결(結)로 한 것이다. 따라서 현대의 면적 단위인 평(坪) 수로 환산할 때 1결은 대략 상등전(上等田)으로 3천평 정도이니, 전지·시지를 합하여 640결 이상이면 실로 막대한 수량인 것이다. 한편 이 '태안사 시승 물목'에 또 한가지 주목되는 것은 대군 말년(末年)[10]에 수륙재(水陸齋)의 경비를 위해 만덕사(萬德寺)에 시주한 것은 한시적 시주였던데 비해,[11] 그보다 앞선 태안사에의 시주(施主)는[12] 기한을 정함이 없이 영구히 시주한 것이라는 점이다.

태안사 원당 완문 ; 효령대군과 태안사의 관련 자료로서 태안사 소장(所藏)의 「종친부 완문」(宗親府 完文)[13]이 있다. 1713년(숙종 39)에 종친부에서 태안사 주지(住持)에게 내린 일종의 확인 지침서인 완문(完文)[14]의 내용 요지인즉, "태안사는 대군(大君)의 원당(願堂)이므로 상급 관사(官司)인 종친부로부터 제반 잡역(雜役) 및 각종 사역(使役)을 면제받는 특전이 주어지고 원당을 수호케 한 일로 본도(本道;全羅道) 본관(本官)에게 공물(貢物)도 보내게 하니, 태안사는 그 대신 원당으로서 준행해야 할 것을 지켜야 한다"는 내용인 바, 대군께서 서거하신지 2백여 년이 경과한 즈음에 중앙 관서인 종친부에서 지방의 일개 사찰에 '완문'을 발급하였다는 사실은 태안사가 대군의 원찰(願刹)이기도 하지만, 위의 시승 물목에서도 본 바와 같이 대군으로부터 막대한 재산(財産)을 시주(施主)받은 그만큼 중요시했기 때문이 아닐까 생각된다.

---

10 대군의 萬德寺에의 施主는 成化 18년이니 成宗 13년(1482년), 대군 87세 때이다.

11 만덕사에의 시주는 "祖宗永世의 水陸齋를 받들기 위한 것이니 장차 水陸寶를 폐지할 때까지"라고 기한을 정하고, '昆子孫 중에서 추심하여 경작할 수 있도록' 미리 정하여 施僧한 것이다.(「萬德寺 施僧文」『국역증보 청권집유』原篇과, 「萬德寺 施僧 事實」『국역증보 청권집유』(속1)을 아울러 참조.

12 대군 52세 때인 세종 29년(1447) 8월에서, 59세인 단종 2년(1454) 사이의 시기.

13 康熙 52년(1713) 癸巳(숙종 39년) 2월.

14 조선시대 부동산에 관하여 해당 관아에서 발급하던 증명서 또는 허가문서를 말함.

태안사 청동 바라[15] ; 대군 52세 때인 1447년(세종 29, 丁卯) 8월에 '大功德主 孝寧大君 補' '藥城府夫人 鄭氏'라고 새겨서 제조한 큰 바라(大鉢, 지름 92cm, 보물 제956호)와 59세 되시던 단종(端宗) 2년(1454, 甲戌) 3월에 발원문(發願文) 및 시주기(施主記)를 새겨 개조한 바라가 태안사에 보존되어 있는데, 태안사 '시승물목'의 내용 물건(物件)들 역시 이 기간에 시주된 것이 아닐까 생각된다.

태안사 대군 수압(手押) ; 신라 문성왕 때에 태안사를 중건한 혜철선사비명(惠哲禪師碑銘)의 끝 부분에 대군께서 보필(補筆)하셨는데, 글의 말미에 만덕사 시승문기의 그것과 꼭같은 대군의 수압(手押;手決이라고도 함)이 남아 있다.

---

15 洋樂器의 심벌과 비슷하게 생긴 打樂器의 일종. 두 개의 놋쇠판을 얇고 둥글게 두드려서 만드는데, 크기에 따라 자바라·요발·銅鉢·響鉢 등으로 나뉜다. 주로 佛家에서 의식 행사 때에 사용한다.

[illegible]

[illegible]젹이 名명言언

ᄉᆞ긔 업스시니

覺路ᄂᆞᆫ 則解脫이 返流ㅣ라 位當遍涉이며 시 因이

窮ᄒᆞ야 趣果ㅣ라 義說證登이니라시 躡跡晦ᄂᆞᆫ 則聖行이

已立ᄒᆞ샤 不藉名言이니 시 止觀애 云ᄒᆞ샤 自證

은 不可說이시니라 ᄒᆞ란 跡은 行이오 晦ᄂᆞᆫ 泯也ㅣ라 然이니

絲四句ᄂᆞᆫ 說有多途ᄒᆞ니 學者ㅣ 審而詳之니라 ○

각路롱ᄂᆞᆫ 解ᄒᆡᆼ脫탏ᄋᆞᆯ 이ᄒᆞ믈 두메 두르혀샨 디라

位윙ㅣ 마리 건너매 當당ᄒᆞ시며 因힌이 다

靖孝公 李補의 年譜

1. 靖孝公 年譜 (1세 ~ 91세)

1396년(태조 5, 丙子) **효령대군 1세**

- 1월, 새 도읍 漢陽에 都城 城郭築造 工事 착수.
- 8월, 神德王后 康氏 昇遐(이듬해 1월 초3일 貞陵(현 서울 貞洞)에 葬事지냄).
- **12월 11일(乙未), 松京 靖安君 宮에서 太宗大王의 제2왕자로 誕生함. 初名 '祜'**

1397년(태조 6, 丁丑) 2세

- 12월, 建國 후 나라 최초의 法典 條例集 『經濟六典』을 간행, 頒布함.

1398년(태조 7, 戊寅) 3세

- 2월, 崇禮門[南大門] 완성됨.
- **4월 10일, 忠寧大君 祹[世宗], 漢城府 北部 俊秀坊에서 誕生.**
- 8월, '戊寅靖社' 일어남. 父王 芳遠 實權을 장악함.
- **11월, 太祖, 제2왕자 芳果(定宗)에게 傳位함.**

1399년(정종 1, 己卯) 4세

- 3월, 開京으로 일시 還都함.
- 이 해에 첫째 누나 貞順公主 李伯剛에게 下嫁.

1400년(정종 2, 庚辰) 5세

- 2월, 父王 靖安君 世子에 冊封되고, 母后는 靜嬪에 進封됨.
- **11월, 父王께서 朝鮮國 제3대 國王으로 寶位에 오름.**
- 이 무렵, 大君께서 入學하심('始上學 才氣聰穎 讀書不倦').

1401년(태종 1, 辛巳) 6세

- 1월 10일, 母后 靜嬪 閔氏, 靜妃로 改封됨.
- 윤3월 1일, 태조 고황제, 新都 漢陽에 行次하심.
- 5월 16일, 父王, 즉위 후의 첫 誕辰기념日.

1402년(태종 2, 壬午) 7세

- 1월 28일, 부왕께서 逍遙山으로 太上王 찾아 뵙고 獻酬함.
- **3월 8일, 長男의 이름을 '禔'라고 지음.**
- 4월 18일, 부왕 첫번째 後宮 貞懿宮主 들이고, 長男 禔를 元子로 삼음.
- 4월 28일, 元子府를 설치함.
- 7월, 申聞鼓를 설치함.
- 11월 4일, 넷째 왕자 誠寧大君 褈 출생.
- 11월, 安邊부사 趙思議, 亂을 일으킴.

1403년(태종 3, 癸未) 8세

- 3월 8일, 太上王, 소요산으로부터 開京 德壽宮에 移御함.
- 4월 8일, 明에서 誥命·印章·勅書 등을 보내옴.
  이 날 元子[讓寧大君] 入學함.
- 6월, 冗官을 淘汰하고 官制改革을 단행.
- 9월 16일, 둘째 누나 慶貞公主(16세), 趙大臨(趙浚 아들)에게 下嫁.
- 10월 11일, 太上王[太祖]의 誕日이므로 太上殿에 조회 獻酬함.
- 12월 18일, 3녀 慶安公主(11세), 吉川君 權跬(權近 아들)에게 下嫁함.

1404년(태종 4, 甲申) 9세

- 2월 17일, 神懿王后의 齊陵에 비석을 세움.
- 7월 20일, 世子封崇都監을 설치하고 世子 冊封을 준비하게 함.
- 8월 6일, 元子 李禔를 王世子에 책봉하는 敎書 내림.
- 9월 26일, 太祖의 제3남 益安大君 芳毅 별세함.
- **10월, 新都 漢陽으로 再遷都를 단행함.**
- 이 해에 太宗 제4녀 貞善公主 출생(~1424. 1)

1405년(태종 5, 乙酉) 10세

- 9월 20일, 王師 自超大師 入寂하매 檜巖寺에 浮屠를 安置함.
- 10월, 昌德宮 완공으로 再遷都 계획 완료.

1406년(태종 6, 丙戌) 11세

- 이 해에 太宗의 둘째 駙馬 趙大臨[慶貞公主]을 平壤君으로 改封.

1407년(태종 7, 丁亥) 12세

- 7월 13일, 讓寧大君(14세) 金漢老의 딸 金氏와 결혼.
- 7월, 外叔인 閔無咎·閔無疾 형제의 獄事 일어남.
- **10월 3일, 李祜, 孝寧君에 封君됨.**
- **10월, 孝寧君, 左贊成 鄭易의 따님 海州 鄭氏(當年 14세)와 婚姻.**

1408년(태종 8, 戊子) 13세

- 2월 11일, 아우 祹, 忠寧君에 封君됨.
- 2월 16일, 아우 충령군, 右副代言 靑松 沈溫 딸과 결혼.
- 2월 17일, 藥城府夫人 鄭氏 淑懿翁主에 封爵됨.
- **5월 24일, 祖父 太祖高皇帝, 昌德宮 廣延樓에서 昇遐.**
- 8월 7일, 고황제의 廟號를 '太祖'라고 정함.
- 9월 7일, 太上王을 儉巖 健元陵(현 東九陵)에 葬事지냄.
- 9월 15일, 외조부 閔霽 별세.
- 9월 29일, 明의 永樂帝로부터 태조에게 '康獻'이란 謚號 보내옴.
- 이 해 '爲善最樂' '鳶飛魚躍' '龍盤虎踞' '淸風明月' 등의 4자 名句를 씀.

- 이 해 大君께서 父王께 아뢰어 白金 2만냥으로 금강산 楡岾寺를 重建케 함.

1409년(태종 9, 己丑) 14세

- 2월 23일, 神德王后 康氏의 貞陵을 도성 밖 沙乙閑山(현 貞陵)으로 遷葬함.
- **5월 19일, 大君의 初名 '祜'를 '補'로 改名함.**
- 11월 28일, 忠寧과 더불어 宣召烏梅牌를 下賜받음.

1410년(태종 10, 庚寅) 15세

- 3월 17일, 外叔 민무구·민무질 형제 유배지 제주도에서 賜死됨.
- 이 해에 부마 趙大臨, 賀禮使로 明에 다녀옴.

1411년(태종 11, 辛卯) 16세

- **이 해에 長男 誼城君 寀[初名 宓] 출생.**
- 12월, 宗親의 封君法이 제정됨.

1412년(태종 12, 壬辰) 17세

- 2월, 開川都監에서 주관한 '開川'(지금의 淸溪川)이 완공됨.
- **5월 3일, 忠寧과 함께 '大君'에 進封되고, 부인은 淑懿翁主에 封爵됨.**
- 5월 16일, 景福宮의 새 누각 이름을 慶會樓라고 지음.
- 6월 9일, 父王, 讓寧 世子에게 명하여 '慶會樓' 扁額을 쓰게 함.
- 6월 25일, 定宗의 嫡妃 順德王后 金氏 昇遐.
- 8월부터 스승 李隨에게 본격적으로 學問을 지도받음.
- 10월, 『璿源錄』·『宗親錄』·『類附錄』의 3錄이 만들어짐.
- 이 해에 忠寧[世宗]의 장녀 貞昭公主 출생함.

1413년(태종 13, 癸巳) 18세

- 2월, 『經濟六典』을 수정 보완하여 頒行.
- 3월, 『太祖高皇帝實錄』(15권)을 완성.
- 4월, 世子宮을 大殿 옆으로 옮겨 지음.
- 5월 초, 母后께서 위중하여 승려 1백인 慶會樓에서 '藥師精勤' 행사 베풂.
- 5월 28일, 太祖의 冥福 빌기 위해 海印寺로부터 新刊 『大藏經』을 開慶寺로 옮김.

- 9월 1일, 號牌法을 시행키로 결정.
- 10월 15일, 전국 地方行政區域의 명칭을 개정함.
- **이 해에 次男 瑞原君 寀(字 士仁) 출생함.**

1414년(태종 14, 甲午) 19세

- 1월 16일, 大君·君·元尹·正尹·副元尹·副正尹을 封하는 法式을 승인.
- 1월 28일, 敎寧府를 신설함.
- 10월 3일, 忠寧[世宗]의 장남(珦; 뒷날의 文宗) 출생.
- 12월 20일, 넷째 誠寧大君(12세), 成抑의 딸과 혼인.

1415년(태종 15, 乙未) 20세

- 4월 22일, 太宗의 3女 慶安公主 23세로 사망.
- 이 해에 忠寧[世宗]의 次女 貞懿公主 태어남.

1416년(태종 16, 丙申) 21세

- 2월 2일, 4녀 貞善公主(13세), 南暉에게 下嫁.
- 4월 15일, 太祖 고향 永吉道를 咸吉道라 개칭하고, 咸州牧을 승격시켜 咸興府로 함.
- **이 해에 大君의 제3男 寶城君 宕 출생.**

1417년(태종 17, 丁酉) 22세

- 9월 2일, 嫡·庶의 封爵하는 法을 개정함.
- 9월 12일, 大匡輔國 품계에 오르고, 부인은 三韓 國大夫人에 改封됨.
- 9월 28일, 世宗의 次男 李瑈[首陽大君, 世祖] 出生.
- **12월 15일, 넷째 아들 樂安君 寍(字 士安, 諡號 夷安) 출생.**
- **이 해에 대군의 雅號이기도한 '蓮江'이란 法名으로 受戒를 받음.**

1418년(태종 18, 戊戌) 23세

- 2월 4일, 아우 誠寧大君(昭頃公 褈) 사망.
- 4월 4일, 誠寧의 冥福빌기 위해 高陽縣 酸梨洞에 大慈庵건립, 行乎를 住持에 임명.
- 5월 30일, 世子 讓寧大君, 父王께 親書를 올림.
- **6월 3일, 讓寧大君을 世子位에서 廢하고, 대신 忠寧大君으로 世子를 冊封.**

- 6월 17일, 世子와 世子嬪(敬嬪 沈氏)에게 冊寶를 내림.
- **6월 27일, 王世子의 字를 '元正'이라 고침.**
- **8월 10일, 忠寧世子 內禪받고 勤政殿에서 卽位(世宗)함.**
- 8월 23일, 沈溫을 謝恩使로, 대군의 丈人 鄭易을 接伴使로 정함.
- 9월 7일, 李伯剛을 淸平府院君, 李福根을 奉寧府院君으로, 宗室·駙馬 '府院君'으로 처음 封함.
- 9월 19일, 世宗의 3男 瑢(安平大君) 출생.
- 11월 3일, 大君께서 烏梅牌를 하사받음. 新宮 壽康宮을 완공함.
- 11월 10일, 中宮 沈氏를 恭妃로 책봉
- 12월 23일, 國舅 沈溫에게 賜藥을 내림. '沈溫獄事사건' 발생.
- 이 무렵 大君께서 '才德과 學問을 숨기기로[潛心韜晦]'결심, 面壁하여 結跏趺坐한 채 合掌하셨다고 전해옴.
- **이 무렵, 春亭 卞季良, 大君의 부탁으로 '字'(善叔)와 「字說」을 지음(『春亭集』).**

1419년(세종 1, 己亥) 24세

- 1월 24일, 懿嬪 權氏의 딸 貞昭翁主, 朴從愚에게 下嫁.
  대군께서 讓寧大君·河崙·朴訔 등과 함께 名臣錄에 錄券되심.
- 6월, 父王의 主導로 對馬島征伐을 단행.
- 8월 15일, 대군께서, 世宗의 卽位 승인하는 明의 勅書 갖고 오는 使臣을 碧蹄館에서 영접함.
- 8월 25일, 태상왕의 謝恩使로 敬寧君 李裶, 임금의 사은사 鄭易 각각 출발하고 大君이 이를 전송함.
- **9월 26일, 恭靖王(定宗) 昇遐(葬禮는 이듬해 1월 초 海豊郡 白馬山 厚陵에 合葬).**
- 이 해에 둘째 부마 趙大臨 謝恩使로 明에 다녀옴.

1420년(세종 2, 庚子) 25세

- **7월 10일, 母后 元敬王后 薨去(享壽 56歲).**
- 7월 22일, 興福寺(1467년 완공된 圓覺寺는 이 홍복사 자리에 새로 지어진 절)에서 太后의 冥福을 비는 齋를 주관함.

- 7월 29일, 大君, 大慈庵에서 태후의 三齋를 주관함.
- 9월 19일, 元敬王太后를 廣州 獻陵에 葬禮함.
- 10월 1일, 모후를 獻陵에 모신 후 첫 번째 朔祭에 大君께서 行香使를 맡으심.
- 10월 17일, 대군의 聘丈 鄭易, 藝文館大提學에 제수됨.

1421년(세종 3, 辛丑) 26세

- 3월 9일, 懷安大君 芳幹 유배지인 洪州에서 病死함.
- 4월 3일, 셋째 매부 吉昌君 權跬(陽村 權近의 아들) 타계함.
- 9월 9일, 元子의 이름을 珦(;文宗)이라 命名함.
- **9월 12일, 上王을 더높여 '太上王'이라고 함.**
- 9월 21일, 明 사신을 통해 勅書 전해오고, 말 1만필을 보낼 것을 통고해옴.
- **10월 27일, 元子 珦을 世子로 冊封함.**
- 11월 3일, 太祖의 장남 鎭安大君 芳雨의 장남 李福根(奉寧府院君)이 타계함.

1422년(세종 4, 壬寅) 27세

- **5월 10일, 父王 太宗大王, 蓮花坊 新宮에서 薨逝함(享壽 56세).**
- 8월 8일, 太上王의 廟號를 '太宗'이라 정함.
- 9월 4일, 태상왕의 遣奠祭를 대군께서 주관 거행함.
- 11월 6일, 益安大君 芳毅의 장남 益平府院君 李石根 별세.
- **이 해에 大君의 제5男 永川君 李定 출생.**
- 이 해, 卞季良 撰의 '獻陵神道碑' 건립됨.

1423년(세종 5, 癸卯) 28세

- 4월 7일, 父王 薨逝 後, 賜謚誥命案·賜祭文·賜賻物 등을 갖고 온 明의 사신 환영 宴席에서 大君이 술을 따를 때 임금이 일어서서 받자 이를 본 明 使臣이 의아해 하며 질문함.
- 8월 2일, 明 奏聞使를 보내어 世子 冊封을 승인하는 대신 말 1만필을 또 요구해옴.
- **이 해에 大君의 제6男 原川君 李宜(誠寧大君后로 出系) 출생.**

1424년(세종 6, 甲辰) 29세

- 1월 25일, 貞善公主(駙馬 ; 南暉) 타계(21세)함.
- 6월 10일, 大君의 外祖母(閔靄夫人) 宋氏 별세함.
- 9월 24일, 임금이 東郊에서 대규모 軍隊 査閱 후 大君 宗親과 資憲 이상에게 侍宴.
- 10월 3일, 鐵原 高石亭에서 大君·諸君, 특히 孝寧大君을 위로하는 잔치를 베풂.
- **10월 27일, 長男 寀, 誼城君에 봉해짐.**
- **이 해에 大君의 別墅에 亭子를 짓고 '合江亭'이라 命名함.**

1425년(세종 7, 乙巳) 30세

- **1월 26일, 大君의 聘丈인 貞度公 鄭易 別世.**
- 2월 16일, 中殿 恭妃 沈氏의 外祖父 安天保 별세.
- 3월 9일, 철원·평강 등지에서 실시하는 講武행사에 참가함(~19일).
- 5월 2일, 忠寧의 제5남 廣平大君 李璵 출생.
- **5월 13일, 임금이 孝寧大君의 別墅인 合江亭에 들러 안장 갖춘 말과 근처의 農土 40여섬지기 땅 下賜. 合江亭을 '喜雨亭'이라 改名하고, 世宗 親筆의 懸板을 賜額함. 그 뒤 卞季良이 「喜雨亭記」를 지음.**
- 9월 28일, 廣州지역 講武 행사에 참가함.
- 11월 27일, 東郊 살곶이 냇가에서의 放砲훈련을 참관.

1426년(세종 8, 丙午) 31세

- 1월 27일, 王者의 科田法이 제정됨. 大君은 3백結.
- 2월 16일, 都城에 큰 火災가 발생, 京市署 행낭 106間과 民家 2천1백70여호가 연소.
- 4월 10일, 明 使臣 尹鳳 등이 참석한 임금 生日宴에 入侍함.
- 8월 15일, 秋夕날, 임금이 잔치를 베풀어 大君을 위로함.
- 8월 18일, 임금이 다시 喜雨亭에 납시어 慰勞宴을 베풂.

1427년(세종 9, 丁未) 32세

- 1월 3일, 讓寧大君의 장남 李譜를 嘉靖大夫 順城君에 봉함.
- 10월 1일, 양녕대군과 함께 廣州지역 講武행사에 참가.

· 이 해에 3남 李寀, 通政大夫 元尹에 제수됨.

· 이 해에 忠寧의 제7남 平原大君 琳 출생.

1428년(세종 10, 戊申) 33세

· 7월 1일, 임금이 '世子가 孝寧大君과 여러 叔父·아우를 대접하는 禮法을 정하도록' 판부사 卞季良·예조판서 申商 등에게 말하다.

· 9월 24일, 各品의 伴人(隨行員) 수를 개정함, 大君은 20人.

· 10월 13일, 世宗의 제2왕자 首陽大君, 尹璠의 딸과 婚姻.

1429년(세종 11, 己酉) 34세

· 1월 20일, 세종의 셋째 安平大君(12세), 鄭淵의 딸과 婚姻.

· 이 해에 대군의 주도하에 관악산 戀主庵을 三創하고 藥師如來像·彌勒尊像과 5층石塔 등을 조성함.

· 12월 18일, 大君의 3남 李寀, 嘉靖大夫 瑞原君에 被封되어 謝恩正使로 明에 감.

1430년(세종 12, 庚戌) 35세

· 4월 18일, 大君 어렸을 적의 師父 李隨 別世함.

· 4월 24일, 大君의 '字'[善叔]를 짓고 「字說」까지 써 준 卞季良 他界함.

· 4월 30일, 謝恩正使로 明에 간 瑞原君 寀(당시 18세), 4개월 13일만에 귀국.

· 5월 25일, 全南 月出山 無爲寺(康津郡 成田面 月下里 1174) 極樂殿(국보 제13호)에 施主하고 署名, 극락전의 重創을 指諭함.

· 8월 23일, 임금이 孝寧大君에게 '獻陵으로 통하는 고갯길의 閉塞·개방에 대한 편의 여부'를 살펴보게 명함.

· 9월 12일, 둘째 妹夫 趙大臨[慶貞公主의 夫] 別世(享年 44세).

· 11월 22일, 대군, 임금 畵像과 『璿源錄』 새로 지은 璿源殿에 奉安하는 일을 主管함.

· 12월 3일, 讓寧大君·晋平大君·安平大君 등과 함께 正一品에 拜受됨.

· 윤12월 22일, 文昭殿 親祭때 終獻官으로 獻爵하심.

· 이 해에 萬德山(康津郡 陶岩面 萬德里) 白蓮寺 重創에 大功德主로 추대되심.

· 이 해에 大君의 제7남 安康都正 寔 출생.

1431년(세종 13, 辛亥) 36세

- 3월 13일, 晋平大君·安平大君 등과 함께 杠軸(明에서 수입한 대형 수레)을 下賜받음.
- 3월 14일, 春秋館에서 『太宗實錄』36권을 撰進함.
- 4월, 景福宮의 정문 光化門 완공.
- **8월 18일, 世宗이 金宗瑞와 獨對한 자리에서 스스로 금년 33歲라고 언급함.**
- 이 해에 장남 誼城君 寀, 正憲大夫에 特加됨.

1432년(세종 14, 壬子) 37세

- **1월 16일, 宗室 命婦의 爵名 개정에 따라 府夫人 海州 鄭氏도 그간의 爵號 三韓國大夫人에서 '藥城府夫人'으로 改封됨.**
- **2월 14일, 漢江에서 스님 1천여명과 함께 7일간에 걸쳐 水陸齋를 주관함.**
- 6월 2일, 明 使臣 昌盛과 尹鳳에게서 모시[紵絲] 2필을 선물로 받음.
- 11월 2일, 文昭殿과 廣孝殿을 통합한 原廟가 완공됨.
- 12월 27일, 왕세자와 함께 임금께 豊呈바치고 慶會樓에서 연회함.
- 이 해에 司僕寺正 崔潤德 등에게 명하여 뚝섬벌의 樂天亭 북쪽에 **華陽亭**을 지음.

1433년(세종 15, 癸丑) 38세

- 1월 1일, 勤政殿의 會禮宴會에서 처음으로 雅樂을 사용함.
- 1월 4일, 黃喜 등 『經濟續六典』을 新撰함.
- 9월 27일, 平康 등지에서 실시한 講武 행사(~10월 4일)에 참가함.
- 10월 15일, 明 사신 昌盛으로부터 彩幣 段子 4疋을 선물로 받음.
- **이 해에 3남 寶城君 㝐의 차남 栗元君 徖이 출생함.**

1434년(세종 16, 甲寅) 39세

- 1월 12일, 王命으로 모든 啓達 文書에 '讓寧大君·孝寧大君'의 '諱' 글자를 일체 쓰지 못하게 함.
- 1월 24일, 申聞鼓를 升聞鼓라고 개칭함.
- **2월 6일, 大君 3형제분과 왕세자 등이 참가한 대규모의 講武행사(~19일)를 楊州·平康 등지에서 실시함.**
- 3월 18일, 임금·왕세자 등과 喜雨亭에 들러 戰艦 훈련을 관람함.

- 4월 10일, 母后 元敬王后의 繡佛이 있는 檜岩寺 재건을 위해 대규모 佛法會를 개최, 곧이어 檜岩寺 重修를 감독하고 圓覺經을 說法함.
- 4월 23일, 장남 李寀, 崇祿大夫 誼城君에 被封됨.
- 9월 21일, 임금·왕세자 등과 함께 喜雨亭에 거둥하여 戰艦의 效能 실험을 관람함.
- 9월 28일, 平康 등지에서의 講武 행사(~10월 16일)에 참가함.

1435년(세종 17, 乙卯) 40세

- 2월 2일, 父王 후궁 信嬪辛氏(誠寧君·溫寧君·謹寧君, 貞信·貞靜翁主등 9남매 낳음) 別世함.
- 4월 17일, 임금이 檜岩寺지원하는 孝寧大君을 돕고자 절에 쌀 50석을 내려주게 함.
- 5월 20일, 世宗, 興天寺 舍利塔殿 重修 役事를 孝寧大君에게 主掌케 함.
- 6월 9일, 大君의 차남 李寀에게 正憲大夫 瑞原君의 爵號가 내려짐.
- 10월 10일, 廣州·水原 등지에서의 講武 행사에 참가함.
- 11월 20일, 讓寧大君, 世宗의 노력으로 利川에서 서울로 돌아옴.

1436년(세종 18, 丙辰) 41세

- 1월 13일, 廣平大君 李璵, 申自守의 딸과 婚姻함.
- 4월 7일, 임금이 喜雨亭에 들려 군인들이 火砲 쏘는 훈련을 관람함.
- **4월 13일, 전라도 萬德山 白蓮寺 重創 佛事에 大功德主로서 施主 후, 7년만에 中樞院事 尹淮로 하여금 「白蓮寺 重創記」를 짓게 함.**
- 윤6월 24일, 父王의 넷째 駙馬 南暉(貞善公主)를 輔國崇祿大夫 宜山君에, 부마 朴從愚(貞惠翁主, 懿嬪 權氏 소생)를 崇政大夫 雲城君에 除授함.
- 10월, 정부에서 '貢法'을 제정함.

1437년(세종 19, 丁巳) 42세

- 2월 16일, 錦城大君 李瑜, 崔士康의 딸과 婚姻함.
- **3월 27일, 世宗, "요즘 생각하니 내 나이 겨우 40이니, 옛날로 말하면 道明·德立의 나이"라면서, 스스로 40歲임을 밝힘.**
- 4월 **1일, 黃喜, "聖上의 春秋가 겨우 40이 넘었으니 옛사람이 이르는 바 힘써 벼슬할 때"라고 말함.**

- 6월 3일, 廣平大君을 恭順公 芳蕃의 後嗣로, 錦城大君은 昭悼公 芳碩의 後嗣로 정함
- 6월 12일, 王弟 등 懿親의 封爵을 郡邑號로 일컫게 함.
- 10월 2일, 江原道 平康·抱川·楊州 등지에서 講武 행사(~12일)에 참가.

1438년(세종 20, 戊午) 43세

- **2월에 大君께서 天安 廣德寺(충남 천안시 광덕면 광덕리)에 머무르시며, 「父母恩重 長壽胎骨經」 合部(보물 제1247호)를 寫經하여 광덕사에 施主함.**
- 3월 7일, 임금이 讓寧大君·孝寧大君을 위하여 잔치를 베풂.
- 3월 16일, 興天寺 舍利閣 改修공사 完工됨.
- 5월 27일, 임금이 孝寧大君의 病患이 危重하매 同副承旨 鄭忠敬(大君의 큰 妻男)에 명하여 승려 33인을 興德寺에 모아 救命의 佛供을 베풀어 정성을 다하게 하고, 世宗은 친히 疏文에 署押함.
- 7월 2일, 한 달이 넘게 大君 病患에 차도가 없자 王命으로 上林園에서 祈禱精勤케 하고, 환관 裵萱을 咸陽에 보내 行乎 큰 스님을 불러오게 함.
- 9월 5일, 世宗, 孝寧大君 형님의 病患 治癒를 慰勞하기 위해 誼城君 李寀 집서 讓寧大君·貞順公主·慶貞公主 등이 모두 모인 자리에서 잔치를 베풂. 양녕대군과 공주 등에게 안장 갖춘 말을, 敬寧君·順城君 등과, 大君의 子弟 및 조카들에게 각각 어린 말 1필씩을, 대군의 病을 극진히 看護한 醫員 元智에게 單衣와 겹의 각 1벌과 銀帶·신발 등을 下賜함.
- 9월 27일, 임금이 大君 집에 들러 문안 인사를 드림.
- **10월, 下旬부터 治癒 回復되시어 "이후 33년 동안은 앓치 않으셨다"고 함.**

1439년(세종 21, 己未) 44세

- 윤2월 19일, 鐵原·楊州 등지에서 실시한 講武 행사(~28일)에 참가.
- 4월 11일, 司諫院 右獻納 皇甫恭·左正言 李禮長 등 孝寧大君이 興天寺 佛事에 적극 관여하는 것에 대하여 논란함.
- **4월 14일, 大君 사위 李堅, 11세로(初任이지만 대군의 사위이므로) 6品 副司直에 除授됨.**

- 4월 21일, 작년 7월초에 大君의 病患 快癒를 위한 祈禱 精勤을 위해 咸陽에서 상경하여 興天寺에 머물고 있던 行乎 큰스님 大慈庵에 머물도록 함.
- 5월 12일, 임금이 判禪宗事 行乎 큰 스님을 다시 山寺로 돌아가도록 배려, 각 고을 守令·驛丞들에게 편의를 제공토록 하고, 전라도관찰사에게는 따로 傳旨, 쌀과 소금 각 10석씩을 보내주게 함.
- 8월 26일, 議政府에서 宗親을 糾察하는 事目을 제정함.

1440년(세종 22, 庚申) 45세

- 1월 16일, 大君의 제5남 李定(19세), 永川君에 除授됨.
- 1월 28일, 文昭殿 있던 빈터에 讓寧大君의 집을 짓도록 윤허함.
- 2월 17일, 孝寧大君이 主管할 水陸齋에 쓰고자 鑄印 1개를 왕실의 願刹인 原州 覺林寺에 내려주게 함.
- 7월 3일, 大君께서 興天寺에서의 慶讚會 開設을 주관하심.
- 9월 14일, 임금, 興天寺의 重修 공사를 마치고『大藏經』을 이곳에 보관케 함.
- 12월 19일, 大君의 넷째 李嗌이 樂安君에 除授됨.

1441년(세종 23, 辛酉) 46세

- 7월 2일, 大君의 제3남 李裕을 寶城君에 例授함.
- 7월 23일, 王世孫(뒷날의 端宗) 태어남(世子嬪 良媛 權氏 所生).
- 11월 25일, 大君께서 興天寺 舍利閣 慶讚會 開設을 주관함.

1442년(세종 24, 壬戌) 47세

- 3월 2일, 興天寺 舍利閣 重修기념慶讚會 개설을 儒臣들이 반대하자 世宗, 강원도 伊川 溫井에 行幸(~4월 22일)함으로써 免避하려고 함.
- 3월 24일, 임금의 溫井 行幸중에 마침내 興天寺에서 5일간에 걸쳐 慶讚會를 設行함.

1443년(세종 25, 癸亥) 48세

- 5월, 이 무렵부터 王世子(후에 文宗) 攝政을 시작함.
- 9월 13일, 知中樞院事 鄭麟趾로 하여금 太祖의 睟容을 開成 穆淸殿과 咸吉道 璿源殿에 奉安케 함.

- 10월 13일, 工判 崔府를 보내어 太祖의 影幀을 全州 慶基殿에 奉安케 함.
- 11월 9일, 대군의 長子 誼城君 李寀로 하여금 太祖 晬容을 集慶殿(慶州)에 奉安케 함.
- 12월 3일, 禮曹에 傳旨하여, '王世子가 繼照堂에 朝參할 때에 伯叔[讓寧·孝寧]은 출입할 때에 趨蹌(禮度에 맞게 허리를 굽히고 빨리 걸음)하지 말게 하라'고 함.
- 12월 30일, 우리 民族의 文字인 '訓民正音' 28字를 創製 完成함.
- 이 해에 大君의 3男 李峇 崇德大夫 寶城尹에 改封됨.

1444년(세종 26, 甲子) 49세

- 1월 21일, 王世子가 繼照堂에 앉아 백관의 朝參을 받음.
- 7월 1일, 장남 李寀는 昭德大夫 誼城君에, 둘째 李寀은 崇德大夫 瑞原尹, 셋째 李峇은 崇德大夫 寶城尹, 다섯째 李定은 中義大夫 永川尹, 여섯째 李宜는 明善大夫 原川正에 각각 改封됨.
- 10월 22일, 太祖·太宗의 御容을 璿源殿에 奉安케 함.
- 11월 24일, 昭憲王后의 母, 三韓 國大夫人 安氏 卒.
- 11월, 田分六等 年分九等의 田稅제도를 정함.
- **12월 7일, 廣平大君 李璵, 瘡疾로 타계함(享年 20세).**

1445년(세종 27, 乙丑) 50세

- **1월 16일, 世宗의 제7대군 왕자 平原大君 李琳, 타계함.**
- 2월 11일, 世宗의 차남 晋陽大君 李瑈의 大君號를 首陽大君으로 고침.
- **2월 13일, 世宗, 安息을 취하기 위해 喜雨亭으로 移御(~4월 12일 還宮).**
- 3월 2일, 喜雨亭에서 水戰 訓練하는 것을 觀戰함.
- 4월 5일, 權踶·鄭麟趾 등 『龍飛御天歌』10권을 撰進함.
- 4월 12일, 임금이 衍喜宮으로 還宮, 孝寧大君에게 안장갖춘 말을 드림.
- 11월 19일, 春秋館 외에 3史庫(忠州·全州·星州)를 처음 설치, 4史庫制 시작.

1446년(세종 28, 丙寅) 51세

- 3월 初, 大君, 蓮花坊에 第宅을 새로 지음.
- **3월 24일, 昭憲王后 沈氏, 둘째 首陽大君 私邸에서 昇遐(~7월 16일 發靷).**

이 날, 世宗은 蓮花坊의 孝寧大君宅으로 임시 移御.

- 4월 9일, 世宗, 讓寧大君宅으로 移御.
- 4월 23일, 孝寧大君, 檜岩寺에서 佛事를 設行.
- 5월 27일, 王妃의 영혼 빌기 위해 佛經을 大慈庵에 옮기고, 首陽·安平大君 主導로 佛法會 개최했는데 승려 2천여 명이 參集하여 7일간 진행함.
- 9월 29일, 英陵 竣工하던 날, 『訓民正音』을 頒布함.
- 이 해에 大君께서 五臺山 月精寺 重創에 施主(2004년 7월 24일 銘文 瓦當조각 발견됨).

1447년(세종 29, 丁卯) 52세

- 5월 5일, 康寧殿에서 倡妓와 才人들로 하여금 『龍飛御天歌』를 演奏하게 함.
- 7월, 『釋譜詳節』을 완성함.
- **8월, 大君께서 願刹인 谷城 泰安寺(일명大安寺)에 가서 '大功德主 孝寧大君'라 새긴 大鉢(바라, 보물 제956호)을 造成함.**
- 9월 29일, 『東國正韻』6권이 완성 刊行됨.
- 10월 16일, 『龍飛御天歌』5백50본을 群臣들에게 내려 나눠줌.
- 11월 23일, 大君의 여섯째 막내이며, 誠寧大君 褈의 後嗣로 出系한 李宜를 正義大夫 原川尹에 除授함.

1448년(세종 30, 戊辰) 53세

- 4월 15일, 皇甫仁 등에 명하여, 『璿源錄』·『宗親錄』·『類附錄』을 修撰하게 함.
- **4월, 元孫을 王世孫(뒷날의 端宗)으로 봉함.**
- 4월 下旬, 大君께서 安平大君과 함께 發願하여 『妙法蓮華經』(法華經, 4권1책)을 刊行(보물 제766호)함.
- 12월 5일, 昌德宮 文昭殿 옆에 지은 佛堂이 완공되매 5일간 慶讚會를 設行함.

1449년(세종 31, 己巳) 54세

- 12월, 『釋譜詳節』·『月印千江之曲』을 간행.
- **12월, 俗離山 福泉寺를 重修하고 供養을 베푸는 勸善文을 채택함에 大君이 중심이 되어 크게 布施하고 아울러 水陸齋도 지냄,**

1450년(세종 32, 庚午) 55세

- 1월 22일, 임금이 편치 못하여 興仁門 밖 孝寧大君 私邸에 移御함(~윤1월 23일).
- 1월 26일, 임금이 精勤하면서, 孝寧大君 안내로 僧 信眉 불러보시고 優待하게 함.
- 윤1월 16일, 倪謙 등 明사신, 喜雨亭에서 잔치하고 즐김. 倪謙 「舟遊記」를 남김.
- **2월 17일, 世宗大王 永膺大君 집에서 薨逝함(享壽 53세)(~6월 6일 發靷).**
- 2월 22일, 大行大王의 廟號를 '世宗'이라 정함.
- **2월 23일, 王世子 李珦(37세), 世宗의 뒤를 이어 卽位함 ; 文宗**
- 7월 6일, 大君의 장남 李寀, 興祿大夫 誼城君에 除授됨.
- 10월 6일, 厚寧君 李衦 他界함.

1451년(문종 1, 辛未) 56세

- 2월 9일, 樂天亭을 헐지 않고 重修하기로 결정함.
- 4월 15일, 世宗이 생전에 佛教를 崇尙하였다는 風聞으로 중되려는 자가 수천에 이르므로 이를 禁斷키 위해 丁錢을 받고 度牒을 발급키로 함.
- 7월 22일, 青松府院君 沈溫의 職牒을 돌려줌.
- 8월 25일, 知春秋館事 金宗瑞 등 『高麗史』(139권)을 撰進함.
- 9월 5일, 安平大君을 俗離山 福泉寺에 보내어 重創을 끝낸 信眉大師를 위로케 함.
- 10월 17일, 大君의 큰 妹夫 淸平尉 李伯剛(長女 貞順公主)이 別世함.

1452년(문종 2, 壬申) 57세

- 2월 20일, 監春秋館事 金宗瑞 등 『高麗史節要』를 撰進함.
  같은 날, 英陵에 비석을 세움(鄭麟趾 撰, 安平大君 篆).
- 2월 22일, 『世宗大王實錄』을 撰進함.
- **5월 14일, 文宗대왕, 瘇氣의 성함으로 말미암아 康寧殿에서 薨逝함**(發靷 9월 1일).
  곧 殯殿都監을 설치하고 寶城君 李䜙을 代奠官으로 임명함.
- **5월 18일, 王世子〔良娣權氏 所生, 12세〕勤政門에서 卽位式 거행, 王位에 오름(端宗).**
- 8월 25일, 明의 사신 陳鈍 일행 喜雨亭을 遊覽함.
- 10월 12일, 首陽大君이 誥命謝恩使로 明에 감.
- 10월 13일, 大君께서 願刹인 龍門山 上院寺에 梵鐘을 鑄造하여 布施함.

1453년(단종 1, 癸酉) 58세

- **2월 22일, 임금〔端宗〕, 孝寧大君의 私邸로 임시 移御함**(~3월 9일).
- 6월 5일, 金剛山 楡岾寺의 大火로 伽藍 1백43間이 全燒함.
- **10월 10일, 首陽大君측, 金宗瑞 등을 除去〔癸酉靖難〕.**
- 10월 18일, 安平大君을 賜死하고 그 아들 友直은 珍島에 移配함.
- 11월 9일, 孝寧大君, 首陽大君·鄭麟趾 등과 昌德宮에서 王妃 후보를 揀擇함.
- 12월 26일, 孝寧大君 등, 昌德宮에서 王妃 후보자를 네 번째 揀擇함.

1454년(단종 2, 甲戌) 59세

- **1월 10일, 大君 등 宋玹壽의 딸을 王妃로 삼을 것을 최종 결정함**(12일 納采, 22일 冊封).
- 1월 24일, 孝寧大君과 호조판서 趙惠, 王妃 宋氏를 孝寧大君 私邸에서 奉迎함.
- **2월 13일, 3功臣의 嫡長親子와 靖難功臣 및 적장친자 147인 北壇에 모여 盟誓함.**
- 3월 30일, 春秋館에서 『世宗大王實錄』 1백63帙을 編纂함.
- 3월 중에, 孝寧大君, 大功德主로서 谷城 泰安寺서 世宗 29년 조성한 大鉢을 再造함.
- **4월 9일, 王과 王妃가 孝寧大君 私邸에서 잔치를 베풂**(새왕비 맞이 揀擇에서부터 奉迎의식에 이르기까지 전과정에서 大君의 勞苦가 특히 컸음에 대한 報答, 議政府와 六曹 參判 이상이 모두 참여함).
- 5월 12일, 溫寧君 李裎(信嬪辛氏 所生), 他界함.
- 9월 19일, 임금이 孝寧大君·首陽大君·誼城君·原川君 등에게 말 1필씩을 下賜함.
- 11월 19일, 宜山尉 南暉(太宗의 넷째 駙馬 ; 貞善公主) 別世함.

1455년(단종 3, 乙亥) 60세

- 2월 4일, 임금과 王妃가 首陽大君 私邸에서 孝寧大君 등을 모시고 宴會를 개최함.
- 4월 9일, 錦城大君의 음모사건 후, 후속 조치로 印平의 집을 孝寧大君께 下賜함.
- 5월 11일, 星原尉 李正寧(太宗 後宮 昭嬪盧氏 딸 淑惠翁主) 타계함.
- 6월 6일, 大君의 둘째 누님 慶貞公主(駙馬 趙大臨) 他界함.
- **윤6월 11일, 首陽大君에게 禪位하니 곧이어 思政殿에서 卽位式을 거행함(世祖).**

- 7월 4일, 文昭殿 執事 誼城君 李寀에게 말 1필을 下賜함.
- 7월 26일, 勤政殿에서 元子 李暲을 王世子로 冊封함.
- 11월 10일, 『文宗大王實錄』 13권을 撰進함.

1456년(세조 2, 丙子) 61세

- 2월 24일, 大君의 제4남 樂安尹 李寊이 經書 大義에 통달하였으므로 아우·조카 중 1인을 願에 따라 加資케함.
- 5월 11일, 明의 사신 尹鳳 일행이 喜雨亭에서 잔치하고 遊覽함.
- **6월 6일, '死六臣사건' 일어남.**
- 8월 24일, 임금이 喜雨亭에 거둥하여 兵船을 관람함에, 議政府·六曹의 參判 이상과 承旨 등이 入侍하고, 讓寧·孝寧大君에게는 兒馬 1필씩을 드림.
- **11월 14일, 왕세자와 讓寧·孝寧大君이 開國·定社·佐命功臣의 嫡長 親子, 靖難·佐翼功臣 및 그 親子 등 157인과 더불어 北壇에 모여 盟誓함.**

1457년(세조 3, 丁丑) 62세

- 2월에, 孝寧大君, 原州 井巖山 法泉寺에 가시어 三尊佛(彌陀·觀音·地藏) 造成 위한 「願成諸緣普勸文」 채택함(施主記와 普勸文에 大君친필과 '善叔'이라 落款 찍혀 있음).
- 3월 23일, 佛敎에 대해 시행해야 할 事目을 傳旨로서 정함.
- **6월 22일, 端宗, 魯山君으로 降封되어 寧越에 流配됨.**
- 9월 2일, 世子 桃源君 李暲(20세) 사망함.
- 10월 13일, 世子의 墓자리를 高陽縣 동쪽의 山(鄭易의 墓所)으로 정함.
- **10월 21일, 宋玹壽를 絞刑에 처하매, 魯山君 이를 듣고 寧越에서 스스로 自盡함.**

1458년(세조 4, 戊寅) 63세

- 2월 10일, 임금 群臣들과 함께 후원에서 활쏘는 것을 구경함.
- 2월 11일, 새로 鑄造한 大鐘을 鐘樓 아래에 달다.
- **4월 8일, 咸興에 가서, 太祖 7년에 高皇帝가 지으신 『璿鄕憲目』의 序文을 쓰심.**
- 7월 19일, 임금·讓寧 형님과 함께 慶會樓 아래에서 활쏘는 것을 구경함.
- 8월 3일, 思政殿에서의 飮福宴에 참석함.

- 9월 9일, 敬寧君 李𥙷(孝嬪 金氏 所生)가 타계함.
- 9월 13일, 임금이 왕세자와 함께 喜雨亭에 거둥하여 戰艦을 구경함.
- 10월 10일, 冬享大祭 후 慶會樓에서의 飮福宴에 참석함.

1459년(세조 5, 己卯) 64세

- 2월 1일, 그간 有名無實했던 號牌法을 다시 실시함.
- 2월 9일, 李宜를 原川 尹에 除授함.
- 4월 3일, 차남 李寀을 瑞原尹에, 3남 李㝊을 寶城尹, 李䆄을 樂安尹, 李定을 永川尹에 除授함.
- 6월 1일, 世祖, 讓寧대군의 麻浦 새로 지은 亭子 이름을 '榮福亭'이라 지음.
- 7월 22일, 임금 群臣들과 함께 慶會樓 아래에서 활쏘는 것을 구경함.
- 10월 23일, 勤政殿에서 베푼 宴會에 참석함.

1460년(세조 6, 庚辰) 65세

- 1월 28일, 李䆄을 樂安卿에, 李定은 永川卿에, 李宜는 原川卿에 除授함.
- 1월 30일, 第6子 原川卿 宜, 父王의 넷째 誠寧大君 褈에게 出系함.
- **3월 28일 韓明澮 딸을 王世子嬪에 정하고, 4월 6일에는 定婚 의식을 거행함.**

  ※이번 왕세자 婚禮는 揀擇부터 仲媒에 이르기까지 孝寧大君께서 主管하시고 納徵 때에는 대군께서 正使를, 藥城府夫人께서는 命婦를 맡으심.
- 4월 24일, 임금 군신들과 함께 慕華館에서 활쏘는 것을 구경함.
- 5월 10일, 大君의 孫子; 寶城君 李㝊의 아들 李徠를 彰善大夫 春陽副令에 除授함.
- 7월 5일, 임금이 喜雨亭에 거둥하여 秋享大祭 飮福宴를 이곳에서 베풀고, 대군께 쌀 50석을 내려드림.
- 8월 25일, 맏누님 貞順公主(淸平尉 李伯剛) 別世(향년 76세).
- 10월 4일, 왕과 왕비, 黃海道·平安道를 巡幸(~11월 4일).
- 11월에, 下三道民을 平安/江原/黃海道에 移住시킴.

1461년(세조 7, 辛巳) 66세

- 1월 27일, 大君 사위 李堅를 工曹參議에, 李承召(大君의 둘째 妻男 鄭忠碩의 사위)는 藝文館 提學에 각각 除授됨.

- 3월 16일, 임금과 함께 忠順臺에서 射侯를 관람함.
- 5월 13일, 大君 主席한 天安 廣德寺에서 佛舍利가 25果로 分身하면서 祥瑞로운 奇異현상이 일어남, 舍利를 世祖에게 奉呈하니 佛舍利가 102果로 分身함.
- 5월 16일, 임금이 孝寧大君 이하 群臣을 거느리고 華韡堂 東林亭에서 크게 잔치함.
- **6월 16일, 佛經의 번역〔諺解〕刊行을 위해, 宮中에 '刊經都監'을 설치함.**
- 7월 26일, 임금이 왕세자에게 喜雨亭에 가서 農事의 作況을 돌아보게 함.
- 11월 15일, 謹寧君 李襛(信嬪辛氏 所生), 他界함.
- 이 해에 大君의 요청으로 당대의 高僧·巨儒들을 동원, 「楞嚴經 諺解本」(보물 760)을 '乙亥字'로 印刊함.

1462년(세조 8, 壬午) 67세

- 1월 17일, 王과 王妃가 베푸는 新年 曲宴에 참석함.
- 3월에, 永膺大君 등과 함께 扶安 楞迦山 實相寺에서 堂主와 三尊佛(毘盧遮那佛/藥師如來佛/無量壽佛)造成을 施主 勸善함.
- 5월 25일, 임금이 慶會樓 아래에서 베푼 宴會에 참석.
- 7월 11일, 思政殿에서 베푼 잔치에 참석.
- 9월 2일, 讓寧大君의 장남 順城君 李譿 他界.
- **9월 7일, 讓寧大君 형님, 他界하심.**
- 10월26일, 살곶이[箭串]에서 講武 훈련에 春陽令 李徠(衛將)·栗元令 李悰(獅子衛將)·仁壽府尹 李堅(兼司僕將; 大君의 사위)가 참가함.
- 10월 29일, 龍門山 上院寺에서의 講武 행사에 御駕를 수행함.
- 이 해 10월, 神德王后의 冥福 빌기 위해 大君께서 監董한 興天寺 梵鐘이 완성됨(日帝때 흥천사터에서 德壽宮에 옮긴 것, 鐘面에 '監鑄 都提調 孝寧大君 臣 補'라 새겨져 있음).
- 11월 5일, 上院寺서 아침에, 大君께서 觀音菩薩이 現相하는 신비스러운 현상 목격함.
- 12월 25일, 世宗의 駙馬, 延昌尉 安孟聃(貞懿公主) 죽음.

1463년(세조 9, 癸未) 68세

- 2월 24일, 사위 李堅가 漢城府尹으로 轉補됨.
- 4월 22일, 徐居正에게 太祖·太宗·世宗·文宗의 御製 詩文을 모으게 함.
- 6월 22일, 寶城君 李吝을 都鎭撫에 除授함.
- 7월 6일, 사위 李堅가 仁壽府尹에 除授됨.
- 8월 1일, 大君 손자 春陽副正 李徠(寶城卿 李갑의 3남)가 軍事의 精練에 관해 임금께 上書함.
- 8월 3일, 西郊에서 군사훈련을 하는데, 栗元副正 李悰(寶城君 李吝의 次男)은 控弦衛將, 枰城正 李偉(李吝의 제4남)는 彎强隊長, 銀山副正 李徹(寶城君의 제5남)은 壯勇隊長이었다.
- 9월 5일, 序賢亭에서 春陽副正 李徠가 上書한 내용을 바탕으로 習陣하였는데, 銀山副正 李徹 등 兒宗(永順君 李溥·龜城君 李浚·河城尉 鄭顯祖)이 入侍하였다.
- 9월 27일, 大君께서 願刹인 上院寺에 佛像을 安置해줄 것을 왕께 요청하여 해결함.
- 10월 26일, 大君의 손자 李悰(寶城君 李吝의 次男)을 栗元正에 除授함.
- 11월 8일, 임금이 丕顯閣에서 李溥·李浚·鄭顯祖·李徹(寶城君의 5남) 등 '兒宗'과 永川君 李定·樂安君 李寍에게 酒宴 베풀고 『醫書類聚』에 대하여 의논함.
- 11월 10일, 思政殿에서 永順君·龜城君·銀山副正(寶城君의 제5남 李徹)·河城尉 등 兒宗과 영의정 申叔舟, 우의정 具致寬 등에게 잔치를 내림.
- 12월 4일, 임금이 丕顯閣에서 臨瀛大君·永順君·龜城君·春陽副正 李徠·銀山副正 李徹·河城尉, 좌의정 具致寬에게 酒宴을 베풂(李徠 『御製武經序』를 명료하게 講을 잘하니 世祖가 "春陽副正은 참 쓸만한 사람"이라고 하다).
- 이 해 영주 黑石寺 腹藏 유물(「佛像造成普勸文」·「施主記」 등)을 조성 봉안.
- 이 해 內佛堂에서 10일간 법화경을 언해 교정함(梅月堂 金時習도 참석)

1464년(세조 10, 甲申) 69세

- 1월 1일, 大君께서 臨瀛大君·永膺大君·永順君·龜城君·銀山副正·河城尉, 申叔舟(領議政)·우의정 具致寬·河東府院君 鄭麟趾 등과 勤政殿 會禮宴에 참석.

- 1월 3일, 大君께서 臨瀛大君·永膺大君·永順君·龜城君, 瑞原卿 李寀·寶城卿 李合·永川君 李定, 領議政 申叔舟·右議政 具致寬 등과 康寧殿 王世子 生辰宴에 참석함.
- 2월 28일, 王室 願刹인 俗離山 福泉寺에서 3일간 行次 法會하고, 田2백 結과 쌀 3백석을 施主함.
- 4월 3일, 大君, '僧人에 대한 處罰'에 관한 御札을 내려줄 것을 임금께 요청함.
- 4월 8일, 대군께서 檜巖寺(1801년 폐사, 사적 제128호) 동쪽 언덕에 佛舍利를 안치하고 圓覺經 法會를 개최함,
- **5월 3일. 興福寺 터에 圓覺寺를 創建, 大君께서 創建 造成都監 都提調가 됨.**
- 6월 10일, 圓覺寺 大鐘 鑄鐘 착수.
- 6월 12일, 銀川君 李穳과 玉山君 李躋, 각각 圓覺寺 監役·督察官에 임명함.
- 6월 25일, 사위 李堅가 中樞院副使에 除授됨.
- 7월 8일, 雲城府院君 朴從愚(懿嬪權氏 貞惠翁主) 타계함.
- 7월 10일, 益寧君 李袳(善嬪安氏 所生), 他界함.
- 8월 16일, 桂陽君 李璔, 他界함.
- 9월 11일, 圓覺寺에 瑞氣가 있어 임금이 勤政門에서 孝寧大君 이하 堂上官이상에 酒宴을 베풂.
- 9월 19일, 寶城卿 李合, 임금이 親任하는 '疊鐘令' 행사에서 大將을 맡음.
- 9월 30일, 임금이 昌德宮후원에서 習陣 중에 大君께서 分身 舍利를 바침.
- 10월 2일, 임금과 中宮이 親臨한 豊壤講武행사에 寶城卿 李合의 제3(徠), 4(偉), 5(徹) 남 3형제가 나란히 참가함.
- **12월 12일, 圓覺寺 大鐘의 鑄造 役事가 끝나자 그 監鑄 提調인 孝寧大君과 郎官에게 賞을 내림.**
- **12월 18일, 大君께서 世子·貞嬪韓氏·永膺大君과 문무 백관 230인을 帶同, 五臺山 上元寺가서 쌀 5백석·綿布 5백필·正布 5백필·正鐵 1만5千斤을 施主하고, 「上元寺重創御製勸善文」(보물 제140호)을 채택함.**
- 12월 20일, 임금 親臨의 擊棒행사에 誼城君·樂安君·永川卿·巨濟正 등 大君의

子孫들이 대거 참여함.

- 12월 21일, 중 信眉에게 正鐵 5만5천근, 쌀 5백석, 綿布와 正布 각 5백필을 내려줌.
- 이 해에 禪宗永嘉集 諺解本(보물 제774호)을 信眉와 함께 공동번역, 刊經都監서 出刊. 또한 金剛經언해본(보물제772호) 韓繼禧·判敎宗師 海超·弘一 등 공동 번역 간행하고, 般若波羅密多心經언해본(보물제771호, 1211호)을 韓繼禧 공동 諺解讎校하여 간행함.

1465년(세조 11, 乙酉) 70세

- 1월 1일, 大君께서 王世子·臨瀛大君·河東府院君 鄭麟趾·領議政 申叔舟 등과 勤政殿 신년 會禮宴에 참석, '定大業之舞'·'保太平之舞'가 演奏됨.
- 1월 3일, 康寧殿에서의 왕세자 生辰宴에 참석함.
- 1월 16일, 圓覺寺 大鐘이 완성됨, 監董官 孝寧大君께 鞍具馬 1필을 褒賞함.
- 2월 20일, 五臺山 上元寺 증축 위해 대군께서 正鐵1만3천근, 中米 5백석, 綿布 正布 각5백필을 임금에게 요청 지원토록 함.
- 3월 9일, 大君께서 韓繼禧·信眉 등이 諺解한 圓覺經 諺解本의 讎校작업을 다 마치매, 임금이 대군께 큰 잔치를 베풀어 드림.
- 4월 6일, 圓覺寺가 낙성됨에 本寺에 田地 3백結을 下賜함.
- **4월 7일, 대군께서 監董 提調로서 工役한 圓覺寺가 落成 竣工되어 慶讚會 거행함.** 赴會한 중[僧] 108명이며, 2萬餘名의 중에게 음식을 제공함.
- 4월 11일, 圓覺寺 落成 기념 慶讚會 후, 甘露·雨花·舍利分身 등 奇異 현상이 있어 임금의 「圓覺寺 御製誡文」을 채택하니, 演慶寺住持 弘濬은 衆首로, 大君께서는 宗首로서 이에 동참함.
- 7월 7일, 熙寧君 李袉(太宗後宮 淑儀崔氏 所生) 他界함.
- 7월 30일, 임금이 喜雨亭에 거둥하여 漕船훈련 광경을 관람, 大君·영의정 申叔舟 등이 호종하였는데, 이날은 대군이 올린 饌物이 매우 厚하였으므로 왕명으로 쌀 50석을 내려드림.
- 8월 2일, 王과 王妃가 다시 喜雨亭에 들러 軍事들의 水戰훈련을 관람함.
- 8월 10일, 勤政殿에서 있은 養老宴에 참석함.

- 10월 1일, 丕顯閣에서의 講經會에 入侍 참석함.
- 11월 1일, 丕顯閣에서 있은 『周易口訣』 講經會에 入侍 참석함.
- 11월 6일, 大君 손자 春陽君 李徠, 忠淸道都節制使에 除授, 임금께 下直함.
- 11월 25일, 丕顯閣에서의 『周易口訣』 講經會에 誼城君 李寀, 寶城卿 李合, 樂安君 李嵇, 永川卿 李定, 勿巨尹 李徹, 枰城正 李偉, 漢城府尹 李堅 등과 함께 入侍 참석함.
- **12월 7일, 임금과 中宮(慈聖王妃), 孝寧大君 私邸에 거둥하여 大君과 藥城府夫人을 위해 잔치를 베풀고, 쌀 1백석과 鞍具馬 1필을 드림.**
- 12월 23일, 思政殿에서의 飮福宴에 入侍, 참석함.

1466년(세조 12, 丙戌) 71세

- 1월 3일, 임금/中宮, 康寧殿서 베푼 왕세자 生日잔치에 臨瀛大君·永川卿 李定·勿巨尹 李徹·영의정 申叔舟·좌의정 具致寬과 함께 入侍 참석함.
- 1월 15일, 大君의 사위 李堅가 漢城府左尹에 除授됨.
- 2월 23일, 임금이 永膺大君·영의정 申叔舟·좌의정 具致寬들을 불러 개최한 酒宴·射侯행사에 入侍 참관함.
- 3월 5일, 임금이 成均館에 거둥함에 大君께서 永膺大君·영의정 申叔舟·長男 李寀 등과 함께 大駕를 수행함.
- 3월 16일, 임금/중궁, 40여일 일정으로 江原道 高城 湯井-金剛山-五臺山 다녀오는 長途 오름에, 왕세자와 大君, 永膺大君·密城君·永順君·申叔舟(영의정) 具致寬(좌의정)·韓繼禧(吏判) 등이 大駕를 수행하였는데, 大君손자 勿巨尹 李徹은 輜重將으로 참가함(~윤3월 24일).
- 3월 17일, 임금이 龍門 上院寺에 거둥하니, 왕세자·효령대군 등이 隨駕함.
- 3월 20일, 大駕가 金剛山 洞口에 머물고, 익일 長安寺-正陽寺를 거쳐 저녁 때 表訓寺에 도착, 29일 水陸會를 거행함(大君께서는 미리 가시어 表訓寺서 待機).
- 3월 28일, 高城 湯井 行宮으로 大君의 제5남 永川君 李定이 문안함.
- 3월 29일, 大君, 表訓寺에서 祥雲·瑞氣·雨花 현상의 奇異함을 보시고 王께 아룀.
- 윤3월 17일, 임금이 上元寺에 거둥함에 王世子·孝寧大君·永膺大君·勿巨尹·申

叔舟 등 御駕 수행함. 이때 상원사 '木造文殊童子坐像'(국보221호)을 조성함.

- 윤3월 24일, 40여일만에 御駕 還宮하는 날, 대군의 손자 枰城都正 李偉는 百官將이 되어 어가를 맞이함.
- **4월 하순, 大君께서 府夫人·永膺大君·昌原君 李晟과 함께 전라도 楞迦山 實相寺 重創에 施主하고, 「實相寺 重創 千人同發願冊」을 올림.**
- 7월 15일, 圓覺寺 白玉佛像 완성으로 含元殿에서 點眼 法會 개최, 瑞氣가 光彩를 發하고, 雨花·舍利의 奇異 현상이 나타남.
- 9월 9일, 임금이 베푼 序賢亭 잔치에 入侍함.
- 9월 10일, 임금이 勤政殿에서 베푼 養老宴에 王世子·鄭麟趾·申叔舟·韓明澮 등과 더불어 참석함.
- 9월 15일, 康寧殿에서의 '策文'과 詩經 講經會 행사에 寶城卿·永川卿·栗元 都正, 河東君 鄭麟趾·좌의정 黃守身·좌찬성 崔恒 등과 入侍 참석함.
- 9월 26일, 大君 3남 李岺으로 하여금 '海青衛'를 거느리고 京畿에서의 講武훈련 때에 임금을 扈從하게 함.
- 10월 24일, 임금이 入直 將帥와 군사를 昌德宮 後苑에 불러, 春陽正 李徠(寶城卿 李岺의 3남)·堤川正 李藍(瑞原君의 3남)에게 形名을 익히도록 명하고 進退坐作의 형세를 구경함.
- 11월 6일, 임금이 베푼 冬至기념 잔치에 入侍함.
- 12월 24일, 임금이 華韡堂 親臨한 자리에서 誼城君 李宗·永川副卿 李定·樂安副卿 李瑥·銀川君 李穳·玉山君 李躋 등 좌우편으로 나뉘어 擊棒 경기를 함.

1467년(세조 13, 丁亥) 72세

- 1월 5일, 康寧殿에서 왕비가 豊呈을 올리고 思政殿 月廊에서, 高靈君 申叔舟·영의정 韓明澮·좌의정 沈澮·좌찬성 崔恒·勿巨尹 李徹·承旨 등에게 신년 宴會를 내림.
- **2월 2일, 永膺大君 李琰 別世.**
- 2월 11일, 大君의 손자 勿巨尹 李徹(寶城卿의 제5남)이 他界함.
- 2월 17일, 學祖大師를 金剛山에 보내어 楡岾寺를 重創하게 함.

- 3월 15일, 임금이 華韡堂에서 孝寧大君·韓明澮 등에게 酒宴을 베풂.
- 4월 1일, 임금이 交泰殿에서 孝寧大君·鄭昌孫·金守溫 등에게 酒宴을 베풂.
- 4월 8일, 釋誕日을 기하여 圓覺寺 10층塔(國寶제2호)이 완성되매 燃燈會를 베풀어 落成式을 성대히 거행함.
- **4월 10일, 圓覺寺 重創에 功이 큰 孝寧大君에게 賞으로 奴婢 20口를 하사하고 族親 3인에게 각각 1資級씩 加資하게 함.**
- 4월 13일, 大君의 손자 李蓋(瑞原君 寀의 3남), 兼五衛將에 除授됨.
- 5월 1일, 임금이 集祥殿에 나가 孝寧大君과 鄭麟趾·鄭昌孫·申叔舟·崔恒등을 불러 侍食함.
- 5월 7일, 임금이 慕華館에 거둥하여 孝寧大君과 申叔舟·韓明澮·具致寬·崔恒 등에게 酒宴을 베풀다.
- **5월 16일, 咸吉道 會寧府使 李施愛가 反亂 일으킴. 春陽君 李徠, 兵曹參判 除授됨.**
- 5월 21일, 임금 강녕전에 나아가 孝寧大君 이하 誼城君·寶城君·兵曹參判 李徠·枰城都正 李偉·吏判 韓繼禧 등에게 주연을 베풀고 軍機에 관해 의논함.
- 5월 25일, 임금이 思政殿에서 宗親·將相을 불러 國王의 親征에 대해 의논하고, 栗元正 李悰을 壯勇隊將, 枰城都正 李偉와 刑曹參判 鄭蘭宗·壽城都正 李昌·행 대호군 李尹仁·儀賓 沈安義를 각각 5부의 將으로 삼아 각자 裨將 5인씩을 선발하게 함.
- **7월 2일, 栗元都正 李悰을 銃筒都將으로 삼아 정벌군에 援兵을 보내줌.**
- 7월 14일, 사위 李墅(이후 李塤으로 改名)를 兼五衛將에, 南怡를 行副護軍에 임명함.
- 7월 27일, 將帥의 才質 있는 30인을 選拔했는데, 春陽副尹 李徠·堤川副尹 李蓋·枰城都正 李偉·園山令 李行·銀川君 李穳이 여기에 들고, 이들에게 『孫子』를 읽게 함.
- 7월 28일, 春陽副尹 李徠를 兼都摠府副摠管에 임명함.
- 8월 12일, 李施愛·李施合이 生捕됨으로써 反亂도 鎭壓 평정됨
- 8월 20일, 遠征軍 將士에 論賞함에. 栗元君 李悰에게 綵緞 2表裏를 하사함.
- **9월 20일, 栗元君 李悰을 敵愾功臣 3等으로 삼고, 咸吉南道兵馬節度使에 임명함.**

- 9월 21일, 敵愾功臣들이 왕께 謝恩하니, 임금이 白金을 하사했는데 栗元君 徐에게는 白金 10냥과 옷 한 벌, 말 1필씩을 下賜함.
- 9월 24일, 임금 誕日에 寶慶堂에서 孝寧大君·臨瀛大君·鄭麟趾·申叔舟 등을 불러 잔치함.
- 9월 30일, 咸寧君 李裀(태종의 後宮 信嬪辛氏 所生) 他界함.
- 10월 14일, 人事行政에서 李寀을 瑞原君으로, 李咨을 寶城君으로, 鄭顯祖를 河城君, 李定을 永川君, 李徠를 春陽君, 李薀을 堤川君으로 除授함.
- 10월 30일, 敵愾功臣의 直系에게 褒賞을 더하니, 3등인 栗元君은 아비와 直子에게 爵 2급과 田地 80結, 奴婢 아울러 8口, 丘史 3명, 伴儻 6명을 내려주다.
- 11월 17일, 임금이 孝寧大君·鄭麟趾·申叔舟·韓明澮·崔恒 등을 불러 酒宴을 베풀고, 『東坡集』을 講하게 함.
- **<u>12월 11일, 효령대군 생신날, 世祖 임금이 大君 私邸에 거둥하여 생신 잔치를 베풀고자 했으나, 비가 와서 停止하고, 다만 栗元君 李徐에게 藥餌를 내려줌.</u>**
- **<u>12월 12일, 임금이 中宮 더불어 宣政殿에서 王世子와 河東君 鄭麟趾·高靈君 申叔舟 綾城君 具致寬·영의정 崔恒과 承旨 등 수많은 大臣들이 侍宴하는 중에 孝寧大君 藥城府夫人 內外 분을 모시고 慰勞 生辰 잔치를 베품.</u>**
- 12월 15일, 임금이 內醫 車得驂으로 하여금 藥餌를 갖고 咸吉道에 가서 栗元君 李徐의 病을 치료해주게 함.

1468년(세조 14, 戊子) 73세

- 1월 5일, 임금이 丕顯閣에 나아가 中宮이 豊呈을 올리니, 世子와 孝寧大君·申叔舟 등이 入侍함.
- 1월 17일, 임금이 勤政殿에서 베푼 飮福宴에 참석하심.
- 1월 27일, 임금이 中宮·世子와 온양 溫泉에 거둥하는데, 寶城君 李咨을 左廂대장, 堤川君 李薀을 衛將, 工判 南怡를 後廂대장, 枰城都正 李偉를 內禁衛將으로 삼는 등, 대규모 行次로 출발함.
- 4월 3일, 寶城君 咨의 제3남 春陽君 李徠, 春場榜에서 丙科 23인 중 2等으로 합격.
- **5월 21일, 梅月堂 金時習(당시 34세)에게 書札(落成된 圓覺寺10층石塔과 원각사**

大鐘의 낙성기념 慶讚會에 참석해 달라는 내용)을 보냄.

- 5월 25일, 大君의 사위 李堣(※初名 李塈를 改名함), 京畿觀察使에 轉補됨.
- 6월 1일, 金時習으로부터 答狀(海印寺 所藏)을 받음.
- 6월 4일, 春陽君 李徠 吏曹參判에 除授됨.
- 6월 15일, 임금이 思政殿에서 孝寧大君과 宗親·宰臣들에게 酒宴을 베풂.
- 7월 1일, 임금이 思政殿에서 孝寧大君과 종친·宰樞·승지 등에게 酒宴을 베풂.
- 7월 17일, 龜城君 李浚, 領議政에 昇進함.
- 7월 25일, 임금, 病患 때문에 中宮과 더불어 孝寧大君 私邸에 移御함(~8월6일). 이에 따라 世子는 御駕를 隨從, 觀察使 李堣 집에 머물고, 東所衛將은 永川君 李定의 집에, 內禁衛將은 原川君 李宜 집에, 兵曹·都摠府는 寶城君 李合 집에 임시 머물게 됨.
- 8월 6일, 임금이 大君의 私邸를 떠나 承重孫 者乙山君[成宗] 집으로 옮기려 했으나, 비좁아서 韓明澮의 집으로 옮김.
- 8월 15일, 孝寧大君宅과 韓明澮 집에 각각 中米 50석을, 李堣 집에 10석을 내려줌.
- **9월 7일, 임금 病患 위중해지매 世子(19세)가 壽康宮 中門에서 서둘러 卽位(睿宗)함.**
- **9월 8일, 世祖大王 壽康宮 正寢에서 薨逝함(~11월 28일 葬禮).**
- 9월 25일, 대행대왕의 廟號를 '世祖', 陵號는 '光陵'으로 정함.
- **10월 24일, '南怡(太宗의 4녀 貞善公主/南暉의 손자)·康純의 獄事' 일어남.**
- 11월 4일, 寶城君과 春陽君 李徠가 南怡의 謀叛에 연루되었다하여 楊根에 流配되었으나, 16일에 무혐의로 放還됨.

1469년(예종 1, 己丑) 74세

- 1월 21일, 臨瀛大君 李璆(1419~), 世宗의 8대군왕자 중 마지막으로 逝世(享年 52세)함.
- 5월 20일, 圓覺寺·興天寺 두 절의 行香使로서 祈晴佛事를 주재한 孝寧大君께 임금이 鞍馬 1필을 내려드림.
- 6월 초순, 大君께서 信眉대사·學悅·學祖스님 증명하에 永順君·金守溫과 完州 花巖寺에서 「佛說豫修十往生七經」을 채택함(成化 5년 6월).

- **11월 28일, 임금이 갑자기 紫薇堂에서 薨逝. 당일 王世孫 者乙山君(13세)이 제 9대 국왕으로 卽位함.**
- 12월 18일, 대행대왕의 廟號를 '睿宗', 陵號는 '昌陵'이라고 정함(~2월 3일 發靷).
- 이 해에 大君께서 咸興에 가셔 鄕廳건물을 보수, 鄕憲(善目 21조, 惡目 35조, 合 56조)을 제정, 施行케 하셨다고 함.
- 이 해에 大君께서 金剛山 楡岾寺의 大鐘 鑄造에 都提調가 되어 監董함.

1470년(성종 1, 庚寅) 75세

- 2월부터 代加之法을 시행함.
- 4월 1일, 廣平大君의 아들 永順君 李溥가 서거함.
- 4월부터는 職田制를 官收官給制로 바꿈.
- 8월 5일, 大君의 사위 李塤, 正憲大夫 漢城府 判尹에 除授됨.
- 8월 13일, 임금이 司僕寺에 傳旨하여 大君께 말 1필을 내려드리게 함.
- **8월 25일, 藥城府夫人 海州 鄭氏 逝世하심(享壽 77세)**
  抱川 內村面 奄峴里 壽泉洞 安葬. 李承召(府夫人 親庭동생 鄭忠碩의 사위)가 藥城府夫人 墓誌를 지음.
- **8월 29일, 임금이 戶曹에 傳旨하여 府夫人鄭氏 靈前에 賻儀로 쌀과 콩 합하여 70석과 종이 1백 권, 석회 1백 석을 내려드리게 함.**

1471년(성종 2, 辛卯) 76세

- 12월 5일, 궁중에 설치하였던 '刊經都監'을 革罷함.
- 12월 15일, 『世祖大王實錄』을 완성함.
- **이 해에 圓覺寺 事蹟碑(보물 제3호)를 건립, 大君께서 工役을 監董함.**

1472년(성종 3, 壬辰) 77세

- 1월 14일, 宗廟 祔廟祭 때의 각 담당관에게 賞을 내리니, 進幣瓚爵官 李塤과 禮儀使 예조판서 李承召에게 각 말 1필을 하사함.
- 1월 14일, 章順廟(睿宗妃 章順王后(韓明澮의 딸) 魂殿)에 動駕를 告할 때 獻官 堤川君 李蘊에게 말 1필을 하사함.
- 5월 9일, 『睿宗大王實錄』을 편찬함.

- 7월 3일, 大君께서 임금이 仁政殿에서 베푼 飮福宴에 참석하심.
- 8월 13일, 임금이 司僕寺에 傳旨하여 兒馬 1필을 大君께 드리게 함.

1473년(성종 4, 癸巳) 78세

- 1월 15일, 임금이 宣政殿에서 宗親·儒生 등을 불러 講書하게 했는데, 東陽正 李徐(寶城君 李㝯의 제7남) 등 3인, 문신 藝文官直提學 金永堅 등 4인, 儒生 孫元老 등 5인을 불러 講書하게 함.
- 5월 1일, 임금이 宣政殿에서 載陽副正 李侃(誼城君 李寀의 손자, 茂松君 恮의 次男) 등 宗親 4인, 成均司藝 張繼弛 문신 2인, 儒生 金塊 등 5인에 『書經』을 講하게 함.
- 11월 15일, 임금이 宣政殿에서 高林正 李薰(瑞原君 제5남)과 豊城副正 李杠, 成均 司藝 任士洪·張繼弛 등에게 글을 講하게 함.

1474년(성종 5, 甲午) 79세

- 1월 15일, 임금이 宣政殿에 나아가 高林正 李薰 등 宗親 2인, 藝文館 副應敎 柳洵·成均 司藝 張繼弛 등 文臣 4인, 梁舜卿 등 儒生 5인 등 모두 11인 불러 글을 講하게 함.
- 4월 15일, 恭惠王后 韓氏(韓明澮 次女) 求賢殿에서 薨逝.
- **5월 28일, 大君의 제4남 樂安君 寍(字 士安, 諡號 夷安) 別世함(享壽 57歲).**
- 이 해에 『國朝五禮儀』 완성됨.

1475년(성종 6, 乙未) 80세

- **2월 15일, 朱溪副正 深源(大君의 曾孫, 寶城君의 4남 杯城君 李偉의 長男) 長文의 上疏올림.**
- 5월 1일, 임금이 高林正 李薰 등 宗親 5인과 成均館 司成 張繼弛 등 문신 3인을 불러 『書經』을 講하게 함.
- 6월 1일, 임금이 後苑에서 宗親 108인을 引見하였는데, 이들 모두에게 虎皮 1장씩을 주고, 月山大君 李婷·昌原君 李晟·誼城君 李寀·寶城君 李㝯에게는 각각 豹皮 1장씩을 별도로 하사, 高林正 李薰·長陽副正 李儔(誼城君 손자, 茂松君 李恮의 제4남) 등은 講書에서 通하였으므로 鹿皮 1장씩을 별도 하사함. 한편 특별

히 朱溪副正 李深源에게는, 前日에 올린 上疏를 褒賞하는 뜻에서 馬粧 1벌을 별도 下賜함.

- 7월 8일, 임금이 西郊에 거둥하여 農事 作況을 둘러보고 榮福亭(麻浦 讓寧大君의 別莊)을 거쳐, 喜雨亭에 이르러 경치를 구경하고 酒宴을 베풂.
- 9월 6일, 임금이 仁政殿에서 養老宴을 행하였는데, 大君께서는 年老하여 잔치에 참여치 못하셨으므로, 酒·樂을 집에 보내어 慰勞해드림.
- **10월 2일, 大君의 次男 瑞原君 李寀 別世함(享年 64歲). 諡號 '夷安'.**
- 11월 16일, 임금 특명으로 長男 誼城君 李寀를 시켜 酒·樂을 孝寧大君 私邸에 내림.
- 12월 1일, 임금이 宣政殿에 나아가 長陽副正 李儔(茂松君 李佺의 4남) 등 宗親 5인과 李智亨 등 儒生 5인을 불러 講書하게 함.

1476년(성종 7, 丙申) 81세

- 1월 13일, 大王大妃가 攝政을 마친다는 懿旨를 議政府에 내림으로써, 임금[成宗]이 즉위 7년만에 親政하게 됨.
- **1월 17일, 大君 손자이며 寶城君의 次男 栗元君 李倧 別世(享壽 44歲). 諡號 '襄頃'.**
- 1월 26일, 大君의 사위 李塤을 崇政大夫 韓城君에 封함.
- 3월 9일, 임금이 月山大君·密城君·德源君·昌原君·誼城君·寶城君·永川君·銀川君·安康正·加恩都正·新豊都正·雲林都正·枰城都正 등이 入侍한 가운데 大君 私邸에 거둥하여 御駕를 扈從한 宗親·宰相및 여러 將帥들에게 酒·樂을 베풀고, 綿布·正布 아울러 1백疋을 幣帛으로 드리니, 大君께서는 당일로 箋文을 올려 謝恩함.
- **5월 25일, 大君의 여섯째 原川君 李宜(誠寧大君에 出系) 他界(享年 44歲). 諡號 '安悼'.**
- 8월 9일, 임금이 仁政殿에서 淑儀 尹氏를 中宮으로 封함(燕山君 生母).
- **11월 7일, 元子가 誕生함(燕山君의 出生).**
- 이 해에 『三國史節要』와 安東權氏 族譜 『成化譜』가 刊行됨.

1477년(성종 8, 丁酉) 82세

- 8월 9일, 임금이 西郊에 거둥하여 農事 作況을 둘러보고 喜雨亭에서 휴식을 취함.
- 10월 23일, 大君의 사위 李塤을 崇政大夫 韓城君에 除授함.
- **11월 26일, 朱溪副正 深源(大君의 曾孫, 寶城君의 4남인 枰城君의 長男) 「儒者의 衣冠문제」 「祝壽齋의 革罷」 등을 내용으로 하는 1만3천여자 달하는 長文의 上疏를 올림(당시 24세). 임금이 賞으로 豹皮 1장을 하사함.**
- **12월 2일, 朱溪副正 李深源 또다시 「祝壽齋의 革罷」에 대한 上疏를 올림.**
- 이 해 말, 나라에서 이후 일체의 寺刹 건립을 禁함.

1478년(성종 9, 戊戌) 83세

- **3월 12일, 임금이 孝寧大君 私邸에 거둥하여 宴會를 베풀어드림. 이날 御駕 수행한 宰樞와 兵曹의 堂上官 및 承旨·注書·史官 등은 따로 寶城君 집의 亭子에서 음식을 대접함.**
- 4월 8일, 朱溪副正 李深源이 「國家의 情況」에 관한 長文의 上疏를 또 올림.
- **4월 29일, 李深源, 「社稷에 관계되는 중대한 일」을 宣政殿에서 임금께 親啓함.**
- 5월 8일, 朱溪副正 李深源, 해명하는 箚子를 올림.
- 8월 6일, 임금이 司僕寺에 傳旨, 孝寧大君 등 133인에 각 兒馬 1필씩 下賜함.
- 이 해에 성종 임금의 명으로 徐居正 등이 『東文選』을 撰進함.

1479년(성종 10, 己亥) 84세

- 1월 1일, 世宗의 마지막 남은 王子 密城君 李琛(愼嬪金氏 所生) 別世함(享年 50세).
- 1월 28일, (前領議政)龜城君 李浚(臨瀛大君 李璆의 次男), 安置되어 있던 경상도 寧海에서 別世함.
- **3월 19일, 임금이 孝寧大君 私邸에 거둥, 誼城君·寶城君·銀川君·永川君·安康正 新豊都正·懷義都正·月山大君·德源君·堤川君·雲林都正·枰城都正·加恩都正 등이 入侍한 가운데, 大君 內外분 위한 慰勞 잔치를 베풀고 御駕를 따른 여러 宗親·宰樞와 侍衛한 여러 將帥들에게 음식과 風樂을 내렸으며, 大君께는 특별히 綿布 1백 疋을 내려 드림.**
- 5월 21일, 임금이 西郊에 나가 農事 作況을 둘러본 후, 喜雨亭 들러 軍事들의 水

戰訓練을 觀覽함.

- 6월 5일, 父王 太宗의 마지막 後宮 明嬪 金氏 他界함. 墓가 峨嵯山에 있음.
- **6월 7일, 成宗 임금이 中宮 尹氏(燕山君의 生母)를 廢黜함.**
- 9월 17일, 임금이 仁政殿에서 養老宴을 베풀었는데, 大君께서는 年老하시어 私邸로 따로 술과 風樂을 보내드리고, 宗親들로 하여금 入侍케 함.
- 윤10월 2일, 義州宣慰使에 除授된 사위 韓城君 李堣이 下直 인사를 드림.

1480년(성종 11, 庚子) 85세

- **1월 1일, 설날 아침에 임금이 大君께서 年老하시므로 私第에 가서 新年賀禮 잔치를 내려드리도록 명하고, 宗親·宰樞에게는 따로 이 잔치에 參與하도록 下命함.**
- 1월 13일, 임금이 景福宮에 거둥, 지난번 西征에 참가한 將帥와 軍士들을 불러 宗親과 宰樞 등이 入侍한 가운데, 慶會樓 아래에서 宴會함.
- **1월 27일, 年老하신 孝寧大君께서 13일의 연회에 참석치 못하셨으므로 이날 임금이 大君 私第에 親臨하여, 宗親 1품 이상과 儀賓 등이 入侍한 가운데, 위로 잔치를 베풀어드림.**
- 4월 17일, 임금이 喜雨亭에 거둥하여 水戰훈련을 觀戰함.
- 9월 19일, 임금이 仁政殿 나아가 養老宴을 베풀었는데, 月山大君·齊安大君·德源君·昌原君·誼城君(70세)·寶城君(65세)·永川君과 영의정 鄭昌孫·상당부원군 韓明澮·領敦寧 盧思愼·이조판서 徐居正 등과 承旨 등이 入侍함.
- 12월 16일, 大君의 曾孫이며 枰城正 李偉의 아들, 李深源이 강원도 伊川縣에 付處됨.
- 12월 18일, 弘文館 副提學 成俶 등 箚子 올려 深源의 誣告에 대해 임금께 요청함.
- 12월 28일, 大君의 사위 李堣을 崇政大夫 行議政府 左參贊, 李承召(大君 둘째妻男 鄭忠碩 둘째 사위)는 資憲大夫 의정부 右參贊에 각각 除授함.

1481년(성종 12, 辛丑) 86세

- 4월, 『新增東國輿地勝覽』(50권)이 완성됨.
- **5월 15일, 사위 議政府左參贊 李堣(初名 李墅) 他界함(享年 53歲). 諡號 '安昭'.**
- 6월 7일, 信眉의 아우 永山府院君 金守溫이 別世함(享年 73세).

- 12월 20일, '庚申의 밤'이므로 임금이 宣政殿에 나갔는데, 月山大君·齊安大君·誼城君·寶城君·永川君·德源君·昌原君·河城尉 등이 入侍함.

1482년(성종 13, 壬寅) 87세

- 6월 28일, 大君 曾孫이며, 栗元君 李徖의 외아들 呂陽君 李子謙이 喪配하여 大興縣 夫人 光山金氏 金著의 따님과 再婚함.
- **7월 20일, 大君께서 全南 康津 萬德寺(白蓮寺)에 水陸齋를 위한 田畓 10結 施主, 「萬德寺 施僧文」(成化 18년, ※大君의 최종 親筆?)을 작성해줌.**
- 7월 26일, 江原道 伊川縣에 付處되어 있는 朱溪副正 李深源이 釋放됨.
- 11월 26일, 庚申日이므로 임금이 入直 관료들에게 술을 내려 잔치함.
- 12월 12일, 齊安大君 李琄을 離婚케 하라고 王大妃가 지시함.

1483년(성종 14, 癸卯) 88세

- 1월 1일, 초하룻날, 임금이 三殿(貞熹王后 尹氏(世祖妃)·昭惠王后 韓氏(德宗妃)·安順王后 韓氏(睿宗妃))에 잔치를 드리고, 宗親 1품과 六曹判書를 불러 酒·樂을 내림.
- 2월 6일, 임금이 思政殿에 나아가 王世子를 冊封함.
- 2월 24일, 中部 長通坊에서 시작된 큰 火災로 3백여 戶가 燃燒함.
- **4월 1일, 大王大妃 貞熹王后 溫陽 出他 중 현지에서 昇遐함(~6월 3일 發靷).**
- **이 해에 大君의 別墅인 喜雨亭이 낡아서 무너지매 月山大君에게 贈與함.**

1484년(성종 15, 甲辰) 89세

- 4월 14일, 大君의 제5남 李定을 昭德大夫 永川君에, 李份(大君의 제6남 原川君 宜의 3남)을 正義大夫 加恩都正에 除授함.
- 9월 27일, 昌慶宮이 완공 落成됨.
- **10월, 月山大君, 喜雨亭을 重修하고 望遠亭이라 改稱함.**
- 12월 19일, 禮曹에서 '宗親에게 試驗 보이는 節目'을 改定함.

1485년(성종 16, 乙巳) 90세

- 1월 27일, 大君의 曾孫 李深源을 明善大夫 朱溪副正에 除授함.
- 3월 20일, 貞熹王后의 大祥日을 기해 光陵에 入番한 宗親 加恩君 李份(原川君의

3남) 등에게 특별히 한 資級 더하게 하여, 李份은 中義大夫 加恩君에 除授됨.

- 7월 26일, 徐居正, 『東國通鑑』을 撰進함.
- **9월 20일, 임금이 孝寧大君 私第에 거둥, 慰勞宴을 베풀고 還宮하여 다시 綿布 50필을 보내어 妓生·樂工에게 나눠주게 함.**

1486년(성종 17, 丙午) 91세

- 4월 29일, 임금이 西郊에 거둥하여 農事의 作況을 둘러본 후 望遠亭[前 喜雨亭]에 들러 水戰 訓練을 觀戰함.
- **5월 11일, 大君께서 享壽 91歲를 一期로 永眠하시다.**
  朝廷에서 輟朝하고 弔祭·禮葬하기를 例대로 하다. 諡號 '靖孝'.
- **이 날, 임금이 戶曹에 傳旨하여 大君의 私第 靈前에 賻儀로 쌀 70석, 콩 30석, 보리 30석, 淸蜜 10斗, 기름 15두를 내리게 함.**
- **京畿道 廣州牧 果川縣 同積里 馬場洞(서울 瑞草區 方背洞) 癸坐의 언덕에, 府夫人 死別 후 17년만에 合窆하여 禮葬함.**

2. 大君 逝去 以後의 事實들

1486년(성종 17, 丙午)

- **10월 13일, 大君의 外孫子 韓山 李惟淸, 式年試 文科에 丙科로 及第함.**

1493년(성종 24, 癸丑)

- **8월 13일, 長男 誼城君 寀(字 子弘, 諡號 '胡敏') 別世.**

1499년(연산군 5, 己未)

- **9월 1일, 3남 寶城君 容 別世.**

1541년(중종 36, 辛丑)

- 4월 20일, 災殃을 이기고 奢侈 방지를 위한 열가지 일에 대해, 홍문관부제학 李彦迪과 교리 李滉 등이 올린 上疏文 중에,
  "예전 宗室 孝寧大君은 성품이 자못 겸허하고 소박하여 화려한 집에 살기를 싫

어하여서 草家를 잇고, 늘 그 안에서 살아서, 마침내 壽가 아흔에 미치고 자손 또한 번성했으니, 이것은 근래의 일중 명백한 증험입니다. 지금의 사치는 본디 온갖 폐단의 근원이고 그 근원은 宮禁에 있는데, 나라의 근본이 쇠하고 官家의 倉庫가 비는 것이 다 여기에서 말미암고 또한 이것이 충분히 원망을 일으켜 재변을 가져올만하니, 전하께서 살피시기 바랍니다" 하였다.(『중종실록』 권95, 중종 36년 4월 戊午(2일)).

1592년(선조 25, 壬辰)

- 壬辰倭亂으로 漢陽 都城 함락되자 7대 宗孫 司果 應吉公이 湖西·湖南 등지로 避難하고 山直이도 따라 피난하니, 墓 앞 石物 등도 파손되기에 이름.

1597년(선조 30, 丁酉)

- 丁酉再亂 중 9대 종손 聖民(宣祖 원년,1568년생), 아우 覺民과 함께 位牌를 醴泉郡 甘泉面으로 옮김, 이후 90여년간 嗣孫이 代를 이어 家廟에서 奉祀해오고, 그 후 후손 聞慶·咸昌에 移居 정착함.

1636년(인조 14, 丙子)

- 7대손 戶判 湨과 大憲 檠이 外裔孫 영의정 鄭太和·李敬輿, 좌의정 南以雄 등 수인이 묘하에 모여 수호책 의논, 位土 넉섬지기를 마련, 墓直과 위토경작인 20여 가구 두어 守墓함.

1639년(인조 17, 己卯)

- 이 해에 「己卯式年 宗親加現錄」(筆寫本) 刊行됨.

1650년(효종 1, 庚寅)

- 4월 하순, 大君 10대손 泰壽, 처음으로 '大君 行狀'을 지음.

光海君~仁祖代(17세기 중반)

- 이 기간, 趙從耘(1607-1683) 「氏族源流」를 編刊함.

1679년(숙종 5, 己未)

- 이 해에 '孝寧大君 遺事'가 수록된 『宗班行蹟』 刊行됨.

1681년(숙종 7, 辛酉)

- 이 해에 「璿源錄」(璿源系譜記略) 刊行됨.

1686년(숙종 12, 丙寅)

- 이 해에 大君10대손 瓶窩 衡祥(당시 34세)·慶尙監司 奎齡(外外 10대손)·吏判 益壽 등이 주동하여 慶尙道 咸昌에 새로 大君 祠堂(淸權祠의 嚆矢)을 건립, 神位를 奉安하고 처음으로 사당 祭享을 올림.
  - ※ 孝寧大君의 位牌[神主]는 逝世 후 100여 년 동안 8세 宗孫 應吉公때까지 抱川 宗家에 있었는데, 大君의 10세 宗孫 聖民公 때에 壬辰 戰亂을 피해 경북 醴泉郡 甘泉面으로 옮겨졌고, 그 후 嗣孫이 醴泉을 비롯한 이웃 尙州·咸昌·聞慶 등지로 落鄕, 타향살이 하면서 家廟에 모시고 奉祀해왔음. 이어 12대 종손 彦謙이 상주 咸昌에 定住하게 되면서, 10대손 瓶窩 衡祥의 주도로 1686년(숙종 12)에서 1688년 사이에, 경북 함창 恭儉面 栗谷里(현 영순면 밤실 마을)에 大君의 祠堂을 세워 神主를 새로 모시고, 益壽·泰壽 형제와 더불어 일가들과 협의, 位土를 마련하고 매년 2월, 8월에 제사를 모셨는데, 이것이 '大君 祠堂'의 시작이며 祭享의 始初로 전해옴(李秀吉, 『병와 이형상의 삶과 학문』 83쪽 참조).

1691년(숙종 17, 辛未)

- 이 해에 孝寧大君의 墓表가 壬辰 戰亂 중에 碑身이 파손되고 墓域이 황폐되었으매 衡祥·益壽 등이 협의, 墓碑를 다시 세워 보수함.
- 이 해에 衡祥이 「大君墓所圖 竝誌」를 지음.

1696년(숙종 22, 丙子)

- 이 해에 衡祥이 「孝寧大君 遺事」를 모아 정리하다.

1699년(숙종 25, 己卯)

- 이 해에 「己卯式年璿源加現錄」 간행됨.

1703년(숙종 29, 癸未)

- 이 해에 瓶窩公, 譜牒을 만들고 跋文을 씀.
  - ※ 한편, 孝寧大君께서 逝世하신지 2백여 년이 경과한 이 당시까지 墓誌가 만들어지지 못했다고 하며, 이 때에 益壽 형제 등 一家가 힘을 합쳐 位田을 장만하고, 매년 春(2월)·秋(8월) 丁日에 時祀 지내기로 定하였는데, 大君 私邸는 이때까지 蓮坊 築洞에 타인의 占有인채로 있던 것을 관청에 호소하여 다시 찾

았다고 하며, 康津 萬德寺에는 대군께서 시주하신 施田 10結이 있고, 당시까지 만덕사에 대군의 親筆 1점이 保存되고 있었다고 함.

1709년(숙종 35, 乙丑)

- 이 해에 10대손 衡祥이 30년에 걸쳐 撰集한, 孝寧大君派 世譜 기본자료 집대성한 총 6권 5책의 『毓慶錄』을 지음.

1710년(숙종 36, 庚寅)

- 8월에 甁窩公, 大君 祠堂의 규모 擴張사업에 앞장섬(8월 咸昌에 大君 祠堂을 새로 짓기 위해 두 아들과 손자를 함창 近嵒里로 이사케 하고 공사를 지휘 감독케 함).
- 9월 18일, 甁窩公·世彦등 상주·함창·문경 일가 14인의 宗員대표들과 사당 중건 공사에 따른 '商山宗會' 주재하고, 「商山宗會錄」 작성하고 '咸昌大君祠宇重修上樑文'을 씀.
- 10월 15일, 새로 지은 祠宇건물 落成하고 神主를 새로 단장한 祠堂에 奉安하는 한편 詩會를 개최하여 10대손 師蕃公이 '淸權祠重修後次諸宗會韻竝書'라는 追慕詩를 지은 바, 지금까지 전해오고 있어 이 때부터 대군의 尙州 祠堂이 '淸權祠'로 불려지고 있음(李秀吉, 『병와 이형상의 삶과 학문』 93쪽 참조).

  ※ '淸權'의 뜻

  위의 기록에서 보면, 대군의 사당 명칭을 '淸權祠'라고 부르게 된 것은 늦어도 숙종 36년(1710) 10월 무렵부터라고 하겠으며, '淸權'의 의미는, 중국 周나라 太王[亶父]에게는 太伯·虞仲·季歷의 세 아들이 있었는데, 태왕이 왕위를 맏이와 둘째를 건너 뛰어 셋째 계력에게 물려주려고하자 태백과 우중 두 형제는 父王의 뜻을 헤아려 삭발하고 은거하며 왕위를 사양하였다. 뒷날 孔子가 태백은 '至德', 우중은 '淸權'이라고 칭송하였는 바, 이 故事를 본떠서 讓寧大君을 모시는 祠堂을 '至德祠', 효령대군의 사당을 '淸權祠'라고 일컫게 된 데서 비롯된 것이었다.

1711년(숙종 37, 辛卯)

- 이 해에 大君 10대손 甁窩 衡祥, 大君 逝去 2백여 년 만에 처음 '大君 墓誌'를 作成함. 그 밖에 『淸權輯遺』의 原篇이라 할 「源派記」, 「大君遺事」, 「大君八高 祖

圖」, 「世系碑誌」 등을 撰, 『瓶窩文集』 중의 『毓慶錄』에 集成케 함.

1713년(숙종 39, 癸巳)

- 2월, 宗親府에서, 泰安寺 住持에게 '泰安寺 大君 願刹이므로 勞役과 雜役 등을 면제한다'는 내용의 「宗親府 完文」을 내림.

1715년(숙종 41, 乙未)

- 이 해에 10대손 衡祥(63세), 孝寧大君의 祠堂관리문제 때문에 그간 경북 尙州에 寓居하다 永川 浩然亭에 돌아옴.

1717년(숙종 43, 丁酉)

- 이 해에 衡祥이 후일 『孝寧大君靖孝公派子孫譜』(世譜)의 始輯을 전제로 '孝寧大君子孫譜'(未刊)를 처음으로 지음(1732년(영조 8, 壬子) 겨울에 「始譜;遺稿」로 尙州 거주하는 宗孫에게 전해짐).

1724년(경종 4, 甲辰)

- 이 해에 大君 10대손 衡祥이 作成한 墓誌를 瓷器로 구워 만듦.

1736년(영조 12, 丙辰)

- 4월 18일, 縣監 重泰 등 498인 連名으로 英祖에게 '祠堂建立疏'를 올림.
- 5월 25일, 임금이 '孝寧大君 祠宇를 건립하여 大君의 淸節을 宣揚케 하라'고 下命함.

1737년(영조 13, 丁巳)

- 이 해에 果川 墓下에, 孝寧大君과 藥城府夫人 鄭氏를 모시는 祠堂 淸權祠(서울특별시 유형문화재 제12호)를 創建함(4월 23일 上梁式).

1743년(영조 19, 癸亥)

- 4월 27일, 慶北 尙州市 恭儉面 五台 祠堂 '神主'를, 咸昌 봉안 56년 만에 果川 신축 淸權祠에 移安함.

1746년(영조 22, 丙寅)

- 3월 22일, 孝寧大君의 廟宇에 임금이 親臨하여 致祭함.

1765년(영조 41, 乙酉)

- 이 해에 「乙酉式年 璿源加現錄」 刊行됨.

1774년(영조 50, 甲午)

- 이 해에 甁窩公의 孫子 晩松이 『甁窩文集』(18권 9책)을 印刊함.

1780년(정조 4, 庚子)

- 이 해에 「孝寧大君靖孝公子孫譜」(1717년 衡祥의 '孝寧大君子孫譜'를 底本을로함; 『舊庚子譜』)가 編刊됨.

1789년(정조 13, 己酉)

- 12월 29일, 正祖로부터 '淸權'이란 祠號의 篇額(判書 徐明均의 글씨)을 좌부승지 曺遠振을 통하여 下賜받고 致祭함.

1806년(순조 6, 丙寅)

- 이 해에 상주·함창·순흥 등지의 20여 書院과 鄕校의 儒林들이 通文하여 五台里의 옛 청권사를 '岐陽書院'으로 고치고, 讓寧·孝寧 두大君의 位牌를 奉安하고 祭享함.

1824년(순조 24, 甲申)

- 이 해에 경상도 儒生 南漢者, 岐陽書院의 賜額 청하는 疏를 올렸으나 뜻을 이루지 못하고, 그 후 高宗初 興宣大院君의 書院·祠宇 撤廢정책에 따라 毁撤됨.

1844년(헌종 10, 甲辰)

- 이 해에 奉朝賀 敦宇公, 『淸權輯遺』(原篇;이 중 「源派記」, 「大君墓所圖 竝誌」, 「大君墓誌」, 「譜牒跋文」, 「外派誕坤聖錄」, 「秋江冷話 反駁文」, 「大君遺事」 등 甁窩公 撰文)를 編刊함.

1860년(철종 11, 庚申)

- 윤3월 1일, 17대 嗣孫 鍾澤, 後嗣없이 逝去하자 대군 18세 사손으로 代를 이어받은 起邦公의 장남 康準公(1851년생)을 嗣孫으로 立後함.

1864년(고종 1, 甲子)

- 이 해에 「璿源續譜」(甲子譜)가 編刊됨. 처음으로 統一行列字를 制定함.

1865년(고종 2, 乙丑)

- 1월 20일, 上護軍 趙得林 孝寧大君을 世宗 廟庭에 配享할 것을 上疏함.
- **4월 3일, 孝寧大君을 世宗 廟庭에 配享함.**

• 이 해에 康準, 獻陵참봉을 제수받고. 대군의 神主를 聞慶 거소로부터 서울 宗家(南村;현 충무로)로 移安함(『宗親府謄錄』).

1870년(고종 7, 庚午)

• 10월, 康準公, 통훈대부 行掌苑署別提. 11월 漢城府 行主簿를 역임함.

1871년(고종 8, 辛未)

• 이후 康準公 行永禧殿令에 이어 開寧縣監에 改任하는 동안 신주 任地에 移安함.

1873년(고종 10, 癸酉)

• 이 해에 淸權祠 篇額의 이그러진 글자를 고치고, 그 事由를 篇額 後面에 기록함.

1875년(고종 12, 乙亥)

• 8월, 康準公, 開寧임지에서 임기 마치자 神主를 宗家에 還奉함.

• 9월, 康準公, 평안도 德川郡守에 부임하며 神主를 덕천관아에 이안함.

1877년(고종 14, 丁丑)

• 이 해에 康準公, 郡守職 임기 마치고 神主를 다시 서울 宗家에 移安함.

1879년(고종 16, 己卯)

• 이 해 겨울, 全南 谷城郡 竹谷面 원달 소재 大君의 願刹 泰安寺(일명 大安寺 桐裏寺) 燒失. 그안에 있던 大君 願堂 및 影幀 消盡됨, 다만 大君의 手押이 찍힌 「施僧文」과 「完文」은 保存됨.

1882년(고종 19, 壬午)

• 이 해에 康準 嗣孫, 退官하면서 大君의 神主[位牌]를 다시 경북 聞慶 旺陵 마을의 옛 宗家 家廟에 復歸 移安됨.

1888년(고종 25, 戊子)

• 6월, 咸鏡道觀察使 敦夏公 制撰의 '孝寧大君 鄕憲碑'가 咸興에 세워짐.

1896년(고종 33, 丙申)

• 2월, 李康季 등 문경 旺陵에서 '乙未 義兵'을 일으키자 宗家 중고성으로 피난함.

1903년(광무 7)

• 10월, 大君神道碑(完順君 載完 撰, 特進官 勝宇 書, 完城君 鳳儀 篆)가 18대 嗣孫 郡守 康準의 主管으로 세워짐.

· 이 해, 53세의 康準 嗣孫, 경남 固城郡守에 취임하고, 그 후 다시 禮安군수로 옮겼다가 1908년 退官할 때까지, 문경·안동 등지에 발조차 붙일 수 없는 상황에서 이 기간에 大君의 神主는 다시 果川 淸權祠로 옮겨 봉안됨.

· 이 해에, 奭儀公, "泰安寺 大君 影堂에 대하여"를 撰述.

1909년(隆熙 3, 己酉)

· 7월 16일, 勝宇公, 『淸權輯遺』(續1)을 編刊함.

1915년(乙卯)

· 6월 24일, 19대 嗣孫 貞宰公이 後嗣없이 타계하고, 익년에는 暴雨로 果川 祠堂이 큰 水害를 입자, 1917년에 康準公이 대군 神主를 다시 聞慶 生家로 移安함.

1924년(甲子)

· 이 해에, 聞慶 旺陵里 인근 槐里에 따로 淸權祠를 세우고 神主를 봉안함.

1928년(戊辰)

· 윤2월 17일, 20대 入養 嗣孫 秀英 타계함.

1929년(己巳)

· 8월 9일, 康準 宗孫 別世함(79歲). 宗孫家에 後嗣가 없으므로 振揆로 入養 繼代함.

· 이 해에, 光儀公, 『淸權輯遺』 原篇(復刊)과 『淸權輯遺』 續2輯을 編刊함.

1930년(庚午)

· 4월 27일, 聞慶 旺陵里로 祠堂을 移建함.

1934년(甲戌)

· 2월 18일, 聞慶 왕릉리의 大君 嗣孫이 絶孫됨으로써 奉祀하지 못하게 되매, 一家가 많이 사는 尙州 五台里로 祠堂을 옮겨짓고 上樑함.

1957년(丁酉)

· 5월, 起忠·康賢·康永·康鎬 등 冠岳山 戀主庵을 尋訪하고, 龍華殿에 奉安되어 있던 대군 尊影을 바탕으로 影幀을 새로 製作, 淸權祠에 奉安하고 『丁酉譜』에 手押과 影幀을 登載함.

1970년(庚戌)

· 7월 10일, 사단법인 淸權祠 設立 認可, 초대이사장에 鳳宇公 選任됨.

1971년(辛亥)

- **7월 25일, 淸權祠의 사단법인 설립기념으로 『淸權輯遺』1천부를 影印 配布함.**

1972년(壬子)

- 8월 30일, 淸權祠 附墓所가 서울市 유형문화재 제12호로 指定됨.

1973년(癸丑)

- 3월 25일, 尙州 五台里 祠堂(淸權祠)에 奉安해오던 神主를 서울 方背洞 淸權祠 祠堂으로 옮겨옴.
- 이 해에, 冠岳山 戀主庵의 大君 尊影을 模寫, 慶北 尙州 恭儉面 五台里 大君 祠堂에도 奉安하고 '孝寧大君 影堂'으로 개칭함.

1974년(甲寅)

- 이 해에, 薰儀公, 『淸權輯遺』(續3)을 編刊함.

1979년(己未)

- 3월 31일, 慕蓮齋 新築 起工(~10월 24일 竣工).

1982년(壬戌)

- 이 해에, 『甁窩文集』(18권 9책)을 影印 編刊함.

1983년(癸亥)

- 이 해에, 尙州市 恭儉面 五台里 祠堂 懸板을 '影幀閣'이라 개칭함.

1984년(甲子)

- 11월 7일, 서울 方背洞 淸權祠 앞 道路名을 '孝寧路'라고 붙임.

1986년(丙寅)

- 11월 29일, 孝寧빌딩 건물 買入 契約 체결.

1987년(丁卯)

- 11월, 『淸權祠報』, 文化公報部로부터 定期刊行物 認可받음(접수번호 13096).
- 11월 15일, 『淸權祠報』 創刊號 發行.

1988년(戊辰)

- 8월 7일, 경북 尙州郡 恭儉面 五台里에 大君影堂齋室 '淸隱齋' 起工式.

1989년(己巳)

- 10월 15일, 恭儉面 五台里의 大君 影堂 '淸隱齋' 竣工式.
- 이 해에, 옛 望遠亭을 새로 復元하고, 喜雨亭 간판을 누각 안에 걸음.

1991년(辛未)

- 이 해에, 定宰公, 『淸權輯遺』(續4)를 編刊함.
- 10월 20일, 慕蓮齋를 竣工하고, 神道碑를 새로 건립.

1994년(甲戌)

- 7월 10일, 淸權빌딩 西館준공함,
- 9월 29일, 冠岳山 戀主庵의 孝寧閣을 重建 上樑함.
- 12월 20일, 淸權빌딩 東館을 준공함.

1995년(乙亥)

- 4월 27일, 冠岳山의 戀主庵 경내 '孝寧閣'(曹溪宗 宗正 月下 글씨) 새로 竣工하고 大君의 影幀(경기도 문화재 제81호)을 奉安함.
- 7월 12일, 尙州 恭儉面의 五台 影堂을 重建 上樑함(9월 16일 竣工).

1996년(丙子)

- 7월, 秀澤문화위원, 『淸權輯遺』(續5)를 編刊함.

2000년(庚辰)

- 4월 24일, 楊州 檜岩寺址 發掘 과정에서 '孝寧'字 銘文 瓦當 발견됨.

2002년(壬午)

- 7월 24일, 五臺山 月精寺서 大君의 諱 '補'字 銘文 瓦當(세종 28, 1446년 重創 당시의 기와) 出土됨.

- 靖孝公年譜終 -

살아가면서 더러 孝寧大君의 일가 후손끼리 만나 얘기하다 보면, 은연 중 서로가 大君 子孫됨에 自矜心을 느끼게 되는데, 이는 일종 一家 意識의 발로라고도 하겠지만 무엇보다 효령대군 같은 위대한 분이 '나의 祖上'이라는 矜持心 때문이 아닐까 생각한다. 하지만 그럼에도 대군할아버지의 어떤 점이 훌륭하셨던가, 과연 어떠한 분이셨던가, 나아가 그 분께서 어떤 시대를 어떻게 살아가셨는가에 대해 막상 알고 싶어 찾아보려고 하지만, 이해에 도움될만한 자료, 말하자면 孝寧大君의 行蹟이나 思想에 대해 엿볼 수 있는 자료란 매우 稀少한 것이 오늘의 實情이다.

孝寧大君의 事跡이 실려 있는 '孝寧大君派 族譜'는 正祖 4년(庚子, 1780)에 編刊된 『靖孝公子孫譜』(世譜, 세칭 '舊庚子譜')가 그 嚆矢로서, 이는 肅宗 43년(丁酉, 1717)에 瓶窩公 李衡祥이 처음 편집한 '孝寧大君 子孫譜'(未刊)를 底本으로 編刊된 것이었다.

※『靖孝公子孫譜』(舊庚子譜 ; 正祖 4, 1780) 大君 事跡

先祖孝寧大君 補, 字 善叔, 初諱 祜, 小字 孝蓮. 太宗大王 第二男, 洪武二十九年 太祖五年 丙子 九月 日生, 歷事九朝, 成化二十二年 成宗十七年 丙午 五月 十一日 丁丑卒, 壽 九十一. 贈諡 '靖孝'公, '寬樂令終曰靖, 慈惠愛親曰孝', 墓在果川北 同積里 舊馬場洞 癸山, 有表石 床石 石人 長明燈.

配 藥城府夫人 海州 鄭氏, 洪武 甲戌 二月 庚申生, 丁亥冬 選配, 初封 淑懿翁主, 世宗朝 改封 三韓 國大夫人, 後又改封 藥城府夫人, 成化 庚寅 八月 二十五日卒, 壽 七十七, 初窆 楊州, 後移葬于大君墓左, 雙墳同坐, 父贈大匡輔國崇祿大夫 領議政府事 行崇政大夫 議政府左贊成 集賢殿大提學 貞度公 易, 墓在大君墓 數里許.

따라서 오늘에 이르기까지 나의 所出自를 알기 위한 族譜나 派譜는 시대에 따라 子孫錄만 덧붙여지면서 대형화되어갔을 뿐, 맨처음 만들어진 『靖孝公子孫譜』(舊庚子譜)의 大君 事跡 內容을 새 族譜 編纂 때마다 그대로 재수록하는 수준을 넘지 못하는 실정이었다. 그 뒤를 이어 編刊된 『璿源續譜』(세칭 '甲子譜', 1864)는 물론, 『新庚子譜』(1900년)와 『壬戌譜』(1922), 『丁酉譜』(1957), 『癸亥譜』(1983)에 이어 최근의 『己丑譜』(2009)까지 그 내용면에 있어 답습 수준을 넘지 못하고 있는 것이 이를 말해주고 있다.

한편 族譜나 派譜의 '事跡欄' 외에, 大君의 行蹟에 대해 전해주고 있는 대표적인 문헌자료가 『淸權輯遺』이다. 『청권집유』는 효령대군의 10대손(瑞原君-淸渠守蕙-密山副守) 瓶窩公 衡祥이 숙종 22(1696)년에 일차적으로 모아 정리한 「孝寧大君 遺事」에 기초하여 숙종 37(1711)년 「大君 墓誌」를 작성할 때 더 보충하고, 憲宗 10(1844)년 대군의 15대손(瑞原君-高林君-長堤副正) 敦宇公(초명 敦榮)이 이에 더 보충해 編刊[原篇]한 책이다.

이 『청권집유』는 그 뒤 續1(勝宇公, 1909), 續2(光儀公, 1929), 續3(薰儀公, 1974), 續4(定宰公, 1991)에 이어 續5(秀澤 문화위원, 1996)까지 첨가되었지만, 내용은 주로 行狀 墓誌 祭祝文 致祭文 上樑文 通文 등 大君을 崇慕 奉行하는 일에 관계되는 문헌들일 뿐, 言行이나 行蹟 등 대군에 관한 직접적인 문헌 자료는 「大君 遺事」 항목에 담겨 있을 뿐이며, 그나마 『國朝寶鑑』(6건), 『朝野彙編』(2), 『秋江冷話』(1), 『讓寧遺事』(1), 『頤菴集』(1), 『晦齋集』(1), 『姓苑叢錄』(1), 『竹泉閑話』(1), 『明齋集』(1), 『藥泉集』(1), 『樗村集』(1), 『燃藜室記述別集』(1), 『萬德寺誌』(1)에서 한 두건 찾아 수록한 것 외에, 더러 대군의 遺事로서 전해오는 '遺聞' 몇 건을 敦榮公의 '謹按'으로 채록한 정도이다.

다른 한편, 「大君 遺事」에 인용된 實錄관계 기사는 原篇(2건), 續3(24건), 續5(15건)에서 모두 합하여 41건에 불과한데, 이를 왕조실록별로 분류하면, 『太宗實錄』(2건), 『世宗실록』(26건), 『端宗실록』(4건), 『世祖실록』(4건), 『成宗실록』(4건)으로서 그 분량에 있어 지극히 미약하다고 하겠다. 그렇다면 『청권집유』의 「대군 유사」 항목 중에 孝寧大君의 行蹟에 관한 기사 분량이 그토록 微微한 이유가 무엇일까. 그것은 한마디로 조선시대 내내 史官이외에는 國王조차도 "實錄 閱覽이 일체 不可하였기 때문"에 기인한다고 하겠으며, 이는 原篇(1844년)에 2건에 불과하던 것에 비해 1974년에 편간된 續3에는 24건이나 인용되고 있는 사실이 이를 단적으로 말해주고 있다. 말하자면 효령대군의 행적 관계 기사가 본래는 왕조실록에 많이 실려 있었으되, '閱覽 不可'로 말미암아 대군의 행적에 대하여 거의 알 수가 없었지만, 日帝시대 이후로 실록 열람이 가능하게 되면서부터 대군관계의 史實들이 세상에 그 모습을 드러내게 되었다는 것이다.

실제로 '實錄 열람'에 관한 다음의 逸話를 들어 보기로 하자.

세종 13년 3월 17일에 春秋館에서 『太宗實錄』(36권)을 편찬하여 임금께 올리고 3일 후, 임금이 실록을 열람하는 것에 대한 논의가 있었다. 父王인 太祖대왕을 도와 적극 조선왕조 開創 大事에 나섰을 뿐 아니라 초창기 왕권확립을 위해 守成에 진력하신 부친 太宗대왕의 업적에 대하여 史官들이 어떻게 평가하였는지, 아들인 世宗대왕으로서는 궁금치 않을 수가 없었다. 임금이 말하기를,

"前代의 제왕들은 先王의 實錄을 친히 보지 않은 자가 없는 것 같으나, 태종께서는 『태조실록』을 보지 않으시매, 이 때 河崙 등은 이를 보시는 것이 옳다고 말하고, 卞季良은 보시지 않는 것이 옳다고 말하여, 태종께서는 변계량의 논의를 따랐던 것인데, 이제 『태종실록』을 춘추관에서 이미 그 편찬을 마쳤으니, 내가 이를 한번 보려고 하는데 어떤가."

하니, 우의정 孟思誠·提學 尹淮·동지총제 申檣 등이 아뢰기를,

"이번에 편찬한 실록은 모두 嘉言과 善政만이 실려 있어 다시 고칠 것도 없으려니와 하물

며 전하께서 이를 고치시는 일이야 있겠습니까. (그러하오나)전하께서 만일 이를 보신다면 후세의 임금이 반드시 이를 본받아서 고칠 것이며, 史官도 또한 군왕이 볼 것을 의심하여 그 사실을 반드시 다 기록하지 않을 것이니 어찌 후세에 그 진실함을 전하겠습니까"

하매, 임금이 "그럴 것이다" 하였다(『세종실록』권51, 세종 13년 3월 甲申(20일)).

그러나 그 후 7년이 지난 때까지도 '태종실록'을 보고 싶은 욕망이 가시지 않던 중, 세종 20년 2월 말경 춘추관에 보관 중인 『太祖實錄』을 꺼내어 갈무리를 하게 되었는데(書冊 보관 방법 중 하나), 이 기회에 임금은 다시 『태종실록』이 보고 싶어 도승지 辛引孫에게 이르기를,

"옛날 우리 태종께서 『태조실록』을 보고자 하니, 卞季良이 이르기를, '『태조실록』은 編修하기를 매우 잘하여 사실을 모두 바르게 썼는데, 이제 전하께서 나아가 보신 뒤에 내려 주신다면, 후세 사람들은 모두 믿지 못할 史記라 하여 도리어 의심할 것입니다' 하므로, 태종께서 보시지 못하였다. 하지만 나는 '자손으로서 祖宗의 사업을 알지 못하면 장차 무엇으로 鑑戒할 것인가' 하고, 『태조실록』을 보고자하여 여러 신하에게 상의하였더니, 柳廷顯 등이 '조종이 정해 놓은 법에 의거하여 조종의 사업을 잘 繼述하는 것이 실상은 아름다운 뜻이 된다' 하므로, 이에 볼 수 있었는데, 지금 또 생각하니, 만약 당시 史記가 아니면 조종이 정한 법을 보는 데에 있어, 祖와 宗에 무슨 구별이 있겠는가. 이미 『태조실록』을 보았다. 『태종실록』도 또한 보는 것이 마땅하다고 여겨지니 여러 兼春秋에게 상의하라"

하였더니, 大臣 黃喜·申槪 등이 모두 말하기를,

"역대 임금으로서 비록 祖宗의 實錄을 본 사람이 있더라도 본받을 것은 아닌가 합니다. 唐 太宗이 史記를 보고자 하니, 褚遂良과 朱子奢 등이 '폐하께서 혼자서 본다면 일에 손실이 없지마는, 만약 사기를 보는 이 법이 자손에게 전해지게 되면, 후세에 그른 일을 옳게 꾸미고, 短點을 장점으로 斗護하여, 史官이 죽음을 면치 못하게 되면 여러 신하들은

임금의 뜻에 순응하여 제몸을 완전하게 하려 하지 않을 자가 없을 것이니, 천년 후에는 무엇을 믿겠습니까' 하였으니, 신 등의 논의는 바로 이 말과 같습니다. 이 두 신하는 모두 名臣이라고 이름난 사람들이니 그들의 말은 반드시 본 바가 있을 것이고, 또 우리 太宗의 일은 전하께서 친히 보신 바이니, 만약 태종의 일을 본으로 삼아 경계하고자 한다면, 역대 사기가 갖추어져 있는데 어찌하여 반드시 지금의 실록을 보아야 하겠습니까. 하물며 조종의 사기는 비록 當代는 아니나 編修한 신하는 지금도 모두 있는데, 만약 전하께서 실록을 보신다는 것을 들으면 마음이 반드시 편하지 못할 것이며, 신 등도 또한 타당하지 못하다고 여겨집니다"

하니, 임금이 마침내 보지 아니하였다(『세종실록』권80, 세종 20년 3월 丙戌(2일)).

하지만, 세종 임금의 '태종실록'에 대한 집념은 쉽게 사라지지 않아, 이틀 후 다시 春秋館에 명하여, "父王께서 전에 『태조실록』을 열람한 적이 있었는지 없었는지를 알아보도록 하라" 하였으나, '아무리 조사해 보아도 열람한 일이 없었다'고 보고되었다(『세종실록』권80, 세종 20년 3월 戊子(4일), "命春秋館, 考太宗開閱『太祖實錄』有無以啓, 考之, 無有是事).

그러면 이처럼 '實錄'을 史官 외에는 國王조차 볼 수 없었던 이유가 무엇이었을까. 그것은 실록이 지니고 있는 객관성과 진실성·극비성 때문에, 이를 열람 누설할 경우 筆禍사건, 즉 士禍가 일어날 우려 때문이었다. 따라서 史草와 實錄을 다루는 史官이라도 내용을 漏泄할 경우 重罪에 처하도록 되어 있었고, '戊午史(士)禍'(연산군4, 1498)는 그 원칙이 지켜지지 않아 일어난 대표적 士禍이었다.

國寶 제151호이며, 유네스코 세계기록유산(1997지정)이기도한 『朝鮮王朝實錄』(太祖~哲宗 25대 472년의 歷史를 年月日 순서, 즉 編年體로 기록한 총1,893권, 888책)은 태종 13년 3월 『태조실록』15권이 처음 편찬되면서 그 기초가 마련되었고, 그 뒤 세종 8년에 『定宗實錄』을, 13년 3월에 『태종실록』36권이 撰進되면서 春秋館(內史庫)과 忠州(外史庫)에 보관해 오다가 全州와 星州에 외사고(外史庫)를 증설, 이른바 '4史庫制'가 마련되었다. 이후 국왕 薨去 때마다 신왕 즉위초에 實錄廳을 설치하고 전왕대의 실록을 편찬하였는

데, 『世宗實錄』때부터는 正草本 외에 活字로 3부를 더 인쇄, 간행하여 4史庫에 각 1부씩 보관해 오던 중, 3곳은 壬辰倭亂 당시 兵火로 소실되고 全州史庫만 보존되었다. 이 후 全州史庫의 유일 原本(筆寫本)은 海州→江華→妙香山으로 옮겨 보관되다가 임진란이 끝난 뒤, 『明宗實錄』까지 804권 전부를 1603년 7월부터 시작하여 재인쇄·출판하였다.

이 때 3부를 새로 인쇄하여 全州 原本과 재출판 당시의 校正本, 합하여 모두 5부의 실록이 갖춰지매, 春秋館에 1부(印本, 李适 亂때 燒失)를, 나머지 4부는 摩尼山(全州原本, 筆寫本, 1678년 鼎足山→總督府→서울대)·太白山(印本, 총독부→서울대)·妙香山(印本, 1633년 茂州 赤裳山→藏書閣)·五臺山(校正本, 東京大;관동대지진때 燒失)史庫에 분산 보관하여 온 것인데, 이 중에 새 활자본인 태백산사고본과 묘향산사고본(1633년 이후 赤裳山史庫)은 誤植이 많아 注意를 要하는 것이었으니, 임진왜란 후 국가 재정이 궁핍하고 물자도 결핍한 속에 실록의 재출판 사업을 추진한 것 자체가 무리였지만, 그 같은 상황에서 만든 活字의 수도(礻자 변의 '補'자와 같은 僻字는 活字를 만들지조차 않았을 가능성이 많음) 부족하거니와 인쇄·출판 사업이 활발하던 시기와는 달리, 文選·植字·組版 등 활자 인쇄의 기술적 문제도 매우 劣惡하였으므로 誤植·誤字가 많았을 가능성은 매우 높았다고 보아야 할 것이었다.

실제로 孝寧大君의 諱 字와 관련해서도, 전주 원본[筆寫本]을 보관한 鼎足山史庫本에 비해, 새 활자본의 太白山史庫本과 묘향산[赤裳山]사고본의 경우 誤謬·誤字가 적잖이 발견되고 있는 바, 예를 들면 효령대군께서 初名을 祜에서 補로 改名했을 때(태종 14년 1월 戊子13일)와 성종 17년 당시의 '卒記'(성종 17년 5월 乙卯 11일) 부분은 두 군데 모두, 정족산본[筆寫 原本]은 보일 시(礻)자 변의 보(補)자로 옳게 쓰여졌으나, 태백산본[活字本]에는 옷의(衤)자 변의 보(補)자로 잘못 쓰여져 있음이 확인되는 것과 같다.

한편, 실록 편찬에 이용되는 자료는 정부 기관에서 보고한 문서 등을 연월일순으로 정리해서 평소 편책해둔 춘추관의 『時政記』를 비롯하여 『承政院日記』·『議政府謄錄』·朝報등이 참고로 추가되며, 특히 국왕 재위시 史官이 작성해둔 '史草'가 기본을 이룬다. 사관에는 專任사관·兼任사관이 있었는데, 흔히 사관이라고 하면 藝文館의 奉教(2인,정7품)·待教(2인,정8품)·檢閱(4인,정9품) 등 8인의 전임사관을 말한다. 그들은 매일 교대로 한 사람씩 承旨와 함께 국왕 곁에서 국정에 관한 모든 사항을 기록하고, 그 기록한 것을 사초라고 하는데, 史草란 '實錄 즉 史書를 편찬할 草稿'란 뜻이다. 겸임사관은 議政府·弘文館·司憲府·司諫院·六曹 등 정부 주요 기관의 관원으로, 실록 편찬을 주관하는 春秋館에는 전임직이 없으므로 여기에 파견된 修撰官 이하의 관원이며, 이들도 사초를 작성하였지만 사초는 전임사관의 것이 중심이 되었다.

따라서 왕조실록 편찬에 동원 이용되는 자료는, 그 분량에 있어 사초를 비롯하여 엄청나게 많은 것이었다. 또한 그 많은 자료들을 실록 편찬관인 實錄廳의 編修官·記注官·記事官이 取捨 選擇하고 편집 推敲하여 비로소 완성되는 것이 實錄이니만치, 최종적으로 왕조실록에 등재될 가능성은 그 확률에 있어 매우 至難한 일이었는데, 孝寧大君의 行蹟에 관계되는 記事로서 왕조실록에 등재된 것을 전부 檢索해 본 바, 대체로 642件에 달하는 분량이매, 이는 『청권집유』(원편·속3·속5, 도합 41건)에서 찾아진 건수에 비하면 대단히 많은 분량이라고 하겠다.

이 같은 견지에서 **『실록 효령대군일대기』는 바로 이 642건의 史料에 근거하여 서술 편찬한 것이라 할 수 있겠는데, 효령대군께서 왕조실록(태조~성종)에 642건이나 되는 수많은 場面·事蹟이 收錄될 수 있었던 것은, 대체로 다음의 3가지 與件 때문에 가능하지 않았나 생각된다.**

첫째, 『실록 효령대군일대기』에서, 효령대군의 생애 중 가장 특이한 점은 무엇보다도 短命하던 그 시대에 春秋 90여년을 長壽하셨다는 사실로서, 1세기에 가까운 생애동안 누구보다 오랜 역사적 체험을 겪으셨고, 긴 生涯 만큼이나 많은 행적을 남기실 수 있었다는 점이라 하겠다.

둘째, 건국 초창기에 王子 大君 신분의 지위로 生長하신데다 특히 寶齡 30을 지나면서부터는 王室의 제일 어른으로서 왕실의 儀禮적인 행사에서는 중요한 일마다 늘 중심에 계셔, 최종 결단은 항상 대군께서 하셨으며, 깊은 學問과 높은 德行으로서 특히 아우인 世宗과 조카 世祖로부터 극진한 최상의 대접을 받으신 여건 때문이 아닌가 생각된다.

셋째, 抑佛崇儒的 통치 이념에 입각한 王權 확립기에 儒學을 바탕으로 하되, 앞장서 佛敎를 옹호함으로써 儒·佛이 調和되는 사회를 적극 꾀하시어 학문적·문화적으로 괄목할 업적을 남길 수 있었던 또 다른 여건이라고 하겠다. 어려서부터 세종과 나란히 유학에 정진하여 金時習·卞季良·尹淮·金守溫 등 당대 名儒 文章들과 交遊하였는가 하면, 慶讚會·水陸齋·佛經 諺解사업 등을 통하여 불교의 심오한 경지까지 도달, 信眉대사·行乎큰스님 등 시대의 大德 高僧들과도 깊이 사귀셨으매, 왕조실록 자료에 광범하게 수록될 충분한 조건들을 두루 갖춘 분이셨다는 점이다.

'孝寧大君一代記'를 처음 構想하고 어느 정도의 자료 수집과정을 거쳐서 執筆을 시작한 것은 이미 20여 년 전, 대군 생애 중 30여 세까지의 자료를 정리하여 2003년에 일단 1권을 내어놓았는데, 그 당시는 대군께서 90여 세를 사셨으니까 전체 3권 정도로 끝낼 것으로 예상했었다. 하지만 그 뒤 著者 본인이 그만 胃癌 수술을 하고 抗癌치료를 받느라 後續을 중단할 수밖에 없었으나, 그 후 얼마 뒤 다행히 건강이 많이 회복된데다 敎授職을 停年한 덕분에 시간적 여유마저 충분케 되어, 원고를 다시 쓰기 시작해서 5년여에 걸쳐 마침내 집필을 끝낼 수 있었다. 그동안 宗賢 여러 분들의 끊임없는 激勵와 助言 덕분에 큰 일을 마칠 수 있었음에 진심으로 감사하며, 스스로 감개무량할 뿐이다.

역사상 어느 한 인물에 대한 思想이나 行績을 이해함에는 구체적인 1차 史料가 기본이 된다. 한편 조선왕조실록에 수록되어 있는 효령대군 관계의 문건 사료가 642건이라고 해도, 모두가 대군의 직접적인 言行이나 손수 글로 써서 남긴 구체적 文獻이 아닌 것 또한 사실이다. 하지만, 1세기에 가까운 大君의 生涯를 당대 歷史의 흐름 속에서 대군께서 主宰하신 行事, 그리고 함께 하셨던 수많은 역사적 事件들, 또한 대군께서 직간접으로 겪으셨을 事物 등등 그때그때 대군의 삶의 軌跡을 따라 전개된 그 시대의 정치사회적 과정에 대해 파악할 수만 있다면, '나무가지 하나하나의 개체보다 전체의 숲을 보는 眼目'을 통해서, 과연 어떠한 분이셨던가, 대군께서 어떤 시대를 어떻게 사셨던가의 전체적 윤곽에 대한 이해가 가능하지 않을까하는 생각에서 이 책을 기획하고 재구성하여 본 것이 이 '一代記'이다.

孝寧大君께서는 朝鮮 前期에 한 인간으로서 權勢와 榮華를 맘껏 누릴 수 있는 최상의 與件과 地位에서, 文武的 소양을 兼全하며 古稀를 넘기신 年歲까지도 전국의 寺刹

을 순회하실 만큼 長壽하셨다. 그리고 儒學의 學識을 바탕삼아 佛法의 심오한 哲理를 터득하며 儒·佛의 調和로운 理想鄕을 具顯하려 하시었다. 이 같은 大君의 生涯야말로 "길고, 높고도 깊었다"는 표현이 적절할 만큼 "多彩롭고도 深奧한 삶을 享有하신분"이라 하겠거니와, 이제 마침내 효령대군이 '어떠한 분이셨던가'에 대하여 짐작케 해 줄 만한 642건의 史料를 骨格삼아서 集成한 一代記마저 마련되었으니, 여기서 효령대군의 생애를 더욱 실감나게 밝혀 줄 수 있는 또 하나의 다른 방법 곧 映像작품이매, '실록 효령대군 일대기'라는 제목의 映畵脚本Scenario를 서둘러 쓰고 싶은 기분인데, 지나친 욕심은 아닐런지 모르겠다.

2017년 1월 8일

華陽亭 옛터의 書室에서 著者 삼가

| 참고 문헌 |

【1차 史料】

太祖實錄

健元陵神道碑(權近, 太宗9)

太祖大王誌文(權近)

'赤池遺墟碑'(正祖11)

文川朴氏族譜

北路陵殿志

龍飛御天歌

高麗史

高麗史節要

李穡文集

定宗實錄

太宗實錄

太宗太上王尊號玉冊(卞季良, 辛丑1421)

太宗神道碑文(卞季良, 戊戌)

獻陵神道碑(卞季良, 世宗4 壬寅)

元敬王后誌文(卞季良, 世宗初)

世宗實錄

春亭集(卞季良, 世宗4, 壬寅)

藥城府夫人鄭氏墓誌(李承召, 世祖代)

誼城君墓表(陰記)

朱溪君墓碣(陰記)

父母恩重長壽胎骨經(世宗20, 戊午)

文宗實錄

端宗實錄

世祖實錄

睿宗實錄

成宗實錄

新增東國輿地勝覽

東文選

明宗實錄

國朝寶鑑

興天寺大鐘鐘銘(世祖8, 壬午)

金剛般若波羅密經(世祖10, 甲申)

禪宗永嘉集大君跋文(世祖10, 甲申)

福泉寺御製後記(金守溫, 世祖10, 甲申)

拭疣集(金守溫)

梅月堂에 보낸 簡札(世祖14, 戊子)

安東權氏族譜(成化譜, 成宗7)

海州鄭氏族譜

韓山李氏族譜

氏族源流(仁祖代, 趙從耘)

姓苑叢錄(任慶昌, 17세기 후반)

璿源錄(肅宗7, 辛酉)

靖孝公子孫譜(舊庚子譜, 正祖4, 1780)

淸權輯遺(李敦榮, 憲宗10, 甲辰)

璿源續譜(甲子譜, 高宗1)

甁窩全書(李衡祥, 肅宗10)

毓慶錄(李衡祥, 肅宗35, 己丑)

源派記(李衡祥, 肅宗43, 丁酉)

讓寧大君派譜

庚子譜(新, 光武4)

己卯式年宗親加現錄(仁祖17, 己卯)

敦寧譜牒(孝宗10, 己亥)

敦寧譜牒(肅宗13, 丁卯)

己卯式年璿源加現錄(肅宗25, 己卯)

宗班行蹟(大君遺事, 英祖5, 己酉)

乙酉式年璿源加現錄(英祖41, 乙酉)

璿源寶鑑

璿源系譜記略(正祖 癸卯)

東閣雜記

五山說林

朝野記聞

朝野僉載

大東野乘

燃藜室記述

完山實錄

紀年兒覽

國朝文科榜目

【2차 資料(단행본·논문)】

李相佰, 1949, 李朝建國의 硏究, 乙酉文化社.

李相佰, 1962, 韓國史-近世前期篇-(震檀學會), 乙酉文化社.

金成俊, 1962, 太宗의 外戚 除去에 대하여, 歷史學報17/18.

韓㳓劤, 1964, 世宗조에 있어서의 對佛敎施策, 진단학보25/26/27합집.

河炫綱, 1965, 李成桂, 韓國의 人間像2, 新丘文化社.

千惠鳳, 1972, 朝鮮太祖親筆賜給의 淑愼翁主家垈文書, 國學資料2.

金泰永, 1973, 조선초기 祀典의 성립에 대하여, 역사학보58.

韓㳓劤, 1976, 朝鮮 初期 儒敎理念의 實踐과 信仰·宗敎, 韓國史論3, 서울대국사학과.

鄭杜熙, 1976, 朝鮮初期 地理誌의 編纂, 역사학보69/70.

문화재관리국, 文化遺蹟總攬, 1977.

崔炳云, 1978, 朝鮮 太宗朝의 奴婢辨整에 관하여, 全北史學2.

權相老, 1979, 韓國寺刹全書, 동국대 출판부.

崔承熙, 1987, 朝鮮 太祖의 王權과 政治 運營, 震檀學報 64.

李熙寬, 1988, 朝鮮初 太宗의 執權과 그 政權의 性格, 歷史學報120.

鄭杜熙, 1989, 朝鮮 初期 統治體制의 成立過程과 歷史的 機能(太宗), 韓國史硏究 67.

河炫綱, 1991, 太祖, 韓國民族文化大百科事典23, 韓國精神文化硏究院.

李範稷, 1991, 조선초기의 오례 운영, 한국중세예사상연구.

李榮薰, 1991, 太祖賜給芳雨土地文書考, 古文書硏究 1.

李逢春, 1991, 朝鮮初期 排佛史硏究, 동국대 박사학위논문.

元永煥, 1993, 水陸齋, 淸溪史學 10.

元永煥, 1993, 穆祖의 活動과 '紅犀帶'考, 江原史學9, 강원대 사학과.

이태진, 1994, 한양천도와 풍수설의 패퇴, 한국사시민강좌 14.

김기열, 1994, 朝鮮 太宗의 忠義精神 高揚, 김갑주화갑기념논총.

이상태, 1994, 조선초기 지리지편찬의 재검토, 김갑주화갑기념.

崔先惠, 1995, 朝鮮初期 太宗代 藝文館의 設置와 그 歷史的 意義, 震檀學報 80.

한충희, 1995, 조선 세조대의 宗親연구, 계명대 한국학논집22.

남미혜, 1995, 大院君집권기 宗親府진흥책의 성격, 동대사학 1.

淸權祠, 1996, 孝寧大君史蹟大觀(李秀澤 기획·편집).

鄭杜熙, 1996, 太宗과 黃喜, 길현익정년기념.

趙南旭, 1997, 朝鮮朝 太宗의 政治哲學硏究, 東洋學27.

조남욱·김용환, 1997, 朝鮮初期 王室의 儒·佛意識 硏究, 한국민족문화9, 부산대.

韓忠熙. 1998, 潛邸期의 太宗 硏究, 대구사학56.

韓忠熙, 1998, 조선 세조대의 內宗親에 대하여, 경북사학21.

이도학, 1998, 용비어천가의 세계, 문헌과 해석 3, 태학사.

신명호, 1998, 朝鮮前期 王室整備와 族譜編纂, 경기사학2.

안승준, 1998, 태조 이성계가 자식에게 남긴 분재기, 문헌과 해석2.

한형주, 1999, 朝鮮 太宗·世宗代 社稷制의 理解와 運營, 한국사학보6, 고려사학회.

한희숙, 1999, 朝鮮 太宗·世宗代 白丁의 生活相과 盜賊 活動, 한국사학보6, 고려사학회.

강제훈, 1999, 朝鮮 太宗·世宗代의 田稅의 賦課와 收取, 한국사학보6, 고려사학회.

成鳳鉉, 1999, 朝鮮 太宗代 奴婢決折策과 그 性格, 震檀學報88.

이정주, 1999, 朝鮮 太宗·世宗代의 抑佛政策과 寺院建立, 한국사학보6, 고려사학회.

지두환, 1999, 태조대왕과 친인척, 역사문화.

장지연, 2000, 麗末鮮初의 遷都논의에 대하여, 한국사론43, 서울대 국사학과.

한형주, 2000, 朝鮮初期 中祀 祭禮의 整備와 그 運營, 震檀學報89.

유주희, 2000, 朝鮮 太宗代 政治勢力 硏究, 중앙대 박사논문.

권복규, 2000, 조선전기의 疫病유행에 대하여, 한국사론 43, 서울대 국사학과.

劉承源, 2001, 朝鮮太宗代 前銜官의 軍役, 한국사연구.

崔先惠, 2001, 朝鮮 初期 太祖·太宗代 醮祭의 施行과 王權强化, 韓國思想史學.

金廷禧, 2002, 1465年作 觀經16觀變相圖와 조선초기 王室 佛事, 한국불교미술사학회.

심경호, 2003, 金時習評傳, 돌베개.

金廷禧, 2007, 孝寧大君과 朝鮮 初期 佛敎 美術;後援者를 통해본 조선초기 王室의 佛事. 韓國美術硏究所.

李秀吉, 2008, 瓶窩 李衡祥의 삶과 학문, 세종출판사.

인용민, 2008, 孝寧大君 李補의 佛事에 대하여, 한국불교선리연구원.

인용민, 2008, 孝寧大君 李補의 佛事 活動과 그 意義, 한국불교선리연구원.

엄기표, 2012, 朝鮮 世祖代의 佛教美術研究, 仁荷大 韓國學研究所.

李逢春, 2015, 조선시대 佛教史研究, 민족사.

李順任, 2015, 尙州五台里 사람들 이야기 -효령대군 후손의 집성촌-, 하나로애드컴.

주요 경력

한양대 인문대 사학과 및 대학원(석사) 졸업

문학박사(경희대학교)

총무처 사법시험출제위원

25회 1차사법시험위원

대법원고등고시출제위원

외 한국사 시험문제 다수 출제

경기도사편찬위원회 위원

경기도문화재위원

한국독립운동사 편찬위원

성남시사편찬위원회 위원

한양대 한국학연구소장

한국사상사학회부회장

교육부검인정국사교과서 검정위원장(2002년)

한양대 인문과학대학장

한양대 인문대 사학과교수(1968-2007)

專攻분야 ; 韓國近代史·思想史

주요 저서

韓國史(한양대출판원, 1981)

國難克服관계金石文資料調査 및 解題(문교부, 1982)

韓國文化史(尋雪堂, 1984)

金光洞世世錄(光山金氏忠定公派宗會, 1978)

始興金石總攬(始興郡, 1988)

初期開化思想硏究(1989)

韓國史에 비춘 城南地域의 歷史(민족문화사, 1993)

경기도항일독립운동사(공저, 1995)

한국사16강(공저, 1996)

韓國近代 初期開化思想의 硏究(한양대출판원, 1998)

朴珪壽硏究(集文堂, 1999)

實錄 孝寧大君一代記 1(한양대출판원, 2003)

城南市 20·30·40 年史(공저, 2004)

『실록 효령대군일대기』(3책)

外 共著 다수

실록 효령대군일대기 [3]
: 정효공 이보의 생애와 행적

—

펴낸날 2020년 9월 30일 초판 1쇄
지은이 이완재 ◍ **펴낸이** 김우승
펴낸곳 한양대학교출판부 ◍ **출판등록** 제4-7호(1972.2.29)
주소 서울 성동구 왕십리로 222 ◍ **전화** 02.2220.1432-4 ◍ **팩스** 02.2220.1435
홈페이지 press.hanyang.ac.kr ◍ **이메일** presshy@hanyang.ac.kr
본문디자인·편집 김민지 ◍ **표지** 안광일 ◍ **인쇄** 네오프린텍

값 **32,000**원

ISBN 978.89.7218.699.1 (93910)